入定［にゅうじょう］する霧島修験

島津氏帰依僧の『日録』に見る 近世修験道の変容

森田 清美 著

みやざき文庫145

はじめに

一、霧島修験空順法印とは

空順法印は、寛文三年（一六六三）九月十日に、薩摩藩大隅国菱刈郷羽月村（現鹿児島県伊佐市羽月）の坂本家に生まれた。空順の、真言宗の法祖である頼長法印は、希有の名僧と称せられ島津家十七代義弘の帰依僧である。後に霧島山座主の重職を務めている。

空順の師は頼長法印の弟子、頼政法印で、島津家十九代光久の帰依僧で、頼長法印と同じく霧島山座主に補任（「ほにん」とも）されている。しかし、実際には、盛順の弟子となって修行した後、空順は、師頼政法印を導師として出家している。

その後、高野山で受戒をしているが、それは真言密教僧としてのものであろう。当山派修験としての補任状や入山記録が『日録』には出てこないし、また残されてもいない。正確には真言密教僧としての法印と考えられる。しかし、無言断食や数々の験力の発揮、入定の執行などを考慮したら、古い形の真言山伏として位置づけてもよいのではないかと思われる。従来から薩摩では、真言山伏と呼称されてきたこともあり、それに従いたい。

二十歳のとき、大坂に住む理観房の門をたたき、阿字観を伝授されている。修行は長期にわたり苦行の連続であった。その後、熊野三山や美濃の華厳寺、京都、大坂などを巡錫（各地を巡り歩いて教えを広めること）している。

薩摩に帰ってから、島津家二十一代吉貴の無病息災を祈り、百日間の無言の行をしたりしている。何よりも吉貴の側室於須磨に大切にされ、また、頼りにもされた。一方、庶民からも親しまれ、郷里の菱刈郷羽月の人々は四十里（約百六十キロメートル）の道を歩いて、空順のもとへ祈願に来るほどであった。また、空順が住した地元の大隅国隼人（現鹿児島県霧島市隼人町）の人々からも崇敬されていた。

正徳五年（一七一五）の徳川家康百回忌当時の薩摩藩主は吉貴である。吉貴は、歴代の輪王寺宮が日光門主・天台座主となって、関東のみならず、全国の天台宗寺院を統括したころの藩主で、薩摩国でも盛大な法会を開いたりした。したがって、薩摩で再興される寺院は、ほとんど天台宗寺院であった。そうした時勢のなかでも、吉貴は、真言にもとづく呪力、験力を磨いていて、広い範囲に名前を知られていた真言山伏空順法印に数々の祈禱を依頼した。

入定（心を統一し、無我の世界に入ること。高僧などの死を意味する）の時期がはっきりしないが、『日録』では「元文三年午正月」で筆が途絶えている。現在、霧島市隼人町内山田原集落の人たちが、空順上人祭を催すのは「お日（ひ）」と呼ばれる旧五月二十八日である。おそらく、その日に、入定窟（くつ）から聞こえる錫杖（しゃくじょう）の音が消えたのであろう。

二、空順法印の日記について

これまで、空順法印の日記については、原本は紛失されたといわれてきた。しかし、江戸時代末期に、薩摩国羽月郷の郷士大迫加左エ門が書写したもの（以後、「大迫本」と呼称する）が残されている。それを、さらに書写し、解説をつけたものが、昭和四十三年（一九六八）に刊行された、寺師三千夫編『鹿児島民俗叢書2　空順日記』である。

この「大迫本」は、大迫加左エ門が原本を書写した段階で必ずしも正確に写しとっていない部分が多く、寺師三千夫氏の編集を担当された久保実氏も「大迫本」を忠実に書写しながら、文や字句の意味を解するのに非常に苦労された。そのため、読者の間から、空順日記は難しいといわれ、現に、寺師三千夫氏も「古いものを読み、理解するには、活字にしては其の味は大半が抜けてしまう。誤字はそれでよろしい。欠字は其のままで結構だ。真言山伏というのはそんなものなのだ」と編集後記で結んでおられる。ただし、その指摘には筆者は疑問を抱かざるを得ない。

もっとも、原本と見られるものは、『空順法印日録』の呼称で、空順法印が住していた隼人の獅子尾山正福院観音寺（ししおざんしょうふくいんかんのんじ）に残されていた。それを、霧島市隼人町内山田原の空順法印入定窟の墓守である某家が保存していた。これに気がつかれたのが隼人町文化財保護審議会委員である三ツ石友三郎氏であった。氏は、阿久根市に残されている『空順法印御一代記』（以後、「阿久根本」と称する）を参照されながら、ほぼ正確に解読された。

ただし、この「阿久根本」がいつの時代に書写されたものか不明である。原本とされる『空順法印日録』とも、些細な部分で異なる。もっとも、その『空順法印日録』も隼人町内の空順祭りのために保存されてきたもので、果たして原本と言えるかどうかは確かでない。

その原本とされたものを書写したといわれるものが、阿久根郷士館に保存されていた『空順法印御一代記』である。これは、火難消除のために御日待（おひまち）を執行するように空順法印から遺言された阿久根郷阿久根村阿久根町（あくねまち）の町役の人たちが、御日待の度に、次の座本（ざもと）に順送りしたものである。かなり忠実に書写されたもので、理解しやすいのが特色である。

本著は、『空順法印日録』を主として「阿久根本」を参照しながら、三ッ石友三郎氏の解読文遺稿を基本として、修験道と民俗学の視座から再解読したものである。

筆者が今回、原本と言われている『空順法印日録』の解読・解釈にあたっていくにつれ、「大迫本」に比較して真言の教理や修験・道教・神道・儒教思想が分かりやすくて興味深いことが分かってきた。しかし、解読を進めながら、この『日録』は必ずしも原本ではないのではないかということに気がついた。原本は、既に失われているのではないか。あらためて原本の発見に努めなければならないと考えている。

そのことは今はさておいて、ここでは、一応、『空順法印日録』を主にし、「阿久根本」と「大迫本」を参考にして解読を進めていくことにする。とは言っても解読作業は困難をきわめた。筆者の誤読、誤解説、誤大意もあると思いますが、読者の温かいご指導を仰げればと考えています。

令和三年（二〇二一）四月

〔解読にあたって〕

一、原文にできるだけ忠実に解読した。文中に不明な部分があると、今後の研究者のために「不明」と註をつけた。『空順法印日録』の解読と解釈に困難をきたしたときは、阿久根郷土館に残されている『空順法印御一代記』を参考にした。したがって、『空順法印日録』の原本とは、解読が異なる部分もある。

二、なお原文を解読するにあたり次のような表記を心がけた。

・「江」→「へ」　・「茂」→「も」　・「久」→「く」　・「者」→「は」　・「而」→「て」　・「様」→「よう」　・「ゟ」→「より」　・「今」→「今に」　・「之」→「の」

・片仮名は平仮名に

三、なお、各段は『空順法印日録』の段に原則として従った。各段の題は、理解を助けるため筆者がつけた。なお、〈大意〉から入り、次に【原文】を紹介し、【註】を入れて、〔解説〕に入る形式で、この著を執筆した。専門研究者はもちろん、一般の読者にも空順法印の修験思想の魅力を知ってもらうためである。

目次

第五節　帖佐から桜島へ移住、入定窟建立
――吉貴公から大ことにされる空順――

第八節　隼人獅子尾へ入定石室移設前後のこと　209

第九節　入定の準備に入る空順　246

入定する霧島修験

島津氏帰依僧の『日録』に見る　近世修験道の変容

序　『空順法印日録』と空順の生涯

一、『空順法印日録』資料評価

(一) 薩摩・日向の霧島修験の実証的資料として貴重

この『空順法印日録』は、幕末から明治初期にかけての神仏分離や廃仏毀釈（はいぶつきしゃく）などで、鹿児島の宗教関係資料は紛失されたといわれるなかで、修験道を実証的に研究するための貴重な資料である。これまでの先学の霧島修験の研究論考では、ややもすれば実証性を欠くものがあった。それに対してこの『日録』は、極めて具体的に、霧島修験の修行や験力の実態、教理・哲学を教えてくれる希有の修験道研究資料でもある。

(二) よく分かる島津家の宗教的な動向

ただ、空順法印が庶民的な山伏であったといわれながらも、島津家との関係が濃密であることも確かである。特に、島津家二十一代吉貴（よしたか）と、その側室於須磨（おすま）との接触が頻繁で、空順法印がいかに大切に処遇されたかが詳細に記されている。また、史実の内容や年時が『鹿児島県史料集25

三州御治世要覧』や『新薩藩叢書　第二巻　西藩野史』と正確に一致している部分が多い。

これは第一に、『日録』にも出てくるように、島津家家老島津兵庫の教示を得て書いたこと。国分八幡宮の四至（「しいし」とも。結界を示した四方の境界）の一つである最勝寺の祐筆庄右衛門の筆による部分が多いことによる。

第二に、空順法印が住している獅子尾山正福院観音寺は、鹿児島正宮の別当寺鷲峯山霊鷲山寺弥勒院、本地所三か寺の一つ、梅霊山無量壽院正国寺、同じく三か寺の一つ、寶来山成菩提院正高寺などの影響が大きかったこと。特に、弥勒院は、吉貴公の積極的な援助で再興された寺である。この寺の影響下の住職である空順法印の『日録』を鹿児島正宮あるいは弥勒院としては、島津家と親密な関係にあることを強調する必要があった。

第三に、空順法印も、島津家吉貴の帰依僧であることを示すことにより、自らの験力と教理の普及に役立った、ということなどが考えられる。

(三)　全国的な視座から分かる日本の修験道儀礼や事件の様子

次に、この『日録』では、薩摩・大隅・日向のことだけを記してあるのではない。

真言宗の豊山派総本山で、奈良県桜井市にある長谷寺のことや、京都の智積院、阿字観を修した大坂の理観房、神戸の摩耶山、高野山騒動、和歌山県の那智山青岸渡寺の本尊如意輪観音、岐阜県谷汲山中にある華厳寺十一面観音、西国三十三所巡礼の記事、桂昌院、柳沢吉保などのことも記されている。したがって当時代の、全国的な真言密教や宗教儀礼・事件・名前などがよく理解できるのである。単なる地方の修験者の『日録』ではなく、日本の近世修験の動きを知るために必要な記録となっているのも高く評価すべきであると思われる。

(四) 火の神として尊崇された空順法印の活動

空順は後世、霧島市隼人だけでなく、阿久根などでも、御日待(おひまち)を主導し、普及を進め、火難消除(かなんしょうじょ)を祈った。後世、火の神として尊崇された理由が分かる。

(五) 験力ないし呪力の誇張表現に批判的な目を!

『日録』には、空順の験力ないし呪力を示す個所がみられるが、これには空順が、日秀上人(にっしゅうしょうにん)に劣らないように、自らの修験者としての験力ないし呪力を誇張した表現もあり、この部分には客観的学術資料としての批判の目で見ていかなければならない。

ただ空順法印としては、修験者として信者を獲得したり、島津家の信頼を勝ち取るため、自らの力をより高く、大きく見せる必要があったことは否めない。そのため、学術資料として見ていく場合、そのような誇張の表現部分には冷静な視線を向けなければならない。また、空順法印が思い出し思い出し書いている部分もあるので、史実から離れた面も多い。それでも修験道思想を追求するという点から見れば理論は一貫している。

二、空順法印の思想

『空順法印日録』を読んで理解を深めるため、空順の思想について若干触れておきたい。

㈠ 阿字観に徹する

霧島修験空順法印は、高野山学侶派理観房から阿字観修法を学び、さらに亮運房からも伝授された。ともすれば、怠けがちな自分の心を鞭打ち阿字観を打ち立てることに生涯をささげた。

阿字観というのは、密教の宗教的な瞑想法（現前の境界を忘れて想像をめぐらす方法）である。梵字「阿」に対坐し、自分自身の胸の内に「阿字」をよく観察し、自分自身を「阿字」と同化する。その上で自己の本源である根本生命のあるがままに生滅はないものとして、宇宙いっさいのことを「空」へと、心を集中しながら観察していくものである。その根元を悟ることにより不生不滅（常に変わらない悟り）の原理を得るのである。そのことにより、即身成仏、すなわち、この世の身のままで仏になることができるとするものである。

空順法印のあらゆる文章や歌を見ていったとき、本不生（一切の存在がその根本、究極において、新しく生じているものは何一つもないということ）の思想が根底に横たわり、清浄心がみなぎっていることに注意しなければならない（宮家準『修験道思想の研究』一九八五年。徳山暉純『梵字手帖』一九七六年。中村瑞隆など編著『梵字辞典』一九九三年など）。

(二) 高野山学侶派から学んだ真言を重視

真言（仏・菩薩などの真実の言葉）を重視するのは、密教僧、修験僧として当然なことではあろうが、観音経などの読誦などより真言を唱えることを重視している。『日録』の中で、真言を飛び上がり、飛び上がりして唱えたら、病人が百人が百人とも治ったという記事がある。真言を唱えることにより呪力や験力をいかんなく発揮しているのである。これも高野山学侶派理観坊に師事して得たものである。高野山と空順法印は真言密教の上で濃密な関係にあるのである。

(三) 浄土教思想の追求

空順法印は、阿字観修法のもとに常に浄土観を求めている。

宝永元年（一七〇四）のころ、空順法印は、霧島山絶頂に二泊三日参籠して歌を作った。「帰命頂礼有かたや、御法りの船こそ目出度けれ……」の歌の中に、今の嵐を乗り越えて十万億土の極楽浄土に往生できるように、阿弥陀如来の垂迹神としての霧島神に祈願している。

同年八月上旬には、「五首末期遺歌」を作っているが、その最後の一首に「おのつから無念無想の定にいる、ああかんまん、南無阿弥陀仏」という歌がある。死を前にして、この世への執着心を脱し「無念無想」の境地に入るために「かんまん」、すなわち、不動明王の真言と南無阿弥陀仏の六字の名号を唱えているのである。

不動明王は、大日如来が一切の悪魔や煩悩を降伏させるために現れた教令輪身（仏の命令に従って衆生の煩悩を打ち砕く王など）で、修験道の本尊とされている。これを唱えることにより、己の煩悩を砕こうとしているのである。同時に「南無阿弥陀仏」の六字の名号を唱えたのであるが、空順法印は、大日如来の教令輪身である不動明王が阿弥陀如来と一体であるという秘密念仏について熟知していたのである。ここでは、大日如来の効能により極楽往生を願った。ここに、真言密教僧としての、また修験者としての極楽浄土往生観を窺い知ることができる。特に入定が近くなってくると、心の嵐を乗り越えて浄土観を追求することに専心していく。

㈣　無常観が見える

諸行無常（世の中の一切のものは常に変化し消滅して、不変不久のものはないということ）の理を悟り、人と物への執着から解脱（この世の一切の煩悩から解放され、迷いの世界から抜け出ること）すれば心の安楽が得られるという無常観の持ち主でもある。

㈤　神道と真言密教との習合した霧島権現説

空順法印の神道の定義は一定していないように見えるが、日州霧島山の由来を『古事記』や『日本書紀』の説を取り入れた形の神道と密教との習合を試みている点に注目しなければならない。

㈥　儒教道徳を説く

儒教道徳において、封建社会のイデオロギーを説くというより心情道徳を重んじている。そして、人々の知的能力や道徳意識を高めることに専心しているのである。

㈦　六道（ろくどう）のうち特に地獄思想を説く

道徳観をとくために地獄の苦しみを教えている。

「身之鏡（みのかがみ）」に「八大地獄」「えんま大王」「獄屋（ごくや）の責（せめ）」などの言葉が出てくる。『空順法印日録』の随所に、悪いことをしたら地獄に落ちるという文章が見える。人倫の道を説くのに地獄思想を用いることにより、ある種の、畏怖心を人々に与えているのである。

㈧　老荘思想にも通じる

『空順法印日録』には、無為自然（むいしぜん）を説く歌や文章が多いが、空順は、生滅を超えた超感覚的実在、現実世界のあらゆる対立を包み込み、自らの秩序を成り立たせている道を説いている。

㈨　シャーマンとして「燃える人」

空順法印は、常に信者や島津家の人々の病災除去の祈願に、自らの命を焼き焦（こ）がす覚悟であった。また、心の嵐に迷いながらも極楽往生観を獲得し、自虐の極地としての、厳しい入定の道を、自ら設計し実践した。そういう意味で、空順法印は「燃える人」であった。シャーマンの魔的逆上（demonic frenzy）の一つである。

ここに中世以前の念仏行者とか熊野修験、出羽三山の中の湯殿山修験と脈絡を通ずるものがある。空順は、真言密教僧として受戒（仏の定めた戒律（出家者の守るべき生活規律）を受けること）したのであるが、まさに古い形の実践的修験者として見てよいのではなかろうか。

三、空順法印略年表

寛文三年（一六六三）　九月二十七日、薩摩国羽月郷、大津坂本家に生まれる。

天和元年（一六八一）　空順十九歳のとき、島津家の長久を祈念し、六十二歳で入定する旨を誓願。

元禄三年（一六九〇）　二十八歳（年齢推定）。阿字観を修するため大坂の理観房に師事。理観房は元禄五年に高野山騒動が起こることを予測。

元禄五年（一六九二）　高野山騒動。その原因を理観房が空順に説く。

元禄十二年（一六九九）　三十六歳（年齢推定）のとき、祁答院紫尾山（現鹿児島県薩摩郡さつま町）の紫尾三所権現廟に帰住。その後、薩摩国羽月郷若王寺に住する。

元禄十六年（一七〇三）　四十一歳（年齢推定）のとき、祁答院紫尾山に参る。

宝永元年（一七〇四）　宮之城（現鹿児島県さつま町）の稲の穂枯れ病除去の祈禱を行う。それ以後、子どものしらくもやしゃくろを祈禱により治す。髪の毛の生えてこない子に、毛を生えさせた。ものを言えない子が話せるようになる。耳の聞こえない者、目の見えない者を治術。

（史実推定）薩摩国出水郷松尾（現鹿児島県出水市松尾）の観音堂で百日間祈禱。

出発の日は五千人ばかりが見送る。

このころ、霧島山絶頂（高千穂峰）に二夜二昼参籠して、「帰命頂礼、有りかたや……」の極楽浄土へ往生するための遺歌を作る。

宝永五年（一七〇八）　宮之城から帖佐（現鹿児島県姶良市帖佐）の脇元へ移る。

宝永七年（一七一〇）　四十八歳（年齢推定）のとき、桜島西道村（現鹿児島県桜島町西道）毘沙門山の三畳敷の小屋に移住（『日録』の別の記事には、入定室建立が、宝永五年五月二十八日となっている。空順が思い出しながら『日録』を書いているので、どれが正しいか不明）。

享保四年（一七一九）　入定室を国分郷宮内の獅子尾へ移す御證文をいただく。

享保五年（一七二〇）　獅子尾石室完成。

享保十三年（一七二八）　三月五日、天に上り、地の見えざる所まで行ったが、阿字観の勤めが大事と思って下る（脱魂型のシャーマンとしてより、真言密教僧としての自覚を得る）。

その年の八月の彼岸から木食に入る。

享保十九年（一七三四）入定の延期を島津家から命ぜられる。

享保二十年（一七三五）五月二十九日に入定しようと思ったが、島津家二十二代継豊が大病のため不動の真言百万遍、稲荷の神名十万遍唱え、護摩札を島津家へ差し上げる。

享保二十一年（一七三六）正月二十八日から入定しようと思っていたら、継豊の快気がないので、鹿児島正八幡、一之宮大明神、花尾権現、新田神社、稲荷大明神で般若経を三万三千三百三十三巻読誦。

島津兵庫頭久季が観音参詣。そのとき、歌を作る。

享保年中に島津兵庫久季の筆で、石定室石戸「入定沙門」が書かれる。

元文元年（一七三六）（元文改元四月二十八日）・八月上旬、五首末期遺歌を作る。

霜月朔日（十一月一日）、入定の願書奉納。

元文二年（一七三七）五月三日、三日月を拝み、食を止め入定の決行をしようとしたら、継豊から白米をいただいたのを有り難く思い入定延期。

元文三年（一七三八）正月に阿久根町に空順の石像を建てたいとの希望があり、空順の名を書いて渡す。

五月二十八日入定（入定日推定）。空順七十五歳。

第一節　出自のこと、師のこと

【1の段】空順法印の出自

〈大　意〉

拙僧（空順）は、菱刈（現伊佐市菱刈）が島津氏の手に入ったころ（江戸時代前期）に、薩摩国伊佐郡羽月郷の坂本家に生まれました。父は、加世田（現南さつま市）から羽月（現伊佐市）に移り住んできました。そこで、木原坂本地頭猿渡氏に召しつけられ、坂本阿波入道永徳と名乗りました。城内（猿渡氏の居城内）に屋敷の跡が今でも残っています。

もともと坂本氏は、江州（近江国。現在の滋賀県）から下ってきたことから大津坂本と言い伝えられてきました。右の坂本阿波入道永徳は、何の手柄もなすことができませんでした。肥前（古くは、火（肥）国。現在の壱岐・対馬を除く佐賀・長崎県）の際信を豊前岩屋（福岡県豊前市岩屋）で攻めるとき、二回、矢に当たって傷を負ったが、帰ってくることができました。母方も、帖佐平松白銀（現姶良市）や屋せ五郎の合戦で、新納忠元公に召しつけられて戦いました。菱刈が御手に入りました。そこで大口（現伊佐市）に召し置かれて、久保筑前入道と名乗りました。新納忠元から松葉の号を

新納忠元（『大口市郷土誌』）

もらい、島津義久公からは舟帆を戴き、島津忠弘公からは勝波という号を下さいました。父方母方拙僧まで五代になります。寛文三年九月十日生まれです。

【原　文】

菱刈御手に入候時分、父坂本氏者加世田より羽月に木原坂本地頭猿渡氏に被召附罷移り候者は坂本阿波入道永徳、城内に屋敷の跡今に御座候、右坂本氏は江州より罷下る故、大津坂本と申伝候、右阿波事何そ手柄も不申上候得共、肥前際信（註1）、豊前岩屋御せめ（註2）の時分、両度矢に当り申候得共罷帰り申候、母方も帖佐平松しろかね、屋せ五郎（註3）御取合（註4）の節、新納忠元（註5）に被召附、菱刈御手に入候得は、大口に被召置候は、久保筑前入道松葉（註6）、忠元より給り、義久公（註7）より舟帆と被下候、忠弘公（註8）より勝破と被下候。父方母方拙僧迄五代に被成り候、寛文三年九月十日生れ。

【註】

1　**肥前際信**　「肥前隆信」の誤字と考えられる。天正十二年（一五八四）三月、島津家十八代家久は、有馬氏とともに、龍造寺隆信の兵六万余と島原に戦い、隆信は亡くなっている（『鹿児島県史年表』一九四四年）。

2　**豊前岩屋御せめ**　天正十四年（一五八六）七月、島津軍は、岩屋城に籠もる大友氏の家臣高橋紹運を攻め、自刃させている（『鹿児島県史年表』）。

3 **しろかね、屋せ五郎**　しろかねは白銀坂、屋せ五郎は痩五郎のことで、いずれも地名。姶良市の重富小学校所在地、平松城の東南にある。

4 **御取合**　岩剣城の戦い。岩剣城は、島津氏の蒲生攻めに対し、蒲生氏方に組した砦の一つ。天文二十三年（一五五四）九月から島津家十五代貴久方の岩剣攻めが始まり、一カ月余にわたり激戦があった。島津軍は白銀坂に陣をしいた。十月二日、夜明けとともに岩剣城の戦いが始まった。敵味方の足軽組の矢いくさをきっかけに、池島原でものすごい激戦になり、島津軍は敵を帖佐高樋の別府川の川べりまで追い詰め、五十人あまりを討ち取った。ここで勝負は決し、島津義久は岩剣城下に行き、再三、使者を出して降伏を呼びかけたが、城兵は容易に応じなかった。そこで囲みを解き軍を引き上げたところ、城兵はその夜、城を捨てて逃げ去った。ここに岩剣城は落城した。後、島津家十七代義弘は麓に平松城を築き、居城とした。この岩剣攻めの際、寄せ手である島津忠将方が鉄砲を使用した。わが国の実戦における鉄砲使用の初めである（三木靖「岩剣城」一九八一年、『姶良町郷土誌』一九九五年、『鹿児島県史料　旧記雑録　前編二』一九八〇年）。

5 **新納忠元**（一五二八～一六一〇）　武蔵守。島津忠良、貴久、義久、義弘、忠恒（家久）に仕える。大口地頭。天正十五年（一五八七）五月、九州征伐の豊臣秀吉軍に敗れ、伊佐郡大口郷曾木（現伊佐市）の関白陣において和睦会見するにあたり、大口成就寺において髪を剃り、入道名の拙斎を名乗る。同年六月、島津家十六代義久より「為舟」の号をいただく（桑波田興「新納忠元」一九八一年、『新納武蔵守忠元公小伝』二〇一〇年）。

6 **久保筑前入道松葉**　久保筑前入道は松葉の号を新納忠元から賜った。『本藩人物集』に久保筑前紀之重入道舟帆の名前が出てくる。新納忠元附衆で大口にいた。武功が諸々の地であったという。

7 **義久公**　島津家十七代。

8 **忠弘公**　島津忠弘五郎三郎。若狭守。喜入氏始祖（『鹿児島県史』別巻　一九四三年）。

〈解　説〉

この段では、空順法印の出自について記されている。父方は坂本氏、母方は新納忠元に抱えられた家柄である。父方・母方より空順法印まで五代になり、寛文三年（一六六三）九月十日生まれであるという。

【2の段】法祖・霧島山座主頼長法印のこと

――関ヶ原の役で敗れた島津義弘公が船に乗られるのを見送る――

〈大　意〉

さて、拙僧の法祖である頼長法印のことについてですが、氏は萩原姓であります。和州（大和国。今の奈良県）の長谷寺におられるときのことを、仁王門で参詣の人々が次のように話していました。

ある武士が来て、この山（寺）に薩摩の僧はいないかと聞かれた。頼長法印は、我々が薩摩の者でございますと答えられた。そうしたところ、その武士は、我々は関ヶ原の戦いで負け、国元（薩摩）へ落ちて行くところである。三日の間、隠してほしいと頼まれました。頼長法印は、当寺の脇寺である月輪院に住している僧が拙僧の師匠分であるので心易くなされてほしいと言われました。頼長法印が、武士たちに殿様のことをお聞きしたら、我々は乱軍にて敵味方入り乱れて戦ったので殿様はどうなされたかは分からないと言われた。夜々酒などを振る舞っていたら、あるとき、我こそは兵庫頭島津義弘であると名乗られました。そのとき、頼長法印は、お会いしてより夢々そのようなこととは考えもしませんでした。失礼を許していただきたいと申されました。その後、兵庫頭は長谷寺を出立するとき、月輪院へ長刀一振りを、観音菩薩へ刀の切羽（刀の鍔に添える板金）も寄進されました。それから、頼長法印は、三輪平の住吉境まで兵庫頭一行にお供し、兵庫頭が船に乗られてから暇をいただき長谷寺へ帰ってこられた、ということです。

その後、頼長法印は薩摩に下り、薩摩国川内水引（現薩摩川内市）の国分寺に居住しておられました。その頃の国分寺は広大な地でした。島津義弘公が、頼長法印が国分寺にいることを聞かれ、使いをくださったので、頼長法印は出向いて行かれました。義弘公のお気持は、頼長法印が、今まで自分の所に参上しなかったのは心替わりしたのではないか、心配であったということでした。頼長法印は、薩摩の国には人材も多いので事欠くことはありません。自分ごときが殿様の所へ参上することは恐れ多いことであります。そのため、参上することをわざと引き延ばしていましたと申し上げられました。

そのとき、吉松（現湧水町）般若寺の別当職を仰せつけられました。頼長法印は、義弘公のお側を去らないでおられたので、帖佐（現姶良市）、加治木にも般若寺屋敷のことが今でも申し伝えられています。頼長法印は加治木で霧島山（錫杖院華林寺）座主を仰せつけられたので、般若寺別当職は辞退しようとされました。ところが、義弘公がおっしゃるには、般若寺は、元亀三年（一五七二）の木崎原合戦で島津氏が伊東氏を破った時、千手観音へ誓願して勝利を得た寺である。そのため、この般若寺には、頼長法印のような真面目で偽りのない正直な僧を置きたいということでありました。また、霧島山も、天正六年（一五七八）の合戦（宮崎県木城町高城および耳川での合戦）で島津氏が大友氏を破ったときに誓願をして勝利を得た寺である。そのような理由で義弘公は頼長法印に対して、両方の寺に勤めてほしいとの考えを述べられました。その御意思を受けて頼長法印は両寺に奉職することにされました。

　義弘公が臨終のときは、頼長法印に引導をしてほしいと頼まれました。そのため、義弘公が病になられたときは、飛脚を飛ばして霧島山へ使いが来ました。そこで、早速加治木へかけつけられました。義弘公が坊中の僧侶たちはまだ来ないのかと聞かれたので、頼長法印は、後から参りますと答えられますと、義弘公は、臨終の作法を済まされて亡くなられました。その時、御家老たちが、頼長法印に引導の作法を修してくれるように頼まれました。しかし、頼長法印は、島津家は代々禅宗なので、引導の作法は菩提寺である禅寺の僧に頼むようにと言われました。しかし、義弘公は生存中、頼長法印に引導の作法を頼まれたという、その義弘公の御意思を出す手だてもないので、それを引き受けることを約束して、霧島山へ帰られました。そのため霧島山には義弘公の御位牌がございます。

　頼長法印は、二十一日間に及ぶ弘法大師の作法の終わりに尊勝陀羅尼経を三遍唱えられました。また、頼長法印は、鹿児島の田舎御回向を始められました。その後、島津家十八代家久公から鹿

島津家十七代島津義弘
（尚古集成館提供）

児島城下大乗院の住職を仰せつけられました。しかし、頼長法印は、当薩摩国の大祈願所は、霧島権現、鹿児島正宮、新田八幡宮の三か所であり、今も他国から、五万も十万もの人々が押し寄せてくるのはこの三か所です。そのため、この三か所でひたすら御祈念を申し上げていくつもりでございます。それで、大乗院へ参ることは御免ください、と申し上げられました。しかし、家久公のお考えは、大乗院は、厄年祓いや夢違滅除の作法を行ったりするので、いろいろ頼みたいことがあるということであります。そこで、頼長法印は、般若寺、霧島華林寺、大乗院の三つの寺の住職を仰せつけられ、勤めることにされました。

そのときまで、般若寺は、花の般若寺といわれ、すばらしい所でした。その後、頼長法印は、僧正になることを仰せつけられ、川上因幡殿を召し付けられて京都で三年間勤められました。そうしているうちに病死されてしまわれました。

【原　文】

扨又拙僧法祖頼長法印儀〔註1〕は萩原氏、和州長谷寺〔註2〕に被罷居候節、仁王門にて参詣の衆被申候は此山に薩摩の僧なきかと、御問被成候故、我等薩摩の者にて候、しからは我々は関ケ原〔註3〕より落ち、国元へ参候、三日御隠し可被下頼と被仰候、頼長被申候は当山の脇寺月輪院と申は、拙僧師匠分にて候故、御心易被思召候、頼長右の衆へ殿様御事問に被申候得は、乱軍にて我々不存と被申候、夜る夜る酒なと振舞被申候へは、我社兵庫頭〔註4〕と御名乗被成候、其時頼長被申候は、此内より夢々不存上慮外御免し可被下候、其後長谷御立の時分、月輪院へ御長刀一振り観音へ御刀のせつは御寄進被成、夫より三輪ひらの住吉さかひまて御供仕、御船に御乗候節御暇被下、長谷に罷帰り申候、

其後罷下り川内水引国分寺〔註5〕に居住申候、其時分は国分寺も大地〔註6〕にて御座候、義弘公被聞召上御使被下候故、罷出申候、義弘公御意には今迄参上なきは心替りか無覚束候、頼長被申上候は当国にては人も多く御事欠け不申、

其上罷出る事恐多存態延引申と被申上候、其時吉松般若寺〔註7〕別当職被仰付候。頼長儀は義弘公御傍さらすにて、帖佐、加治木にも般若寺屋敷の跡今に申伝候、加治木にて霧島山〔註8〕座主被仰付候故、般若寺差上可申由候得は般若寺儀は伊東合戦〔註9〕の時、千手観音へ誓願候故、其方かようなる信実の僧を置度候、霧島儀も大友合戦〔註10〕の誓願権現へ申上候故、両寺相勤可申通、御意候故御請申候、

義弘公御臨終御引導〔註11〕迄、御頼候故、御病大切の時、霧島へ飛脚則来加治木へ罷出被申候、

義弘公御意候は坊中の僧達はと御問候。跡より参由、頼長被申上候、御臨終の作法〔註12〕相済御卒去被遊候、其時御家老衆より引導可申由候得共、御代々禅宗にて候間、御引導は禅宗に被仰付候、御存命の時分御意もたしかたなく〔註13〕御引導迄御約束申上候由にて霧島へ被罷帰候、夫故霧島へ義弘公御位はい御座候、

廿一日、弘法太師勤〔註14〕の終りに尊勝陀羅尼〔註15〕三遍唱え申候て、鹿児島田舎御回向〔註16〕申事頼長始め被申候。其後家久公〔註17〕より大乗院〔註18〕住職被仰付候、頼長被申上候は当国の大祈願所は霧島、正宮、新田、只今も他国より五万も、拾万も押寄せ申節は此三か所にて御祈念相勤申筈に候、夫故大乗院へ参る事御免可被下由被申上候、御意候は大乗院は厄年、夢違〔註19〕、色々頼度候、般若寺、霧島、大乗院、三ケ寺住職被仰付候、相勤其時までは花の般若寺と申て大地にて御座候、其後僧正〔註20〕成被仰付、川上因幡殿〔註21〕被召付、京都へ三年相詰被申候、其内に病死被申候、

【註】

1 **頼長法印** 薩摩出身で初め和州（大和国）に住み、関ヶ原の役の後、薩摩に帰った。慶長十九年（一六一四）霧島山錫杖院華林寺（きりしまさんしゃくじょういんけりんじ）の住僧となった。

霧島神宮の華林寺墓地に、頼長法印の墓があり、その銘には次のようにある。

寛永十一年甲巳

法印頼長

七月二日

寛永十一年（一六三四年）七月二日に亡くなっていることが分かる。「甲巳」は「甲戌」の間違いか。

2 **長谷寺**「はせでら」。または「ちょうこくじ」と読む。豊山神楽院と号す。真言宗の豊山派総本山。奈良県桜井市初瀬にある。古来の初瀬山岳信仰の地に「山寺」として創建された。当初は東大寺末であったが藤原氏が俗別当寺として所管した。正暦元年（九九〇）には興福寺末に移った。寺運は隆盛をきわめ、平安時代には貴族の長谷詣が華やかに行われた。平安時代末期から中世にかけて貴族の保護が後退し、勧進聖の活動が寺運を支え、長谷詣も貴族から武家・商人らに移り、室町時代には一般庶民の参詣が主流となっていく。

中世末期には戦乱のため衰微した。豊臣秀長がこれを嘆き、根来の専誉を迎え復興につとめた。徳川氏もこれを援助して旧観に復した。これより法相宗を改めて真義真言宗の根本道場となった。真義真言宗は古義派の対で宗祖空海、派祖覚鑁。加持身説法の教義に立つ流派で、覚鑁の弟子宗義が確立した後、高野山のほうで称した名称である。

頼長法印が長谷寺に移ったのは、専誉が天正十五年（一五八七）、大和の太守豊臣秀長に乞われて長谷寺に入り、新義派の根本道場となったときである。その後、専誉を慕って学徒が多く集まってきた。長谷寺は、文禄四年（一五九五）には太閤秀吉から、慶長五年（一六〇〇）には徳川家康より許可の朱印をいただいた。専誉は、新興豊山寺（長谷寺）の基礎を築いた人であるが、当然、頼長法印も専誉を助ける有力な学徒であったことが考えられる（佐和隆研編『密教辞典』。石田瑞麿『仏教語大辞典』、今泉淑夫編『日本仏教史辞典』）。

3 **関ケ原** 秀吉の死後、慶長五年（一六〇〇）九月十五日、美濃関ヶ原（現岐阜県不破郡関ヶ原町）で、石田三成の西軍と徳川家康の東軍が天下を争った戦い（関ヶ原合戦）があった。

4 **兵庫頭** 島津家第十七代義弘のこと。『鹿児島県史』第一巻によれば、島津義弘の一行は、関ヶ原の戦いのあと、近江（滋賀県）の水口に至り、途中で祈念僧や里人に攻められたりしながら和泉を越え、十八日に平野を経て摂州（摂津国。今の大阪府から兵庫県に至る地域）住吉に達したとある。そこで、聖人棚辺屋道興の家に入り、一部の人数を大坂にやり、二、三日して道興の知人である船戸（漁民のこと。ここでは船主のことか）の塩屋孫右衛門の家に潜むことができた。その後、住吉を出て二十九日には日向国の細島（宮崎県日向市）に上陸している。

これを見ると、島津義弘が頼長法印の世話で長谷寺にかくまってもらい、船の出立の見送りをしてきたという参詣の人たちのうわさは史実であった可能性があるのではなかろうか。そして当然、この長谷寺で兵庫頭と名乗ったのは島津義弘である。

5 **川内水引国分寺**　薩摩国高城郡大小路村（現薩摩川内市大小路町）にあった。天平十三年（七四一）聖武天皇の発願により各国府の所在地に設置された国分寺の一つ。室町時代までは国府天満宮の神宮寺として存在した。薩摩国府六町方域のすぐ東隣の地に比定せられ、昭和四十三年（一九六八）から三か年にわたる考古学的学術調査の結果その跡地が比定された（『川内市誌』上巻　一九七六年）。

6 **大地**　中世までは「だいじ」。天上あるいは海洋に対して、広大で不動のものとしての地の広がりをいう。また、広い土地のことをいう（『角川　古語大辞典』）。ここでは、川内川が作った沖積平野である広大な川内平野を大地と呼んでいる。

天正十五年（一五八七）には、薩摩国分寺も天満宮も、豊臣秀吉の九州侵攻の際に焼失している。復興されたのは双方とも寛文九年（一六六九）なので、慶長五年（一六〇〇）の関ヶ原役後に頼長法印が居住していたというのは、そのころは寺跡だけか、あるいは仮の寺が建っていたのかも知れない。

7 **般若寺**　大隅国桑原郡吉松郷般若寺村（現湧水町）にあった日向山九品院般若寺のことで、鹿児島本府大乗院の末。初めは天台宗で性空上人の開基という伝承がある。後に真言宗に改まった。南北朝時代の初めのころ、足利尊氏の九州挙兵のとき、本陣となったと伝えられている。島津家十七代義弘が飯野城（えびの市）にいるとき、祈願寺として大乗院の末寺となった。頼長法印が別当職に任じられたのは、義弘が般若寺を祈願寺としていたころのことである（林昭男「般若寺跡」一九八一年、『三国名勝図会』巻之四十一）。

8　**霧島山**　大隅国曽於郡田口村（霧島市）の霧島山錫杖院華林寺のこと。鹿児島本府大乗院の末で真言宗。本尊十一面観音。開山慶胤上人。始めの中興開山性空上人。後の中興開山兼慶法印（『三国名勝図会』巻之三十四）。

9　**伊東合戦**　伊東氏と島津氏との本格的な抗争は応永年間（一三九四～一四二八）のころから始まる。それ以来、戦いは続き、元亀三年（一五七二）日向国真幸院加久藤の木崎原合戦で、島津方が伊東方を破った。天正五年（一五七七）伊東氏は豊後（大分県）の大友氏を頼り米良山へ逃げた。戦国大名島津氏はここに薩隅日三か国を平定した（三木靖「木崎原合戦」一九八一年、『鹿児島県史年表』一九四四年）。

10　**大友合戦**　大友氏は伊東氏と結び天正六年（一五七八）島津氏方の日向国新納院高城を攻撃した。しかし、耳川合戦で敗れ、南九州の領国化はならなかった（迫静男『鹿児島大百科事典』一九九一年）。

11　**引導**　衆生を導いて仏道の正法に引き入れること。転じて葬式のとき、棺の前で僧が死者に読経し法語を与える作法をいう。顕教各宗では印明（印契。広儀では手印を指し、三昧耶行、仏像、種字、真言までも含む）と真言の並称）を授けないが、真言密教では印明を授ける作法をする。死者の報を受け引導を頼まれたら速やかに仏の弟子としての戒名をつけ、自分の坊で、香花を供え、引導法を静かに修する（佐和隆研編『密教辞典』）。

12　**臨終の作法**　臨終にあたって仏や菩薩の来迎にあずかるために行う作法。阿弥陀の像を安置し、仏の手より垂れた五色の糸を手に取って往生の思い、迎接の思いを抱いて念仏すること（石田瑞麿『仏教語大辞典』）。

13　**たしかたなく**　ここでは、出し方なく、出す手だてがなくと解したい。義弘公の御意を出すのは困難であったという意味。

14　**弘法大師勤**　弘法大師供のことで、弘法大師空海が入定した三月二十一日の忌日に行う法要のこと（石田瑞麿『仏教語大辞典』）。

15　**尊勝陀羅尼**　尊勝仏頂の功徳を説く陀羅尼（真言）のこと。罪障消滅・延命などの種々の功徳があるといわれている。仏頂とは仏頂尊のことで、仏の頭頂の功徳である知恵を仏格化した最勝の尊（石田瑞麿『仏教語大辞典』)。

16 **田舎御回向** 田舎(地方)で回向すること。自分の修行で得た善根功徳を田舎の人々にその利益を差し向けること(石田瑞麿『仏教語大辞典』)。当時の密教僧、修験僧が、どんなに高僧でも、自分が厳しい修行によって得た善根功徳を地方の人々にも、その利益を差し向けていたことが分かる。

17 **家久公** 島津家十八代。

18 **大乗院** 鹿児島城下坂本村にあった經囲山宝成就寺大乗院のこと。真言宗 城 州 深雪山醍醐寺三宝院、五百仏山大覚寺両寺の末。大覚寺の院家尊壽院を兼帯し、勅願所である。醍醐小野流の密法を伝え、興教大師真言新義を習う。薩摩藩の祈願寺(『三国名勝図会』巻之三)。

19 **夢違**「ゆめちがへ」「ゆめちがひ」とも読む。悪い夢を見たとき、それが正夢にならないように唱えられる呪文のこと。

20 **僧正** 僧官僧綱の最上位。古くは僧尼を統率し、法務を処理するために任命された僧官(僧正・僧都・律師の三つ)の最上位(佐和隆研編『密教辞典』、石田瑞麿『仏教語辞典』)。

21 **川上因幡殿** 島津家家老、川上久国のこと(『薩陽武鑑』)。

〔解 説〕

この段では、空順法印の法義の上での祖である頼長法印のことについて記されている。頼長法印は、関ヶ原の戦いで落ち延びて行く途中の島津家十七代義弘を隠した恩義により、薩摩国吉松般若寺の別当職を仰せつけられた。また後に、霧島山座主、大乗院奉職を命じられた。後に、僧正の位にまで昇進したほどの偉大な僧侶であったこと、最後は京都で亡くなられたこと、などが述べられている。

【3の段】頼長法印の弟子・霧島山座主頼盛（らいせい）法印

――学問に秀でていたので京都の智積院（ちしゃくいん）から京に留まれと懇請された――

智積院 本堂正面（京都市　智積院提供）
頼長法印の学問が高く評価された。

〈大　意〉

頼長法印の遺骨は、弟子である頼盛法印が高野山におさめられました。川上因幡殿は、頼長法印が僧正になるために準備された資金の余り銀七貫目を学文、すなわち学問のために用いるように頼盛法印に下さいました。頼盛法印は、その銀子（ぎんす）を京都の智積院（京都市）で、薩摩から学びに来ている僧たちへ配分されました。

その後、銀子がなくなったので、井伊掃部（いいかもん）（近江彦根藩主）の所へ軍書を書きに行かれ、そこで七年間勤め、薩摩へ帰国されました。そのとき、智積院の僧正から、あなたは、学問が千人に優れており、信心も深いので、この山に永く勤めてほしい。学問のための銀子不足は私たちからみついであげます、と言われました。しかし、頼盛法印は国元の霧島山に御誓願があるので、誠に忝いのですが薩摩の国へ帰りたいと言われ、般若時へ帰られました。

頼盛法印が帰ってこられたころの般若寺は、次第に衰え、脇寺である東林坊が一か所、買地は四百八十石、寺内に五十人ばかりの福僧がいるのみでした。頼盛法印が言われるには、般若寺別当坊は師匠である頼長法印の代に断絶し、頼盛を弟子分にしてくださるなら般若寺を築きたい、追っつけ東林坊も落ちぶれ果ててしまうということで、弟子分になる約束をすませたということです。頼盛法印は知行は甥などにやり、人馬諸道具まで売り払って銀子をととのえ七年で般若寺を再興されました。

日向山九品院般若寺（『三国名勝図会』）

そのうちに、大乗院僧正の入院潅頂の際、島津家十九代光久が結縁潅頂をなさる日、俄にたんとくを勧める僧が気分が悪くなり、そこで、般若寺がそのたんとくを勧めました。光久公は、それをお聞きになり、そのとき頼盛法印は霧島山への隠居願いを出しておられましたが、直ちに霧島座主を仰せつけられました。そのころは霧島宮へ参詣する人はことのほか多く、本坊の人数は七十人ばかりでした。

そこでの住職を久しく勤めた後、大乗院の勤めを仰せつけられました。祈願のための十一面観音護摩千座を執行するためでした。しかし、その要請を別府式部左衛門殿を通して断られました。その後、頼盛法印は般若寺内に隠居されました。

亡くなられる前の七月七日に弟子たちへ申されたことは、私は七月十一日に死ぬはずであるということでした。その十一日のときは、皆、食事などをゆっくりすませ、その後は、待つべきであると言われました。そのため皆は、食事をすませ、その間、待ちました。皆はいろいろ仕舞って、行水し、袈裟衣を着し持仏堂に参りました。そこで頼盛法印は東に向かって軽く座っておられました。十人ばかりの弟子のうち、孝行の僧である長順坊に抱きたてられて、外縛の印を結んで、口を開けたまま亡くなられてしまいました。そこに、甥の川田諸左衛門が般若寺にやってきて、頼盛法印のあごを押し上げておくべきだと言われたので、また、外縛の印を解いて、右手を持って、いやいやと動かされ、そのまま棺におさめられました。

【原　文】

骨は弟子頼盛〔註1〕高野へおさめ被申候、因幡殿より僧正成餘り銀七貫目学文用として頼盛へ被下候、右銀子を智積院〔註2〕にて国の僧衆へ配分被申、其後銀子無之、伊井掃部殿〔註3〕へ度々軍書かきに被参候て、七年相詰罷下り候に付、

智積院僧正より被仰候は其方は学文千人勝れ、其上信心も深く候得は、永々此山へ相時前詰被申

候、銀子不足は我等より見次可申由、僧正被仰候得共、私儀は国元の霧島へ誓願御座候間、忝存上候得共、罷下度由にて、

罷下般若寺は其内退転〔註4〕仕、脇寺東林坊壱か寺相残り、買地〔註5〕四百八拾石寺内五拾人計り福僧〔註6〕にて、頼盛被申候は般若寺別当坊は御師匠頼長代にたんせつ仕候、御方私弟子分に御成候は般若寺取建申度由にて弟子分約束相済、追付東林坊相果被申候、知行は甥抔に遣し人馬諸道具迄売払、般若寺再興被申七年被罷居候、

其内に大乗院僧正入院潅頂の節、光久公〔註7〕結縁潅頂〔註8〕被遊候日、俄にたんとく〔註9〕の僧気色悪敷、般若寺右たんとく相勤被申候、光久公被聞召上其節霧島隠居願被申出候故、霧島座主御直に被仰付候、其時分は霧島参詣殊の外多く本坊人数七拾人計り御座候、住職久敷其内大乗院被仰付候、祈念には十一面観音の護摩千座〔註10〕別府式部左衛門殿を以御断り被申上、般若寺内に隠居被申候、

遷化前七月七日に弟子共江被申候は、来る十一日に相果筈に候、十一日の願被申候は、皆々食抔緩々と仕舞候て、其間、待可申候、皆仕舞候て、行水して袈裟衣を着し持仏堂〔註11〕に参り半盈にし〔註12〕東に向十人計の弟子の内孝々の般若寺長順坊にたきたてられて、外縛の印〔註13〕にて口を開相果被申候故、甥の川田諸左衛門般若寺に下、あき〔註14〕押上け可被成と被申候得は、又外縛の印をとき、右の手を以いやいやと動し被成候故、其侭くわんに納申候、

【註】

1 **頼盛法印** 墓（五輪塔）は、霧島神宮の華林寺墓地にあり、その銘は次のとおり。

延宝二年甲寅
十二代住
法印頼盛
二月彼岸日

頼盛法印は、華林寺十二代住、すなわち、十二代の座主で、延宝二年（一六七四）二月彼岸の日に亡くなっていることが分かる。

2 **智積院** 京都市東山区東山七条にある寺院。紀州根来大行院の一院であったが、天正十三年（一五八五）、豊臣秀吉に焼かれたので玄宥（げんゆう）は難を避け、諸国に逃れていた。その後、徳川家康が玄宥を招いて中興の祖とした。幕府の援助により、学寮を建てるなどして盛大になった。七世運敞（うんしょう）によって講学が最も盛んになり学徒が集まった（『佐和隆研密教辞典』、今泉淑夫編『日本仏教史辞典』）。この記述により、薩摩からも多くの学徒が智積院に学んでいたことが分かる。なお、玄宥（一五二九〜一六〇五）は、安土桃山・江戸時代前期の真言僧。

3 **井伊掃部** 井伊直孝掃部頭（一五九〇〜一六五九）のことであると思われる。直孝は、江戸幕府成立期の重臣で、掃部頭（助）と称した。近江彦根藩主。彦根藩政も彼のとき調（ととの）った（伊東多三郎「井伊直孝」一九七九年）。

4 **退転** 次第に衰えること。当時、般若寺が衰亡して見るも哀れな状態になっていたことが分かる。

5 **買地** 中国大陸では墓地をあらかじめ、そこの地神から買い取り塔婆を建て、その後、墓穴を掘る習俗があった。ここでは、本来は、寺と墓地は同じ敷地に建てられ、死者の霊を供養をするものであったことを意味している。したがって、寺の敷地も墓地と同じように、そこの地神から買い取った買地であるということになる（五来重『葬と供養』）。

6 **福僧** 裕福な僧。しかし、ここでは読経力・呪力に長（た）けた優れた僧をさす。

7　**光久公**　島津家十九代。

8　**結縁潅頂**　広く一般の人々に仏縁を結ばせるための潅頂。

9　**たんとく**　嘆徳または歎徳。密教では、伝法潅頂のとき、潅頂を受ける行者（ここでは島津光久）の徳を賛嘆すること（石田瑞麿『仏教語大辞典』）。

10　**十一面観音の護摩千座**　十一面観音を本尊として除病、除難、滅罪、招福などを祈る護摩修法を千座もつこと。

11　**持仏堂**　守り本尊を安置してある堂。

12　**半盈にし**　深く腰をおろさないで、軽くおろしておく座り方と思われる。

13　**外縛の印**　外縛拳ともいう。各右指を左指の上に交叉して拳を作り、十指を外に出して握るもの（石田瑞麿『仏教語大辞典』）。

14　**あき**　意味不明。あぎ（腮）のことではないか。あぎは顎の古語。

〔解　説〕

この段では、法祖頼長法印の愛弟子、空順の師である頼盛法印のことについて記されている。頼盛法印は、智積院の僧正から、学問が千人に優れており信心も深いので、ここに永く勤めてほしいと懇願された。しかし、それを断って薩摩に帰り、薩摩国吉松般若寺が断絶していたのを再興した。その後、島津家十九代光久から霧島山座主を仰せつけられた。大乗院住職も命じられたが断り、般若寺に隠居した。亡くなる前に、自分は七月十一日に死ぬはずであると告げ、そのとおりその日に、外縛の印を結んで亡くなられた。頼盛法印が、予告した日に亡くなったことに空順法印の驚きと敬意が感じられる。

【4の段】頼盛法印と目一つ五郎——若い僧たちが滝の上で寒声取り——

〈大　意〉

頼盛法印は、ふだんの行儀は、九歳から、朝は寅の時（午前四時）ごろ起き、出家された後はまだ暗いうちに、その寺の本尊の法と不動の法を二座勤行されました。夜が明けて、聖天供一座、金剛界、胎蔵界諸尊の印契をする、すなわち手指をさまざまな形に作り、また、それを組み合わせて諸仏の内証（内心の悟り）を象徴的に表現し、真言を唱えて香と花を供えて供養され、霊前には毎日十膳ばかりを供えられました。昼はいろいろ、午後四時ごろから午後八時ごろまで阿字観を修行されました。それから人々との談合になり午後十時ごろ眠りにつかれました。

頼盛法印は、姓が猪野氏で小林（宮崎県小林市）の生まれ。九歳で父に連れられて、霧島山の頼長の弟子にと頼まれた。その日、頼盛が西御在所霧島権現に申し上げられたのは、私を霧島山の座主にきっとさせてくださいということでした。

それから日参を始められました。（日参の途中の）夜道で目一つ五郎が出てきました。その次の夜、開山にお参りしているところに、香色の衣袈裟で現れ、童子（頼盛）の志は殊勝である。一生懸命に勤めなさい。私は開山性空上人であるとおっしゃって消えられました。

本地堂(ほんじどう)で観音経二万巻の読誦(どくしょう)をなしとげられたとき、弁財天(べんざいてん)が十五童子を連れて出現しました。そこに猿が十三匹出てきて三拝しました。

頼盛法印が、かねがねお話しなさることは、智積院で関東の僧に古文の上巻を諳(そら)んじて読む人がいると国衆が言うので、そうであれば私は、古文上下巻を諳んじて言えるように覚えることができる、いっぺん魂を入れて読めば覚えたということでありました。

また、大乗院で若い僧たちが皆、滝の上で寒声取(かんごえと)り、すなわち寒中でお経を大きな声で読誦し、音声の訓練をする修行に出かけた。私は、虚空蔵(こくうぞう)真言を十万遍唱えたので音声は稽古なしでもその行を済ませることができたと話されました。

頼盛法印は、夜に手習いや学問を行うことは嫌いである。その訳は昼をいたずらに無駄にしていて、夜、行うことは天道に背くからであるとたびたび話されました。

【原　文】

平生の行儀は九歳より朝者寅の時おき、出家已後其寺の本尊の法、不動の法、夜内に二座、夜明けて聖天供〔註1〕一座、金剛界、胎蔵界諸尊〔註2〕印明〔註3〕真言、香花供養〔註4〕、霊供毎日十膳計り、昼は色々、七つより阿字観〔註5〕、夜の五つ迄、夫より人々に成合咄にて、四つ時にいね被申候、

右頼盛儀は猪野氏小林の生れ、九歳にて父召列、霧島頼長弟子に頼被申候、其日頼盛権現〔註6〕

へ被申上候は、我等は座主に御成可被下候、
夫より日参始の夜道にて目一つ五郎〔註7〕出申候、其次夜開山に参候得は、香色〔註8〕の衣袈裟〔註9〕にて童子の志殊勝に候、随分御勤候へ、我は開山性空〔註10〕と被仰うせ給ふ、
本地堂にて観音経弐万巻成就の時、弁財天十五童子〔註11〕を列出現候、猿十三匹出、三拝仕、
頼盛平生御咄候は、智積院にて関東の僧に古文の上巻をそらに読人有と、国衆申に付、しからば拙僧上下巻そらに覚可申由にて、一遍魂を入れ読候得は為覚と御咄候、
又大乗院にて若き僧皆々瀧のかみに寒声取〔註12〕に参る、我等虚空蔵真言十万遍唱候得は音声けいこなしに相済由御咄候、夜る手習学文申事嫌に候、其故は昼徒に居り、夜る仕るは天道に背と度々御咄被成候、

【註】

1 **聖天供** 歓喜天供ともいう。歓喜天は、インドで早くから信仰された神で、もとは悪神であったが行動は自在で知恵の神となって吉凶禍福を祈願される。わが国では夫婦相愛、子女の出産などに関連した神として信仰された。聖天供とは歓喜天を供養する修法で慈悲と善根の力によって障碍者を歓喜させて障を除く法である。四種法（合掌・閼伽・真言・印契の四種で供養すること）に通じ、他人に見られないように隠密に修する（佐和隆研編『密教辞典』）。

2 **諸尊** 別尊法のことで、諸尊を各別に本尊として供養する修法。

3 **印明** 印契と真言。手に結ぶ印契と口に誦する真言（石田瑞麿『仏教語大辞典』）。

4 **香花供養** 仏恩に報ずるために香や花を供養すること（石田瑞麿『仏教語大辞典』）。

5　**阿字観**　密教で行う観法。一切供養の本源を観じて、本来消滅のないものである理を観ずること。観ずるとはよく観察し思い巡らして正しく知ること（石田瑞麿『仏教語大辞典』）。

6　**権現**　ここでは、西御在所霧島六所権現のことで、現在の霧島神宮。もとは、仏・菩薩が衆生を救うために、仮りの姿を現すことである。わが国では、専ら本地垂迹説によって平安時代から用いられ、日本固有の神は仮りの姿で、本地仏は仏教中の諸尊であるから神号に権現号を用いた（佐和隆研編『密教辞典』）。

7　**目一つ五郎**　一つ目五郎または一つ目小僧のことで妖怪の一種とされる。

8　**香色**　香色の衣。すなわち香衣のこと。香木である乾陀の樹皮で染めた僧服。日本の天台・真言宗では赤に黄を帯びた色（石田瑞麿『仏教語大辞典』）。

9　**衣袈裟**　僧尼が出家の標識として着用する衣。青・黄・赤・白・黒の五色を正色として避け、色が混じって中間色を壊色として用いた（石田瑞麿『仏教語大辞典』）。

10　**性空**　平安時代中期の僧で書写上人といわれる。十歳で法華経を読み始め日向霧島山、筑前背振山で修行。後に播磨書写山に籠居。花山天皇、後白河法皇、源頼朝の崇敬を得た僧である。彼が侍した護法童子が乙丸、若丸で、両者はそれぞれ不動、毘沙門の化身であったと伝えられる（綾部昌訓「書写山」一九八六年）。

11　**弁財天十五童子**　印鑰、官帯、筆硯、金財、稲籾、計升、飯櫃、衣裳、蚕養、酒泉、愛敬、生命、従者、牛馬、船車の十五童子。善財（乙護）童子を加えて十六童子ともいう（佐和隆研編『密教辞典』）。

12　**寒声取**　寒声は、寒中で大きな声で経文を読誦したり音曲を歌い音声の修行をすること。寒夜の音声は遠くまで届くという。ここでは、寒夜の経文の読誦訓練のこと。

〔解　説〕

この段では、空順法印の師、頼盛法印のことについて記されている。頼盛法印は、子どものころから厳しい修行をし、霧島山の座主になることを誓願し、それが実現した。また、寒声取りの訓練をしなくても経文の読誦ができる才があった人であるということが記されている。出家前は、九歳から、朝は午前四時に起き、出家後は、本尊の法、不動の法、聖天狗一座、金剛界・胎蔵界の印契をして、厳しい修行をしたという。

ちょっと一休み《目一つ五郎》

全国各地で、一つ目小僧として伝承されている妖怪である。柳田國男は「古くは神祭に選ばれた神主を常人と弁別するために特別に目を潰し、片足とする風習があったとし、そこから一眼一脚の神への信仰が生まれたのではないか」と指摘（二〇〇〇年 高橋 四二九）している。また、柳田は、目一つ五郎が九州山地に棲む妖怪の一つであると述べている。

ここでは、霧島山の開山性空上人が目一つ小僧で登場してくるが、性空上人は、霧島修験空順法印からすれば特別な神として尊崇されていたことが分かる。

第二節　高野山学侶派（がくりょは）・理観房（りかんぼう）のこと、そこでの修行のこと

【5の段】直接の師・盛順（せいじゅん）は正直な人

〈大　意〉

右の頼盛の弟子である盛順は、姓は金丸（かなまる）氏で小林（宮崎県小林市）の生まれである。吉松般若寺（よしまつはんにゃじ）の師匠頼盛（らいせい）の下で出家されました。加行（かぎょう）（「けぎょう」とも）は以前と同じように行い、受者潅頂（じゅしゃかんじょう）は、頼盛が入院潅頂（にゅういんかんじょう）の時修行されました。長谷寺へ五年間行き、その後羽月（はつき）にある若王寺（にゃくおうじ）の住職となられました。阿闍梨（あじゃり）になるための潅頂は霧島山で行われました。

人と異なるような信心があるわけではないですが、ただ正直ではあります。亡くなられる時、人々が皆、集まって忙しそうにしていました。早く食をいただきなさいと申され、皆が食し終えたとき、南無遍照金剛（なむへんじょうこんごう）と一声（ひとこえ）唱えて相果てられました。

【原　文】

右頼盛弟子盛順は金丸氏、小林の生れ、般若寺師匠頼盛の下にて出家す、加行〔註1〕同前受は潅

頂〔註2〕、霧島にて頼盛入院〔註3〕潅頂の時修行被申候、長谷寺へ五年罷下、羽月若王子〔註4〕に住職、あじゃり潅頂〔註5〕、霧島にて相勤被申候、平生人に替りて信心も無御座候得共、只正直に御座候、相果被申時、後は皆々人集り、いそかしかるべき早く食被下へくと被申、皆仕舞申時、南無遍照金剛〔註6〕と一声申て相果被申候、

【註】

1 **加行** 密教で潅頂を受ける前に準備として行う修行。

2 **受は（者）潅頂** 潅頂とは、水を頂にそそぐ意味。インド国王の即位や立太子のとき、水をその頭の頂にそそぎかけた儀式から転じた。真言密教の儀式の一つである。大きく分けて伝法、学法、結縁の三つがある。伝法潅頂は、伝法阿闍梨となるもののために大日如来の儀軌（規則、規範）明法（明呪〈真言〉の法の意）を授けるもので真言（密教では仏や菩薩などのいつわりのない信実の言葉）の最極秘奥を伝えるもの。学法潅頂は、真言の行者となるために、ある有縁（あるものと関わり〈関係、因縁〉があるということ。仏や菩薩などに会い、教えを聞く機縁のあること）の一尊の儀軌明法を授けるもの（石田瑞麿『仏教語大辞典』）。結縁潅頂については前述。

3 **入院** 僧が住持となってその寺に入ること。

4 **若王子** 熊野山東持院若王寺のこと。薩摩国伊佐郡羽月郷白木村（伊佐市大口）、熊野宮の右にあった。鹿児島城下大乗院の末で真言宗。本尊は不動明王。熊野宮の別当寺（『三国名勝図会』巻之十七）。

5 **あじゃり潅頂** 阿闍梨位潅頂のことで、阿闍梨の位を受けるにあたって行われる潅頂。阿闍梨とは、密教で秘法に通じ伝法潅頂（秘法を伝授する儀式）を受けた者をいう（石田瑞麿『仏教語大辞典』）。

6 **南無遍照金剛** 遍照金剛とは大日如来の密号（密教での呼称）である。大日如来は真言密教の教主で一切の仏や菩薩の本地である。南無とは仏や菩薩に帰依すること。ここでは大日如来に帰依します、という意

味である（石田瑞麿『密教辞典』）。

〈解　説〉

この段では、空順法印の直接の師である盛順について記されている。人と比べ、きわだって信心があるわけではないが、ただ、正直であった。法祖頼長法印とその弟子頼盛法印とは信心では見劣りがするが、正直であったということに空順は崇敬の眼差しを向けているのである。

【6の段】国土があるかぎり島津氏長久を祈念

〈大　意〉

右盛順の弟子である私、空順は十七歳で、頼盛法印の下で出家しました。加行も般若寺ですませました。受者潅頂は本寺（ほんじ）である大乗院の照盈（しょうえい）の下で行いました。十九歳で日本国中の仏神三宝（さんぽう）に対し、国土があるかぎり島津家長久を祈念し、六十二歳で入定（にゅうじょう）する旨、恐れながら、大願（だいがん）を行いました。

それから鹿児島の安養院（あんよういん）に同宿して五、六年たちました。

理観房のことは、私（空順）が二十歳ばかりのときから聞き、毎日三拝して理観房の所へ行きたいと思っていました。しかし親のある理観房は母親に孝行を尽くしていることを聞き、私はわざと行きませんでした。親が亡くなって、理観房の所へは、福昌寺門前の宮原平右衛門の同道で参りました。私が理観房の所へ行くということを、理観房自身は前もって知っておられ、薩摩から僧がやってくるはずだとたびたび申しておられたと、兵庫の小豆屋が話してくれました。

理観房の所には、百人の者が訪ねて行っても、五人か三人にしか逢ってもらえないそうです。私は、すぐにお目にかかれた。理観房がおっしゃるには、お前がここに来たのは、学問を伝授してもらうのが望みかということでした。それに対して、私が申し上げたのは、望みはございません。あなた様に食事を炊いて差し上げたくてやってまいりました。京や大坂、江戸の見物は少しもしたくはございません、と申し上げると、理観房は、よしよし、理観と一つ鍋の食を食わないと人の志は知ることができない、と申されました。それから理観房に付いて修行しました。その時は年は二十八歳で、理観房から習い聞く分は書き記しておきました。

【原　文】

右盛順弟子空順十七歳にて頼盛下にて出家す、加行も般若寺にて相仕舞申候、受者潅頂本寺大乗院照盈法印の下にて仕る、拾九歳にて日本国中の仏神三宝〔註1〕に乍恐国土のあらん限は、御家長久の御祈念入定〔註2〕の大願〔註3〕、六拾弐歳と申上候、夫より鹿児島安養院〔註4〕に同宿申事五、六年、理観坊〔註5〕御事拙僧弐拾計りの時より承、毎日三拝〔註6〕仕罷登り度存候得共、親有の理観房は母親に孝々の由承、拙僧態登り不申〔註7〕、親相果候て、罷登り候節は福昌寺（註8）門前の宮原平右衛門同道にて参候、拙僧罷登る事、前以御知被成、薩摩より僧か登る筈と度々御咄被成候よし、兵庫の小豆屋咄申候、
理観房所に百人参りても御逢被成人、五人か三人にて御座候、則掛御目に被仰候は、其方は学文伝授か望みか、我等申上候は望みは無御座、御前に食をたいて上け度候て罷登り、京、大坂、江戸は見物は少も申度無御座と申上候得は、よしよし理観と壱つ鍋の食を喰はねは人の志はしれす、夫より相付修行仕候、年弐拾八歳、其内承分は書しるし申候、

【註】

1 **三宝** 仏と仏の教えを説いた経典とその教えを広める僧のこと。仏法僧。また、仏の教え、仏法をさす（石田瑞麿『仏教語大辞典』）。

2 **入定** 本来は宗教的な瞑想に入ることである。民間では、行者が衆生済度（しゅじょうさいど）の願を立て、生きながらにして土中に埋もれることをいう。各地に入定塚伝説として語られている。その背景には大地は物を生み出す場となるという再生観がある（鈴木正宗「入定」一九八六年）。

3 **大願** ここでは、大きな祈願あるいは願望。

4 **安養院** 護国山大楽寺（ごこくさんだいらくじ）安養院のこと。鹿児島城下坂本村（鹿児島市坂元町）諏訪通（すわどおり）にあった。鹿児島城下真言宗大乗院の末。開山鑁阿上人（ばんあしょうにん）。薩摩藩五社の一つである諏訪神社の別当。本尊は愛染明王（あいぜんみょうおう）。愛染明王は諏訪神の本地である（『三国名勝図会』巻之四）。

5 **理観坊（房）**（一六二五～九三） 高野山の僧で阿字観（あじかん）を修した。寛文五年（一六六五）関東に遊説して将軍家の帰依（神仏など優れたものに服従し、すがること）を得て、幕命で尼崎（あまがさき）に帰り同地の大覚寺（だいかくじ）、加古川称名寺（かこがわしょうみょうじ）、布引山滝勝寺（ぬのびきさんりゅうしょうじ）などを中興。布引山に小庵を結んで阿字観を修した。生家に巡錫中（じゅんしゃくちゅう）に寂（じゃく）（佐和隆研編『密教辞典』）。

6　**三拝**　三度礼拝すること。また身・口・意の三業に敬意を表して礼拝すること（石田瑞麿『仏教語大辞典』）。

7　**態登り不申**（わざとのぼりもうさず）　わざと理観坊の所へ行かなかったという意味。

8　**福昌寺**　玉龍山福昌寺のこと。鹿児島城下坂本村長谷場にあった。能登州諸岳山惣持持の末で曹洞宗。本尊は釈迦如来。石屋眞梁和尚が開山となった。薩隅日三州の僧録所で勅願所（『三国名勝図会』巻之五）。

〔説　説〕

この段では、空順法印は頼盛法印のもとで十七歳で出家し、加行は般若寺で行い、受者灌頂は大乗院の照盈法印のもとで行ったこと、そして、十九歳のとき、島津家長久のために六十二歳で入定することとの大願をしたこと、理観房の所での修行を許されたことについて記されている。

【7の段】高野山学侶派理観房のこと

〈大　意〉

理観房は、摩耶（神戸市内西部の摩耶山のこと）の麓で、昌原村名主の二男として生まれ、親は名主で身分の高い人であります。そこで育ち、十三歳で摩耶示現院で出家されました。人と違って気ままな性格であるため、高野山の門主である宝性院の弟子となられました。また気が過ぎて、先へ先へと進んで行く性格なので折檻ごときには屈されませんでした。さすがの高野法印であります。それから伊勢に参って、裸になり身を隠す菰を着けずに、千日捨身行に入り、一日に玄米一合

理観房（理智門空観上人）
空順法印は理観房に師事した。
（神戸市　布引山瀧勝寺提供）

ですませられました。その千日捨身行をすませ、京の粟田口に出て、菰を着ておられました。その様子を中国の士が見て、自分で着ていた袷をくれてやった。その後、その士が十間ばかり行ってから立ち帰ってきて、そなたは私に袷をもらったがなぜ、忝いと言わないのかと問うた。そこで理観房がご返事なさったことは、施しを受けるのに何が忝いことか、そなたこそ忝いと言うべきではないか。そう言って、理観房はからからと笑われました。そこで、中国の士は、そなたは何者かと聞かれた。理観房は出家と言われました。中国の士が、出家ならなぜ、衣を着ないのかと言われた。理観房は、三日前に千日捨身行をすませたばかりなので急に衣をととのえることはできなかったと言われました。それを聞いた中国の士は京に出かけて行って着物を買いととのえ理観房へ差し上げた。それ故に姿が理観房は出家者のように見えるようになりました。それで、京に出て托鉢ができました。

病人が出たりして、加持を理観房に頼みに来るので、加持のことは知らないとおっしゃいました。けれども、それは出家の役であると言われたので、病人平癒を願って祈念したところが、患者の痛みが止まりました。そのとき、理観房自身が加持が効くことを初めて知りました。座中の茶碗鉢に割れよと心で思っただけで二つに割れ、庭に大唐竹が一本あるが、これも割れよ、と思ったら二つに割れた。理観房は驚いて、いやはや、そうかそうか、我ながら驚きのことだなあという思いになられました。

智積院の大井戸が水が悪いので加持をしてほしいと僧衆から頼まれた。それを理観房が引き受けるに際し、智積院の上座衆は、その取り扱いに、どうしたものかと論議をなされた。理観房がおっしゃるには、あなた方の二十年、三十年の学問はその程度でありましょうかということでした。上座衆は皆、理観房は学門もしないで、たいそう偉そうな口をきくわいと思い、それでは十住心について承ろうではないかと申された。理観房は第一の十住心から第七まで話されたが、第八、第九、第十の十住心は菩薩仏の境涯、すなわち感覚・思慮作用の範囲を説いたものなので、言うこともならず、聞くこともならないものである。五、六年坐禅をして初めて知ることができるようになるものである。と申されました。

【原　文】

摩耶〔註1〕の麓理観房昌原村名主の二男、親は大身〔註2〕に御座候、御児そたち十三にて摩耶示現院〔註3〕にて出家す、人に替りて気任に有故、高野山門主〔註4〕宝性院〔註5〕弟子となり、又気任故せっかんことくに高野法いいん〔註6〕、夫より伊勢に参り、はたかになり、まはしかくす等せす、千日捨身行〔註7〕一日に黒米〔註8〕壱合、右千日相済、京あわた口に出、こも〔註9〕を着て被成御座、中国の士見て、きたる袷を遣候、士十間計り行、立帰り、其方は何とて忝とは不申哉、御返事に人より施しに逢、何か忝事か、其方よりこそ申筈と、からからと笑被成候ゆへ、士其方は何者かと申候得は、出家と被仰候、出家ならは、なせ衣はきぬかと被申候、千日の捨身三日前に相済、急に衣無之由被仰候、右士京に出、きる物買調へ差上候、夫故出家の様相見得、京に出、托鉢被成候、

病人有加持〔註10〕を頼に付、不存と被仰候得共、出家役と申候故、病人平癒と被思召候得は痛とまる。其時加持きく事我も始て御存被成、座中の茶碗はちわれよと被思召候得は弐つにわれ、庭に大唐竹壱本あり、是もわれよと思召は弐つにわれ、扨も扨もと、我から思召、

智積院の大井戸水悪敷故、加持僧衆より頼まれ、其取持に上座衆〔註11〕論議被申候、理観房被仰候は、そなた衆の弐拾年、三拾年の学文は其分にて御座候哉、上座衆被存候は、理観か学文せす、皆々大口〔註12〕と思ひ、十住心論〔註13〕承可申、理観房第一の住心より第七まで御咄、第八、第九、第十之住心は菩薩仏のきやうかひをときたたる故中もならす、聞もならす、五、六年座禅被成しれ可申候、

【註】

1 **摩耶** 摩耶山。摂津（せっつ）の国にあった。現在の神戸市灘区の六甲山塊の西部に位置する。標高六九九メートル。奈

良時代に来朝した法道上人が釈尊自作の白金観音像を道宣から受けてこの地に安置して創建したと伝えられる。弟子の印海が伽藍を造営したがたびたび焼失して再建された。空海が請来の摩耶像を安置して名を改めた（佐和隆研『密教辞典』）。

2　**大身**　公家や武家で位が高く、禄の多いさま。また、その人。身分の高いさま。またその人。

3　**示現院**　摩耶山天上寺の院号か。

4　**門主**　寺格の高い寺跡の住職をいうが、高野山では、一山の貫主のもと、検校の下にあって、宝姓院と無量寿院に住する住職二人をいう（石田瑞麿『仏教語大辞典』）。

5　**宝性院**　もと高野山中の院谷（現大師教会の地）にあった名刹。応安七年（一三七四）宥快が住持して中興し、無量寿院の長覚とともに、教学の全盛期を成就した。江戸時代には院領七〇石門主領一五〇石を加え、広大な寺域を誇ったが、元治元年（一八六四）に焼失し、明治二十二年（一八八九）に仮堂を建て、大正二年（一九一三）、無量寿院に合併して、宝寿院として什宝（宝物の器物）を移した（佐和隆研『密教辞典』）。

6　**せっかんことくに高野法いいん**　意味不明。「高野法いいん」は「い」が重記と考えて高野法印と解すべきか。そうすると折檻ごときに屈しなかった、高野法印だからこそ、と解すべきと思われる。

7　**千日捨身行**　千日かけて身命を捨て仏などを供養し衆生に施すこと。宮家準は捨身求菩提について「教義のうえでは、捨身求菩提を事と理の二つに分け、事の捨身求菩提は高山幽谷の嶮難をいとわず、身命二根を惜しまずに仏道を求めて修行すること。理の捨身求菩提はこの五字がそのまま即身即仏の直体と観じて、己の身を捨てることなく、仏身を求めることによって煩悩を転じて菩提を感ずることをさす。そして後者の理の捨身求菩提、すなわち煩悩をたって菩提を生ずることを本来の捨身求菩提としているのである」（宮家準「捨身求菩提」一九八六年）と説明している。理観房は身命を捨てることなく、煩悩を除くために千日捨身行を行ったことが分かる。

8　**黒米**　まだ精白していない米で玄米のこと。

9　**こも**（菰）荒く織ったむしろ。

10　**加持**　鎮加護持の意。仏や菩薩が人々を守ること。転じて真言密教で行う修法上の呪禁の作法。また、転じて祈禱と同義に用いる。ここでは祈禱と同義に用いられ、災いを除くために神仏に祈ること（石田瑞麿『仏教語大辞典』）。自他の罪障を消除したり、供物・香水・念珠などを清めるための作法（佐和隆研『密教辞典』）。

11　**上座衆**　法臘（出家後の年数）の高い上位の僧。また十年、二十年以上の長老の尊称。また、有徳の僧や修行を積んだ長老（石田瑞麿『仏教語大辞典』）。

12　**大口**　大げさな口をきくこと。もしくは偉そうなことを言うこと。その人。

13　**十住心論**　十住心とは、低い段階から高い段階へと進む心のあり方を十種に分けて説いたもの（石田瑞麿『仏教語大辞典』）。十住心論とは、真言宗の立教開宗の教科書（佐和隆研『密教辞典』）。ここでは、後者をさす。

〔解　説〕

この段では、理観房の呪術力の強さがいかに強大であったかということと、仏教の教理をわきまえているはずの上座僧へは、験力だけでなく学門も負けていないぞという理観房の気概の旺盛さについて記されている。空順法印の理観房への崇敬ぶりが分かる。

【8の段】理観房の驚くべき加持力――体の不自由な人をたちどころに治す――

〈大　意〉

理観房はそれから馬町の宿へお帰りになられた。空順が大乗院（鹿児島の城下町にあった）の覚恵、覚阿兄弟と一緒に連れ立っていたとき、理観房が宿の子が泣くのでやかましいといわれていると言った。そこで宿主の女房が、乳が出ないために子が泣いているのですよと言った。それなら早く行って近所の乳の出る女から少しの乳を借りて来なさいと理観房が言われた。借りてきたら乳が出るようになりました。

理観房は、先ず、三国に渡って加持を行うべきである。また日本は江戸、京、大坂は人が多いので、先ず、江戸に下り、加持を行うべきであると思われた。江戸では、一日に四万人ばかり加持がなされた。ものを言わない者、目の見えない者、耳の聞こえない者、腰の曲がった者など治る者が多く、数え切れないほどであった。江戸の人々が騒ぐので、御公儀から住んでいる所を問われたので、理観房は兵庫の摩耶と申し上げられた。そこで、青山大膳殿へ預けられた。しかし、箱根から上方で加持をすることをお許しになられたので、大物之浦（現兵庫県尼崎市）で潮を加持して水になされた。それを聞いて遠国から加持の水を取りに来た。

そのとき、城の二の丸に招かれた。大膳殿がたびたび話に来られた。あるとき、寒いので火鉢を取り寄せるべきであると大膳殿は言われたけれども、理観房は、そんなことはご無用でございますと言って座敷に火を起こされました。また、町の通りにある宿に毎晩話をしに出かけられた。お城では、大膳殿と毎晩話をなさるが、どちらが城の理観房か分からないと言われます。

大膳殿が亡くなられた後は、御子息の播磨殿が布引（現神戸市）に御普請をなされたので理観房はそこに招かれた。そうしているところに理観房の御親父が病気になられたので養生に行かれたが亡くなられた。そのため母親と一緒に住まれることになりました。在家の住まいであるけれども、兄弟の所には十八歳から一度も家の中に入ったことがないと話されました。その理観房は、五十九歳で亡くなられました。

【原　文】

夫より馬町の宿江御帰り、大乗院の覚恵〔註1〕、覚阿、兄弟とつれ立、宿の子なき申故、理観房やかましく有之由被仰候は、宿主女房か乳無之故なくと申、其儀ならは早く申はせて近所の乳の有女片乳〔註2〕かりて参れと被仰候。かりて参れは乳出る、

先三国〔註3〕に渡り、加持可申、日本は江戸、京、大坂、人も多く候、先江戸に罷下り加持可申と存江戸へり、一日に四万人計り加持被成候、物をいはさるもの、目の見得さるもの、耳のきかさる者、腰のまかりたるもの、なをる事其数しれす、江戸さわく故公儀より在所〔註4〕御問ひ被成候得は、兵庫の摩耶と御申候故、青山大膳太夫殿〔註5〕へ御預け被成候得共、追付〔註6〕、箱根より上方は御免被成候故に大物之浦〔註7〕にて、潮を加持して水になし、遠国より加持水取に参候、其節城の二の丸に被召置候、大膳殿度々咄に御出有時さむく火鉢を取寄可申と、被仰候得共御無用に候とて、座敷に火をおこし被成候、又町に御通の宿有其所に毎晩御咄に御出候、御城にては大膳殿と毎夜御咄被成、とれが城の理観房やら相知れ不申、大膳殿御死去の後は御息播磨殿より布引〔註8〕に御普請被成被召置候、然処に理観房御親父病気に付養生に行、親父死去故母親と一

つに被成御座在家栖居〔註9〕にて候得共、兄弟の所には十八歳より一度も内に不入と御咄候、五十九歳にて御遷化被成候、

【註】

1 **覚恵** 鹿児島城下にあった大乗院第十七世覚恵法印のこと。阿字観を修し希代の徳僧といわれた。道心が厚く、諸方に遊学して学問を深めた。島津家二十一代吉貴の帰依僧。正徳三年（一七一三）三月、七十二歳で遷化（せんげ）（死去）。大乗院末の鹿児島城下楞伽山潮音院（りょうがさんちょうおんいん）の中興開山でもある（『三国名勝図会』巻之四）。

2 **片乳**（かたちち） 片方の乳。少しの乳。

3 **三国** 日本、中国、インドのこと。ここでは江戸・京・大坂。

4 **在所**（ざいしょ） 住んでいる所。

5 **青山大膳太夫殿** 青山氏は江戸時代の譜代大名で、青山忠成の三男幸成は寛永五年（一六二八）に老中、その後、遠江掛川（とおとうみかけがわ）（二万二千石）、摂津尼崎（五万石）の藩主となった。青山大膳太夫とはこの幸成をさすと思われる（岡光夫「青山氏」一九七九年）。

6 **追付**（おっつけ） まもなく。

7 **大物之浦** 現在の兵庫県尼崎市大物町。古くから海の輸送と川・陸の輸送の結節点であった。西国を目指す人にとっては海の玄関口であった。

8 **布引** 現在の兵庫県神戸市葺合（ふきあい）区の布引町のことか。

9 **在家栖居**（ざいけせいきょ） 在俗のままで庶民の家に住むこと。

〔解　説〕

この段では、理観房が、乳が出ないで困っている母親を助けたこと、それから江戸に出て加持を行い病気の人を助け、江戸中の人が騒いだこと、および、尼崎城主青山大膳と親しくされるほどの人物であったことについて記されている。

【9の段】大名をも恐れぬ誇り高き理観房

〈大　意〉

拙僧（空順）が理観房のもとにいる間に、長門（ながと）の国（現在の山口県の一部）から性海（しょうかい）という僧が理観房の弟子になりたいといってやって来ました。五十日の間、夜は兵庫に帰り昼やってきて門の所にいました。しかし、性海は業が深いといって、理観房は会おうとされませんでした。その時、拙僧が思ったのは、長門から来るも薩摩から参るも志は同じ。さてもまた、無慈悲千万なことか。理観房は出家僧であろうか、本当は狐狸（こり）（狐や狸）の化け物ではないかと心の内で思っていました。そうしたところ、理観房から空順は人の心を推しはかることが思いのほか秀でている。聖人の心は聖人が知る。理観の心は理観が知ると言われました。

なるほど理観房は位高き僧で、一度も顔を見せられない。正月や盆、彼岸などの行事はご存じではなく、そのことを言ってあげる人もなく、また自ら問いかけることもなされない。

理観房の所には紀州（紀伊藩の国に置かれた和歌山藩。徳川御三家の一つ）の殿様から、一か月に三度の飛脚がやってくる。一年に一度あては紀州の御家老である伊勢の田丸城主和泉守殿がお出でになります。理観房は時折大地（人間や万物をはぐくむものとしての土地。ここでは理観房の家の釜がある土間のこと）に降り、釜に松葉を焼き、辺りの釜の足に額を打ちつけたりして、直ちに寝入ってしまわれた。和泉守殿が大地に入り理観房の後ろで地に手を突き、這いつくばって久しい間お待ちになりました。理観房は眠りから覚めて起き上がり、誰か誰かと言われた。和泉守殿は、紀州の和泉と応えられました。何と紀州は息災であるかと言われました。その晩は和泉守殿へも麦の冷やし汁を禿げた黒椀に入れて振る舞われました。

備前から月に二回飛脚がやって来る。理観房は何が参っても、うまいうまいとばかり言われ、礼を一度もおっしゃったことがありません。この飛脚が差し上げるときは、少し書き付けをくださるように言ってきたので、飛脚を初めて、お前と呼ばれました。飛脚が取ろうと、海に入ろうと、人にやろうと、理観房に持って来ようと、いっこうに構わない。それほど惜しいのであれば要らないと理観房は思われました。

松平新太郎は大名と思っていたのに乞食である。理観房は備前（現在の岡山県東部）からの贈り物を大名からのものと思って、うまいうまいと食べていたが、それは甥が贈っていたことを知らずに食べていたことが分かり、口を穢したと言われました。その後松平新太郎が三度やって来てもお会いにならない。理観房の兄の子が、名主の裃を着て大地に這いつくばっていたが、一礼をして帰られた。後であの若い者は何者かと申された。空順が、御前の甥殿と応えたら、何しに来たかと言われました。今日は元旦ですよと空順が申し上げたら、元日が早くきたな、だからこのごろは寒い、と言われました。千種大納言（ちぐさだいなごん）殿が養子である故、お見舞いに来られました。大納言殿がお給仕をされているとき、理観房は不調法な大納言とおっしゃいました。

尼崎の城へ一年に一度お礼に行かれる。そうしているところに、城主である青山播磨守殿より、理観房に尼崎城へ登城していただき光明（こうみょう）真言をお授かりしたいといってきました。理観房が言われるには、領内の城には一年に一度お礼に伺い、記帳している。法を習うのだったらこちらへ出て来るべきではないか。法のことを軽々しく言ったら罰があたるものよ。そのようなことを言っているようでは追っつけ国替えは逃れられまいと、理観房は言われました。二十年あまり過ぎたら、言われたとおり国替えがありました。

【原　文】

拙僧罷居内長門より性海と申僧弟子に成度罷出五拾日、夜るは兵庫に帰り、昼るは参りて門に罷居候得共、がうが深き〔註1〕と被仰逢不被成候、其時拙僧存候は長門より参も、薩摩より参も、志は同前、扨又無慈悲千万、理観房は出家にてあろうか狐狸のはけものではないかと被仰心の内に存候得は、空順は人の心をはかる慮外なもの〔註2〕、聖人は聖人かしる、理観か心は理観知ると被仰、成程位高き僧にて一度も顔を見不申、正月、盆、彼岸御存知なく申人もなく、問ひも不被成候、理観房には紀州様〔註3〕より壱か月に三度の飛脚参り候、一年に壱度宛は紀州御家老伊勢のたまり〔註4〕の城主和泉守殿〔註5〕御出候、理観房は折節〔註6〕大地〔註7〕に下り、釜に松葉を焼き、あたり釜の足にひたい打附、直にねいり被成候、和泉守殿大地へ入、理観の後へ地に手を突つくはひ久敷御待候、理観おそみあかり〔註8〕、誰か、誰かと被仰候、紀州の和泉と御申被成候、何と紀州は息才に有かと被仰候、其晩は和泉殿へも麦のひやうたれ〔註9〕、はげたる黒椀にて振舞被成候、

備前より月に両度飛脚参候、理観房は何が参候てもむまいむまい〔註10〕と計りにて礼を一度も不被仰候故、右飛脚差上候節は少書附被下候通申来候故、飛脚のものを始て御前呼被仰候は飛脚かとろうと、海に入うと、人にやろうと、理観に持参申さうと御構ひ被成間敷候、夫程惜くは重て不入、

松平新太郎〔註11〕は大名と思ひたにこじきにて候、此内不知して、くちを穢したると被仰、其後三度参候共、御うけ不被成候、理観房兄の子名主かみしもを着し、大地につくばひ被居一礼申て被帰候、跡にてあの若き者は何者かと被仰候、御前〔註12〕の甥殿と申上候は、何してきたかと被仰、今日は元朝〔註13〕と申上候得は、元日がはやく来たなと、夫て頃日〔註14〕はさむひと、被仰候、千種大納言殿〔註15〕養子故、御見舞被成候、大納言殿御給仕の時、不調法な大納言と被仰候、あまがさき御城へ一年に一度宛御礼に御参り被成候、然処に城主青山播磨守殿〔註16〕より理観、あまが崎へ登城被申、光明真言御授り可被成由、申来り候、理観被仰候は御領内に罷居候得は一年に一度は御礼に罷出、帳に附申候、法に付ては此方へ御出可被成、法は軽々敷申候得は罰か御

座るものに候、追付国かへは逃れまひと被仰候、弐拾年餘り過て、被仰候通国かへ御座候、

【註】

1　**がうが深き**　前世の悪業が深い。前世の善悪によって現世に受ける応報のことを業という（石田瑞麿『仏教語大辞典』）。

2　**心をはかる慮外なもの**　人の心を推し量る力が思いのほか鋭いもの。

3　**紀州様**　紀州藩、すなわち和歌山藩。高野山は紀州藩の領地。

4　**たまり**　田丸のこと。

5　**和泉守殿**　田丸城主久野和泉守のこと。

6　**折節**　時おり。

7　**大地**　ここでは理観房の家の釜がある土間のこと。

8　**おそみあかり**　恐れいってしまい。

9　**ひやうたれ**　冷えたたれ。ここでは麦の冷やし汁のこと。「冷や麦たれ」からきた語と考えられる。

10　**むまいむまい**　美味しい美味しい。

11　**松平新太郎**　理観房の甥。

12　**御前**　ここでは飛脚に対してお前と呼んだ。

13　**元朝**　朝は旦（夜明け時）より朝食のころまで。ここでは元旦と同じ意。

14　**頃日**　このごろ。

15　**千種大納言殿**　初代有能（一六一五〜八七）。江戸時代の初期に、権大納言久我晴通の四男で岩倉家の祖となった岩倉具堯の四男有能が、権中納言久我通前の猶子（跡継ぎの子）となり、一家を創立して千種と称したのに始まる（川田貞夫「千種家」一九九三年）。

16　青山播磨殿　青山忠成の三男幸成のこと（前段註5参照）。

〔解　説〕

この段では、理観房は、学問や呪術、行には優れているが、年中の行事や日常の出来事、人の顔を覚えるのには疎い。また、殿様であろうと、高位の人であっても、法を伝授してもらいたいのだったら、こちらに出向いて来て礼を尽くすべきであると言っている。このように、空順法印は、理観房が誇り高き僧であることに驚くとともに、法を説くにあたり、理観房が言われるのが正しいのではないかと思ったりしていることが窺える。

【10の段】理観房のもとでの修練苦行――酒も酔わない程度に飲むのが禁酒――

〈大　意〉

理観房はお伊勢信仰をなさっていて、四、五年に一度は参宮なさるけれども、人に隠れてお出でになられるので供の者は一人もいない。伊勢の町に何があるかはご存知ない。しかし、伊勢で千日捨身行を行われるので、町には抹香（まっこう）のあることは知っておられる。それで、抹香を一斗（十升。一八・〇三九キロリットル）ばかり俵に入れて担（にな）って、両袖に菰を着け、近江沢山（おうみさわやま）（現滋賀県沢山）の井伊（いい）掃部殿（かもん）の所へ立ち寄られた。掃部殿はこれは幸いなことと思われて、末々、国が治まる方法を教示していただきたいと願われた。そこで、理観房は、二十か条ばかり書き付けをしてお渡しになられました。お礼に庭の木をもらって、多くの人数で持ち帰ってきました。理観房はこの木を薪に切るつもりであったのであるが、井伊掃部殿は、植樹用として、これに土や葉をつけてくださった。（理観房は）何と考えのない掃部よとおっしゃいました。

拙僧はここにいる間は、汚れた藁筵に寝て、夜も昼も衣は脱がなかった。寝るときは手を地に突いて、その上に顔を付ける。理観房が、空順と呼んで起こされるとき、あっ、と言えば、それは寝ながらの返事だと言われた。頭を上げ上げて返事をすると、粗相だとおっしゃった。頭を上げてから応えたら遅いと言われた。何事もこのようなことであるから、理観房のことについては（いろいろと）推しはかれることでありましょう。

理観房は、庵から弟の家の戸口を通り門に出ておられるので、拙僧は理観房の弟の家に二、三度立ち寄った（ことがある）。しかし、理観房は十八歳のときから兄弟の所に入ったことがないと話しておられました。

道を通るときは左右を見ないで行かれるので、町に売り物があるかないかをご存知ない。また、親や師匠の顔よりほかの顔は見ないと言っておられる。百千万の人が何と褒めても、そのことは自分の心が知っている。百千万の人が悪く言っても、自分の心が知っていると言っておられます。また、生駒山の法山比丘は木食であるが、その人と山崎の大木食以空上人が理観房の所へ阿字観の伝授を受けに来られた。理観房は、食を重んじなくして勤行する法はない、先ず木食をやめなさいと言われました。阿字観には比丘の一度の食さえ障るものである、ましてや木食などはもっての外で無駄なことである。木食さえ止めてもらえば阿字観の法を授けてもよい。と言われました。二人の木食行者は、我々は長々と木食として遠国まで知られている、只今止めることはできない。阿字観を伝授してくださらないでも結構であると言って帰っていかれました。

また、拙僧へ言われるには、千日無言禁足で勤行を行うのであるが、米が少々あるかと聞かれたので、少々なら持参できると応えました。ところが、理観房は米があると言うのはおかしいことだとお笑いになりました。勤めは金銀に構わない志だけでないといけない。米があると言うことは、生道心、すなわち生半可な悟りを示すものである。無言勤行のときも用事があるときは、申すものである。無駄なことを言わないのが無言である。禁足でも托鉢や薪取り、水汲みそのほか用事のある所へ行っても無言の勤行である。酒も酔わない程度に飲むのが禁酒というものである。

そなたの国の松平大隅守殿は鈴鹿山で鹿を捕られたので大悪人と思っていた。ところが、道中で眼を見ると正八幡の化身である。それで大悪を作っても神の咎めはないとお話しなさいました。

【原　文】

理観房は御伊勢御信迎にて、四、五年に一度は参宮被成候得共人に隠れて御出候ゆへ供壱人も無之、町に何が有も御知不被成候得共、伊勢には千日捨身の行を被成候故、伊勢の町に抹香の有事を御存候故右香をは壱斗ばかりたはらに入れかるひ両ふり〔註1〕に菰を着て、近江の沢山伊井掃部殿所へ立寄、掃部殿幸に思召末々国のおさまる御示しの御願候故、弐拾け条計りの書付をして御渡被成候、御庭の樹を御もらひ御立候、已後大分の人数にて持来り候得は理観御覧、是を薪に切被遣筈に是に土を付葉共被遣無了簡〔註2〕な掃部と被仰候、
拙僧罷居内に大地よこれたるわら筵の上に夜る昼る衣ぬかす、ねる時は手を地に突、其上に顔を附、空順と御おこし被成候節、あつと申せば寝ながら返事を申と被仰候、頭をあくるあくる申せば、粗相なと被仰候、頭を上て申せば、遅ひと被仰候、何事も是にて御推量有事に候。
理観房庵より弟の戸口を通り門に出申ゆへ、拙僧二、三度立より申候得は、理観は十八より兄弟の所に、内に不入と御咄被成候、道を御行候時左右を御覧不被成故、町の売物有無御存知なし、
又親師匠の顔より外は不見と被仰候、百千万の人が何とほめても我か心かしる、百千万人の人か悪敷申ても我か心か知ると被仰候、
又生駒山〔註3〕の法山比丘は木食山崎の大木食以空上人〔註4〕、理観房所に阿字観伝授に御出候、理観被仰候は食を重すして勤る法は無之、先木食を御やめ候得、阿字観には比丘の一度食さへ障る物、まして木食などは外相〔註5〕にて徒事〔註6〕に候、木食さへ御止候はは成程授け可申、右両人被仰候は、我々は長々木食にて遠国迄知れ申候、只今止申事は伝授不申候ても不苦候由にて御帰り候、
又拙僧へ被仰候は千日無言禁足〔註7〕にて勤申さば、米の少々は有かと御問被成候故、少々持参申すと申上候得は、有ると申したるはおかしき事と御笑ひ被成、勤は金銀に不構志計り、夫はな

ま道心〈註8〉の申事也、無言にても用之有事は申もの徒事を不申が無言也、禁足にも托鉢、薪取、水くみ、其外用事有所へ行事、又酒も不酔程呑が禁酒なり。

そなたの国の殿松平大隅守殿〈註9〉鈴鹿山〈註10〉にて鹿をとらせられ大悪人と思ひしに、道中にて眼を見るに正八幡の化身、夫て大悪を作りても、神のとがめなし御咄被成候

【註】

1 **両ふり** 両振り、ここでは両袖のことか。

2 **無了簡**(むりょうけん) 考えがない。

3 **生駒山** 奈良県生駒市と大阪府東大阪市との境にある標高六四二メートルの山。生駒山地の総称として使われることが多い。南に連なる葛城山系(かつらぎ)とともに修験道場として知られる。また、女性も修行できるため女人山上とも呼ばれている。中世には当山派(とうざんは)三十六正大先達(しょうだいせんだつ)であった。ここに登場する法山比丘は女性の修験者であったことが分かる(阿南透「生駒山」一九八六年)。

4 **以空上人**(一六三六〜一七一九) 勅号は等引金剛。応頂山大木食闍梨。山崎観音寺開山。江戸の人。三十一歳後は穀味を断って苦修練行した。大僧正。天和二年(一六八二)大旱魃(かんばつ)に雨を祈り法験(ほうげん)を得るなどして多くの霊瑞(れいずい)をあらわした(佐和隆研『密教辞典』)。

5 **外相**(げそう) うわべの様子。

6 **徒事**(とじ) むだなこと。

7 **千日無言禁足** 千日間、寺院に籠(こ)もって無言の行を行うこと。

8 **なま道心** なまかじりの悟り心。

9 **松平大隅守殿** 島津氏十九代光久(みつひさ)のこと。

10 鈴鹿山　伊勢国と近江国との境（三重県と岐阜県、滋賀県の県境）にある鈴鹿峠付近の山々

〈解　説〉

この段では、理観房は、四、五年に一度は千日捨身行を行い験力をつけ、井伊掃部殿に国が治まる法などを伝授するほどであったこと、空順が理観房の所で修行するときは、時には理不尽ではないかと思えるほどの厳しいことも言われるので非常に難儀したこと、生駒山から木食上人が阿字観の伝授を願って尋ねてくると、木食を止めるように言われたことなどが記されている。理観房は普通の修行者には理解できない言動を行うが、空順には良き師であったことが窺われる。

【11の段】高野山騒動が起こるべき理由

——行人方（ぎょうにんがた）は船籠に入れられて遠国へ流罪——

〈大　意〉

また、高野山から弟子兄弟の方々が参られたが、理観房は、高野山では追っつけ騒動が起こるはずだ。そのときは、師匠である宝姓院（宝性院のことか？）はご老体なので、大いに頼むと、弟子兄弟に仰せられた。理観房の見通しどおり、三年過ぎたら騒動が起こった。その後、右の衆（弟子兄弟）が理観房は見通しがよい、すなわち推察力があると言われた。理観房は、見通しではな

現在の高野山　根本大塔など伽藍

い、近頃まで高野山から江戸に参るときは羽二重に奉書紙のような絹織物の裏地を付けていた。それも公方様の御前に出仕する僧侶だけに限られていた。今は同宿の者まで裏表羽二重である。同宿部屋は以前は桧皮の壁、当今は唐紙の金の間のようにあるので、追っつけ騒動となると言ったのであるとお話しなされた。

高野山で学侶と行人が入り組んで騒動するのは四十年以前よりのことである。理観房の師匠である宝姓院（宝性院）が江戸におられるときは、双方が入り組んでいる最中であった。そうしたところ、牧野備後守殿は公方様の御前においては良いことでは並ぶものがない。その姫は病気のため、護持院大僧正が備後殿へ話されるには、高野山の宝姓院（宝性院）が江戸にいるから、弘法大師の御名代と思い、加持を頼んだところ、宝姓院（宝性院）が備後守の門を入ったとき、姫は死んでしまわれた。けれども、宝姓院（宝性院）が、その座で唱題、南無妙法蓮華経を唱えられたら、お姫が息をつきだされた。姫は、大師の御加持にお逢いになってから成仏なされた。御両親は、大師の御加持をしてもらったあげくに亡くなったのだから、仕方がないことだと思われた。私を弥勒寺へお遣わしくださいと仰がれた（姫の御意思か）ので、菩提所の禅寺はお断りなされ、その遺体は弥勒寺へ送られた。

それ故、学侶の勝ちと言われた。行人六百五十人遠国流罪、弟子同宿、人足を抱えた浪人まで、高野山を追院されたのは七千二百五十三人という噂である。御上使である鍋島紀伊守殿は橋本に七百騎で到着。近国より五百騎、三百騎相応の勢力が馳せ参じて加わった。橋本へ関を据え山道は厳しく取り締まり警護の武士を置いた。

紀州様が思われるには、高野山には一手の勢いで、学侶方は犬まで出し、高野に火をかけて仏閣は残らず、大塔まで焼き払う手だてである。また行人が安堵すると言われなかったのは、高野山一山を焼き払い、学侶を一人も残らず討ち果たし、紀州若山の城を攻め落とし、籠城して、天下を覆すべきだと言っていることである。そこで紀州様の御上使、紀伊守殿が相談し、学侶は下通りとし、行人も下通り、橋本へ呼び出され、上使の前で対決をしているとき、学侶方にはいろいろ不審をかけ、行人方にはいずれももっともと言われた。

そのため、その日、出てきた二、三人の衆が高野に登り、先ず、今日は行人方の勝ちのように言われ、その次の日、双方の言うとおり聞いてやり、また対決では行人方がいよいよ首尾良く、

大常夜灯（橋本市）
この常夜灯のおかげで昼夜問わず、紀ノ川を渡船できた。渡船後、旧高野街道を通り、高野山詣に向かった。

学侶方が負けるのは必至だと言っているが、そんな噂は迷惑である。

十日ばかり過ぎて、行人は上通り、御上使とご対面になられるそうで、六百五十人が飾り立て、橋本の紀州様の御本陣へ行かれた。ところが奥の座敷に一騎ずつ通る道で縄をかけ、川船に乗せ、袈裟衣を一度に焼かれてしまった。その煙は天も霞んだようになったという噂である。川船は紀州の若山に下り、それより船籠で大坂に行き、天下の籠に入れ、国々へ流罪を命じられた。

いろいろ変事があり、大塔の九輪より火煙が出た。四所明神の社檀が四つに割れたが、これも変事である。

右の宝姓院（宝性院）は八十過ぎである。理観房より一年後にお亡くなりになった。拙僧（空順）も使いなどで高野山へ九度行ったが、理観房のお供で参ったことも一度あった。奥の院に掛かる無明橋より内側は諸仏が隙間なく並んでいるので橋の口から拝んだ。理観房は、一度はこの地を踏むのが結縁であるとおっしゃいました。

【原　文】

又高野山より弟子兄弟の衆被参候に、高野追付さうどう申筈、其時は師匠宝姓院〔註1〕御老躰に候得は、随分頼と被仰、三年過てさうどう申候、其後右の衆御見通と被申候得は、見通にて無之、近き頃まて高野より江戸に参る時は羽二重にほうしやう〔註2〕の裏を附、夫も公方様の御前に出仕の僧計りに候、只今は同宿迄裏表羽二重、同宿部屋已前は桧木皮の壁、当分は唐紙金の間様に有之故追付さうとうと為申候、御咄候、高野山学りやう行人、入くみ四拾年已然よりの事に候得共、理観房師匠宝姓院在江戸の節入組最中然処に、牧野備後守殿〔註3〕公方〔註4〕御前〔註5〕能事並なし、其姫病気に付、護持院〔註6〕大僧正備後殿へ御咄被成候は高野宝姓院在江戸にて候、弘法大師の御名代と思召加持御頼候得は、有故御頼被成宝姓院備後殿御門を御入候節、御姫御死去被成候得共、其座御しやうだい〔註7〕御姫息つき出し、大師の御加持に逢成仏〔註8〕仕る、御両親様無是非〔註9〕事に思召あけられ候、私は弥勒寺〔註10〕へ御遣被下度被仰候故、菩提所の禅寺へは御断りにて弥勒寺へ送り申候、夫故がくりやう勝口事〔註11〕に被仰付候、行人六百五拾人遠国へ流罪、弟子同宿、人足為抱置浪人まて高野追院七千弐百五拾三人と風聞為申事に候、御上使鍋島紀伊守殿橋本に七百きにて御着、近国より五百き、三百き相応、相応の勢馳加り橋元へ関をすえ山道稠敷御番手〔註12〕御座候、
紀州様被思召候は、高野には御壱手の勢にて学侶方は犬迄出し高野に火を掛、仏閣不残大塔迄焼払被成てたて〔註13〕に候、又行人安堵に不被仰付候はは、高野壱山焼払学侶壱人も不残罸果し、

紀州若山の城をせめ落し、籠城仕、天下をくつがえすべしと存る所に、紀州様御上使紀伊守殿御相談にて、学侶下通り、行人下通り、橋本被召出、上使の御前にて対決の時、学侶方には色々不審を掛、行人方へは何も尤と被仰候故、

其日為罷出二三人之衆高野に罷登り、先今日は行人勝口事の様に被聞召上、其次の日双方の申通り又対決に行人方弥首尾能学量必至と迷惑に存る、

十日計り過て、行人上通り御上使御対面被遊候由にて六百五拾人結構にかさり立、橋本の紀州様御本陣へ罷出候得は、奥の座敷へ一き出しに召通す道にて縄をさし、川船に乗せ、袈裟衣一度に御焼被成、煙りは天も霞みたるやうに風聞為申、右川船は紀州若山に下し、夫より船籠にて大坂に参天下の籠〔註14〕に入、国々へ流罪被仰付候、

色々化事大塔の九輪より火煙出る、四所明神の社檀四つにわれ、是化事〔註15〕也、右宝姓院は八拾過にて御座候、理観房より壱年跡に御遷化被成候、拙僧も使抔に参事高野へ九度、理観房御供にて参事一度、みやう橋〔註16〕より内は諸仏透間もなく御座候とて橋の口より拝み被成、壱度は此地をふむか結縁と被仰候、

【註】

1 **法姓院**（ほうしょういん） 高野山中院谷にあった名刹宝性院の誤記か。ここではその宝性院の僧侶と解したい。

2 **ほうしやう** 奉書紙のような絹織物の布。

3　**牧野備後守**　牧野成貞（一六四三～一七一二）。江戸時代中期の側用人。下総国関宿藩主。五代将軍徳川綱吉の寵臣（川村優「牧野成貞」一九九一年）。

4　**公方**　江戸幕府征夷大将軍のこと。

5　**御前**　ここでは公方様の前のことか。

6　**護持院**　新義真言宗寺で江戸神田にあった。将軍とその生母桂昌院の参詣は数十度に及び、その庇護のもとで寺門は隆盛をきわめた。貞享三年（一六八六）知足院十一世隆光が将軍綱吉の外護を得て大祈願所となり、元禄元年（一六八八）、神田橋外に改築し、同三年に将軍が知足院に詣でて護持院に改称。隆光は大僧正。新義派の僧録司となった。ここでの護持院大僧正は隆光のこと。享保二年（一七一七）焼失以後は護国寺に合併。（山折哲雄監修『世界宗教大事典』、佐和隆研編『密教辞典』）

7　**しやうだい**　唱題、すなわち法華教の題目「南無妙法蓮華経」を唱えること。

8　**成仏**　死んで仏になること。

9　**無是非**　やむをえない。

10　**弥勒寺**　大野寺のこと。奈良県宇陀郡室生村大野にある。役行者の開基。空海の室生寺経営に先立ってこの地に弥勒像を作ると伝え、鎌倉時代初期に慶円が宋の石工に弥勒石像を彫刻させた。天正年間（一五七三～九一）の兵火に堂塔が焼失して興福寺管下に属した。元禄時代（一六八八～一七〇四）に室生寺とともに真言宗に復帰した。寺宝の身代わり焼地蔵は重文（佐和隆研『密教辞典』）。

11　**勝口事**　勝つと言われているうわさのことか。

12　**番手**　警護の武士。

13　**てたて**　手だてのこと。

14　**天下の籠**　江戸幕府の囚人を入れる籠。

15　**化事**　変わったこと。変事。

16　みやう橋　無明橋のこと。高野山の奥の院の多摩川にかかる橋。

〔解　説〕

理観房は、高野山の学侶派と行人派の騒動について、三年前にはそれが起こることを推察した。そして騒動の原因について分析しているのであるが、理観房はもともと学侶派の出であり、幕府の帰依を得ており、また、幕府側である紀州藩に有利な視点から情報を空順法印に伝えている。

この騒動により、大隅国大隅郡佐多郷辺塚村（現鹿児島県南大隅町辺塚）にも高野山行人方が流されてくるのであるが、空順法印は、それについて『日録』には一言も触れていない。これは、空順が島津藩主の帰依を受けていることもあるが、理観房の学侶方に有利な情報を得て、修験僧である行人方には同情の念が薄かったのではないかということが考えられる。

〔参考　高野山騒動について〕

ここに触れられている高野山騒動について、先学の諸文献や諸解説書をもとにして紹介してみたい。高野山教団は、学侶、行人、聖の三つの流派から構成されていた。学侶は、高野山教団を構成する中核であり、学事を専修する僧衆で、宰主は青巌寺である。これを寺務検校執行といい、その下に宝性院と無量壽院の二つの門主がある。

行人は、仏前に香華や常燈、仏飯等の給仕をする。また学侶に仕えて雑務や諸用を行った。修験者としての性格が強く、中世以降、山上や山下（荘園）の警察的役割を担ってきた。行人方の本寺は興山寺である。聖は、主として勧進と唱導が任務であった。全国に活躍し、高野山霊場の因縁を説いて高野山への納骨や参詣を勧めた。

日野西眞定は、「正保三年（一六四六）の〈御公儀上一山図〉の裏書によると、全山の寺院数は次の如くであった。合二百十軒学侶方、合千四百四十軒行人方、合百二十軒非事吏、合四十二軒客僧坊、合五十二軒（三昧聖）」（「元禄五年流罪の行人方僧の名簿」）〈註1〉と述べている。

この学侶と行人の対立は慶長年間（一五九六〜一六一五）から特に激しくなった。『高野春秋』〈註2〉には行人方のことについて、「世業日強、動対学侶、募邪議、蔑法威、慶長以来殊跋扈一山」と記されている。これは学侶側からの見解ではあるが、行人方の勢力が拡大していたことが分かる。

江戸幕府は巧みな政策により、いわゆる学侶方が言う「元禄聖断」を下した。そのため、学侶方に比べ、七倍ほどあった行人方の寺院数は減り、「元禄以後は、学行共に各二百軒と、ほぼ同数となった」（日野西真定「元禄五年行人方僧の名簿」）という。

『高野春秋』によると、行人六百二十七人が、隠岐等の七島に配流され行人寺九百三軒が廃された。故郷に帰された徒は四百余人。高野山に残ることを許された者はわずかに七十七人であった。そのときの裁断は、橋本（現和歌山県橋本市）の御殿屋で行われた。上使として幕府から派遣された前寺社奉行本多紀伊守等三人および紀州藩の岡本平太夫が出席した。

明治元年（一八六八）九月には学侶、行人、聖の三派の呼称が廃され、同二年三月に青巌寺（学侶）と興山寺（行人）を統合して金剛峯寺（こんごうぶじ）とした。そして大徳院（聖）を護学所として三派の争いに終止符が打たれた。

【註】

1 「元禄五年行人方僧の名簿」『密教文化』一九八四年 高野山出版社 所収

2 『高野春秋』 弘仁七年（八一六）〜享保四年（一七一九）三月までの高野山の編年史（『日本仏教史辞典』）

ちょっと遠回り

《薩摩に流刑されたことについて『空順法印日録』で一言も触れていないのはなぜか》

この段でも見たように、薩摩藩の真言山伏、空順法印は、元禄五年（一六九二）のころ、尼崎にいた理観房から、高野山騒動の原因と実情について説明を受けている。理観房は、押っ付け（おっつけ）騒動が起こるだろうことを予言している。その理由として、江戸幕府に訴えにいく僧侶の服装が、城中に上がる者以外の同伴者まで華美になっているからだと説いている。これは、暗に行人方の行状を戒めたものである。

次に学侶方が勝った原因を指摘する。宝性院が江戸在中に、牧野備後守の姫が病のために亡くなった。ところが、宝性院が祈禱により一時、蘇生させた。姫が「私は弥勒寺江御遣被下度被仰候度」と言い、その後息を引き取っている。学侶方と行人方の幕府への嗷訴(ごうそ)が止むことのない状況の中で、学侶方の宝性院は弘法大師以来の伝統真言秘密の法を必死に修した。その結果、一時的ではあるが姫が蘇生し、遺言を残したことは学侶方に有利になったと理観房は推断している。理観房の鋭い情勢分析は当を得ていた面もあったと考えられる。

次に、理観房は、行人方が「紀州若山之城をせめ落し、籠城仕、天下をくつがえす」ような勢いであったと話している。行人方が、大勢して江戸幕府徳川家の御三家である紀州藩の本拠地まで攻めようとした形跡については根拠史料に乏しい。学侶方の出である理観房が行人方には同情的でないことが分かる。

空順法印が理観房から高野山騒動の情報とその分析を耳にしたのは、彼が三十歳のときである。理観房は、元々学侶方の出であり、幕府の帰依を得、さらに紀州藩主とも親しかった。高野山騒動の話が客観的に空順に伝わったとは思えない。学侶方、幕府側、紀州藩側に有利な視点から情報が伝達されたと考えられる。

空順が、薩摩国伊佐郡羽月郷に帰ってくるのは元禄の高野山騒動から七年後の元禄十二年(一六九九)で、彼が三十六歳のときである。その後も高野山に行ったり、全国を行脚(あんぎゃ)したりしているのであるが、大隅国大隅郡佐多郷辺塚村では、流刑された高野山行人方僧たちが囚人生活を送っていた時である。空順は、このことについ

奉納された一字一石経

元禄５年（1692）に高野山から流刑された行人僧侶たちは辺塚海岸から小石を拾ってきて一字一石経を記し奉納した。

て『空順法印日録』では一言も、触れていない。なぜだろうか。筆者はこのことについてかねがね疑問を抱いていた。

第一に考えられることは、行人方僧たちは、幕府の命じた流刑者であり、厳しい掟のもとに、薩摩藩により、厳重に管理されていた。第二に、空順が高野山騒動のことを、学侶方の出であり、幕府の帰依を受けていた理観房からの情報と分析を耳にしていたことである。理観房から阿字観を学んでいるときにそのような情報を得たのだが、このことは、空順の宗教観なり人生観に大きな影響を与えた。第三に庶民から親しまれ崇拝された空順ではあったが、島津家の帰依も受けていた。

以上のことから、『空順法印日録』が、加治木島津家領主、島津家の重臣、島津兵庫（ひょうご）の許しを得て書かれたこと、祐筆が、島津吉貴（よしたか）から大切に保護されていた国分八幡正宮（こくぶはちまんしょうぐう）の最勝寺（さいしょうじ）の住人であったことが直接の原因ではないか。空順法印自身も、幕府の罪人には触れないほうが良かった。幕府の罪人である行人方僧に対する薩摩藩の管理についてては黙認しておいたほうが都合が良かったからだと思われる。

第三節　巡礼行のこと、薩摩の名僧のこと

【12の段】伊勢参宮の先達でさんざん難儀

〈大　意〉

巡礼の始めのこと、先ず伊勢参宮のため、肝付の山伏五人、根占の百姓三人、下町の矢野惣兵衛、拙僧まで入れて同行十人である。惣兵衛は道々の神仏にお参りしている。自分の女房や子どもの年や名を述べたり、こっそりと酒を飲むのも顧みない。今度の旅立ちも何事も直に良くなると長々しゃべるので同行の者たちは嫌気がさしている。先に行けば腹を立てる。酒を売っている所には立ち寄り、きき酒をして、良ければ下さいと言って、少しずつたびたび飲んだ。飲むときは風呂敷から鰹節を出して削り、醬油を少しといって、酒も一文、醬油も一文分買い、時にはたびたびただでもらったりした。しかし、山伏三人は、惣兵衛まで四人分を十文遣って売ってもらった。きせるや杖などを地に落とせば取ってくれよと言ったりして、同行は全く嫌気がさしていた。そこで拙僧一人が取ってやった。

伊勢では中一日滞留した。残りの者は外宮の太夫の所に二夜泊るはずである。惣兵衛は外宮で

伊勢神宮参詣群集之図（伊勢神宮徴古館提供）

は町宿に泊まる。次の夜は内宮の梅屋太夫に参ると話をしていたところが、同行は全く嫌気がさして、五、六里手前で分かれる相談をしていた。山伏と百姓は銀子を六、七百目差し上げるから、拙僧を連れて行きましょうという。惣兵衛は銀子を四百目上げるので拙僧と一緒に行きましょうという。拙僧は惣兵衛が一人なので連れて行きましょうと言って、別れた。

宮門で惣兵衛が氷をかき、馬に乗り、その後外宮の町屋の縁側にいたとき、刀が脱けて手の腹を蚊の目ぐらい引き切り、二尺廻りほどの霧がかかったようになり、まるまると縁側に血をつけてしまった。家の主が走り出てきて気になされないように言った。惣兵衛は何が何がと言うだけであった。

その晩は外宮に参るはずであったが、次の朝参ることにした。それから内宮の太夫の所に行き、持ってきた銀子を差し出して宮参りをした。その晩いろいろ入り用があるので、豆かね（お金）を二百目ばかり出したところ、悪銀であるといって替えてくれなかった。また、別人を呼んで頼んでみたが替えてくれなかった。また出かけていったが替えられなかった。そこで拙僧は三十目取り替えをすましてしまった。

次の日は帰国のことを取り合わせ、相談はしたが、山田に行って合流した。伊賀越え（畿内より東国へ行くには伊賀国を経由して行く）の往来では、右の銀子は悪銀とは言わないという人々が取り替えてくれた。

長谷の町で山伏五人は、惣兵衛がそこに変わった所があるというので、十文出してまた飲もうといった。飲むとき惣兵衛は先には拙者が二回振る舞ったので、今回は山伏に振る舞えと言った。山伏は先にも、めいめい出してであったと言った。しかし、惣兵衛はなかなか変わり者であるので解決するのが難しい。山伏は目で合図して負けることにした。拙僧も、さても惣兵衛は横着な者よと思った。

それから別れ、山伏五人は京へ行き、百姓たちと惣兵衛、拙僧は高野山に参った。五十町ほど下り、紙屋という所で惣兵衛に対してその鰹節を捨てよというけれども捨てない。高野山は仏の地であり殊に薩摩の殿様の名もあるので捨てるように言ったが、捨てない。そういうことであれば、拙僧はこれから大坂に行き、薩摩の御屋敷奉行に言いつけ、縛って島流しにするぞと言った。十五、六間下って行った所で捨てた。それから、拙僧は高野山に参詣した。

帰りは根占の百姓と下町の惣兵衛は大坂へ下った。その惣兵衛は宿元に着いて、朝から躁の気分になり、日高存泉院が祈念している最中に腹を切ってしまった。拙僧は高野山の亮雲房の所に行き、彼が理観房の阿字観(あじかん)の弟子であるので、その亮雲房に細かに観法を伝授された。

【原 文】

巡礼始、先伊勢参宮肝付の山伏五人、根占の百姓三人〔註1〕、下町の矢野惣兵衛、拙僧迄同行十人、右惣兵衛道々の神仏に参申上候、我等が女房子供一々に年名申、内々酒もかへり不申候。今度のたて〔註2〕も直成能く御座候ように長々と申上る故同行あきはて〔註3〕、先に参候得は腹を立、売酒有所に立寄酒をきき、能ば可被下とて小宛度々呑たり、のむ時はふろしきより鰹のふしを出し、けづり醤油少と申、酒も壱文、醤油も壱文、度々たたにもらひ申候、然共山伏三人、惣兵衛迄四人、十文遣にて被下候、きせる杖抔を地におとせば取てくれよと申、同行あきはて、拙僧壱人取てくれ申候、

伊勢にては中一日滞留、餘の衆は外宮の太夫〔註4〕に二夜泊り申筈、惣兵衛は外宮にては町宿、次の夜は内宮の梅屋太夫に参ると噺候得は、同行あきはつるゆへ五六里手前にてわかれ相談、山伏百姓銀子六、七百目〔註5〕差上る筈、拙僧を列可申と申、惣兵衛は銀子四百目差上申、又拙僧を列可申と申、拙僧申候は惣兵衛一人故、列立可申と相わかれ、

宮門にて惣兵衛氷りをかき、馬に乗り外宮の町屋の縁におり申時、刀ぬけ、手のはらにかの目〔註6〕はかり引切り、弐尺廻り計りにきらし〔註7〕をふりたるように、まるまると縁〔註8〕に血付申候、家の主はしり出、少も御心に掛け被成間敷候、惣兵衛なにがなにがと申候、

其晩外宮に参筈候得共次の朝参候、夫より内宮の太夫所に参り、持参の銀子差出、宮参仕、其晩色々に小仕用にりやうかへ申とて、豆かね〔註9〕弐百目計り出し候得共悪銀〔註10〕とて、かへ不申候、又別人を呼候得共是もかへ不申候、又参候得ともかへず、夫故拙僧三拾目取かへに仕相済申候、

次日下向取合申候、相談は不申侯得共、山田にて参合、伊賀越仕往来の道にては右の銀子は悪銀と不申人々取申候、

長谷の町にて山伏五人は惣兵衛、爰〔註11〕かわるる所なれば十文出にて又呑可申とて、呑時惣兵衛申様は此内〔註12〕参時は拙は両度振舞申候、此節は山伏振舞へと申、山伏は此内も面々出と申候得は、中々惣兵衛口のききたるに六か敷候、山伏目を引合負け申候、拙僧も扨もおふちゃくなものと存候、夫よりわかれ、山伏五人は京へ参、百姓、惣兵衛、拙僧は高野に参五十丁〔註13〕下、紙屋と申所にて其鰹のふしを捨よと申候へとも不捨、高野は仏の地、殊に殿様の御名〔註14〕御座候へは捨様と申せともすてす、然は拙僧大坂に罷下り、御屋敷奉行へ申、しばりて島に遣可申と十五六間下り候得は捨申候、夫より高野参詣仕、

下向には根占の百姓、下町の惣兵衛は大坂へ下り右惣兵衛は宿元に下着〔註15〕たる、朝よりそう気〔註16〕になり、日高存泉院祈念被致候最中に腹を切。拙僧は高野山亮雲房所に参、理観房阿字観の弟子ゆへ、右亮雲房にこまかに観法伝授申候、

【註】

1 **百姓三人** 薩摩藩においてこの時代に庶民が伊勢参りをしたということが記録として見られるのは初見ではなかろうか。修験者が先達（せんだつ）として、山伏だけでなく百姓、町人を引き連れて伊勢参宮をした、という記録は貴重である。文化三年（一八〇六）には、志布志郷伊崎田村（しぶしごういさきだむら）の鎮守白鳥神社（しらとりじんじゃ）の宮司田野辺主膳が近在の農民を連れだってのお伊勢参り道中記を記した『御伊勢参宮記覚附控日帳』が、白鳥神社に遺されている。この時は、神官が先達となっている（『志布志町誌』上巻 一九七二年 志布志町）。

2 **たて** 意味不明。

3 **あきはて** 厭果（あきれは）て。あきれて全くいやになる。

4 **太夫** 伊勢神宮の下級神官である御師（おし）のこと。ここでは太夫の家が宿泊施設になっていることを表す。御師が伊勢信仰を地方に普及していく上で、自分の家を宿泊施設にすることは信者獲得の点からも大事なことだった。

5 **目** 匁（もんめ）に同じ。一目は三・七五グラム。

6 **かの目** 蚊の目。ここでは蚊の目のように小さくて細長い傷。

7 **きらし** 霧らし。雪や霧などが空を曇らせた状態。

8 **縁** 縁側。

9 **豆かね** 豆状の銀の秤量貨幣。

10 **悪銀** 銅を多量に混ぜた品質の悪い粗悪な銀貨。贋金ともいう。

11 **爰** ここに。ここでは「そこで」と解した。

12 **此内** 先頃。この間。

13 **丁** 町のことか。一町は六十間。約一〇九メートル。

14 **殿様の御名** 島津家は高野山を崇敬し、歴代藩主の遺骨を納めていた。

15　**下着**　目的地へ到着すること。
16　**そう気**　ここでは躁気と解したい。

〈解　説〉

この段では、肝付の山伏五人、根占の百姓三人、下町の惣兵衛を空順法印が引き連れて伊勢参宮をしたことについて記されている。伊勢参宮は、薩摩藩では半ば鎖国的体制であったので、庶民が行くことは困難であった。また、表だって行ったという事例は少ない。そういう意味で、この伊勢参宮の記事は貴重な資料となる。また、伊勢の御師だけでなく、山伏が先達をするというのも珍しい。惣兵衛が、破廉恥な行為をするので、同伴者が迷惑をするが、その人間たちの仲を取り持ち、指導をする空順法印の先達としての苦労がよく記されている。

【13の段】西国三十三所観音霊場巡礼
――勤行する時は身を捨て貧しい道を選ぶべき――

〈大　意〉

ある夜の理観房のお話ではあるが、下総の国（現在の千葉県北部と茨城県の北部）から、京の智積院に再住するために登ってきたものがあった。そこで理観房は名僧であると聞いたので参上したとのことである。理観房が言われるには、勤行をするときは先ず、身を捨てるべきである。道心を起こそうと思えば、貧しい道を願うべきである。貧は菩提の形と言われているからである。それから、理観房は智積院に帰り、書物や着る物を皆、人にくれてやった。留主のうちに登っていた童子は関東へ下った。

童子が着の身着のままで理観房の所へ参ったら、布引の庵にいるということであった。藁で着る物を作り、大きな箸を一つ添えて下さった。布引の庵に参って、その大箸で鉢を開いても少しも中身はなかった。理観房は、気分が悪いので三日間、うち伏しておられた。そうしていたところ、関東の衆僧が智積院から高野に参る時、理観房の所へ立ち寄った。右のような様子を見て驚き、米を少し買って置いていった。それを水に湿してくださっていたので（理観房は）元のように力がついた。右の衆僧が高野山に参り、宿坊で阿波の国（現徳島県）から来た参詣の衆徒に話をした。阿波の衆が言うには、高野山より下る時、布引の庵に立ち寄ったが、同行して四国へ下っていったそうである。

（私も）五年間にわたる阿字観勤行が大方、落ち着いてきた。そこで国元へ帰る時に、高野山に参ったところ、右の宿坊で、理観房の弟子である亮雲房が座禅をすれば光がさすと、高野山中の人々が言いふらしていた。そこで、一山の者たちが高野山に庵を造るという相談をされた。

さて、亮雲房が、拙僧（空順）にお示しになられたのは、五十年、百年勤行しても埒が明かないものである。五年、六年でも精を出せば埒が明くことがある。桧に火をもみだして温もれば置き、温もれば置きとしていると、百年ももんでおれば木はすり減り、火は出なくなる。少しの間、汗を垂らしてもめば、火は出る。空順という字を五年、六年書かないと、自分の名も忘れる。その時に阿字観の悟りが埒が明くのだと言われた。

拙僧（空順）が紙子を一つ亮雲房に差し上げたところ、さてさて、空順は亮雲に恥を与える。自分が死んだ後に、後ろに紙子を一つ畳んであるということを、人々が噂すると自分は恥である。その紙子の代わりに豆腐糟を買い勤行すれば百日はすむ。そのような無了間では、勤行は必ず成し遂げることはできまい。授けおいた観法を取り返したいと言われた。拙僧は、それをお断り申し上げた。また、お示しになったのは、勤行する者は人から銭二十文のほかは受け取らないほうがよいということであった。自分の

熊野本宮大社（和歌山県）
空順法印は、熊野・本宮・新宮から参り始めた。

大覚寺　理観房中興　空順法印が巡礼した。
（尼崎市教育委員会提供）

身を謙遜することは俗人であろうと出家であろうと肝要なことであるということであった。

それからお暇をもらい、熊野へ参り、本宮（ほんぐう）、新宮（しんぐう）、那智（なち）の如意輪（にょいりん）観音から参り始めた。その後、美濃（みの）の谷々の寺を巡り、岐阜谷汲（ぎふたにぐみ）の三十三番華厳寺（けごんじ）の十一面観音で参り納めをしました。道のりは二百四十七里半十二町、往来合わせて三百五十（里）（約一四〇〇キロメートル）でございます。

【原　文】

有夜御咄に関東下総国〔註1〕より智積院に再住に登り、理観房名僧と承参候得は、理観房〔註2〕被仰候は、勤被成候は、先身を捨可被成候、道心〔註3〕を起さんと思は、貧道を可願、貧は菩提の形と被仰候故、夫より智積院に帰り、書物、きる物、皆人に遣し、留主の内登りたる童子〔註4〕は関東へ差下り、

着のまま理観房所へ参候得は、布引の庵〔註5〕に罷居可申由にて、わらにてきる物を作り、大箸一つ添て被下候、布引に参りに出て、其大箸にて鉢をひらけとも少も無御座候、気かい悪敷三日打臥申候処に智積院より関東の衆、高野に参時立寄申候、右の様子を見て驚き米を少し買て置申候、夫を水にしめして被下候へは、如本の力つき、右衆僧は高野に参、宿坊にて、阿波国の参詣の衆に噺候得は、阿波の者高野下向の時、布引に立寄、同心〔註6〕仕、四国へ下り、

五年阿字観勤大形落着いたし、国元へ罷帰候節、高野に参候得は、右の宿坊にて亮雲は座禅申せば、光かさすと、高野中申しふらし、一山相談にて、高野に庵を造ると御咄候、扨拙僧に御しめ

し被成候は、五十年百年勤ても埒不明、五年六年精を出せば埒明事に候、桧にて火をもみ出す、ぬくもれは置、ぬくもれば置、百年もみても木は減り、火は不出、少の間あせを垂してもめば、火は出る、空順と云字を五、六年かかねば、我名も忘るる、其時阿字観埒明と被仰候、拙僧紙子一つ差上候得は、扨々空順は亮雲に恥を与ふる、我死たる後に紙子〔註7〕一つたたみて有と人申せは、我恥也、其紙子の代にて、とうふ糟を買、勤申せは百日相済申候、其ようなる無了間にては勤は必成間敷、授け置たる観法〔註8〕取かへすと被仰候、断申上候得は、又御示しに勤る者は人より銭弐拾文の外は不受かよしと被仰候、我身を随分卑下するが俗出共に肝要と被仰候、

夫より御暇仕、熊野へ参、本宮、新宮、那智の如意輪観音〔註9〕より参り始、三拾三番、美濃の谷々の寺十一面観音〔註10〕にて参りおさめ、道のり弐百四拾七里半拾弐町往来合三百五拾程御座候、

谷汲山華厳寺仁王門（西国三十三所満願霊場）
空順法印の観音巡礼始め。
（岐阜県　揖斐川町役場提供）

【註】

1 **下総国**　現在の千葉県の中部。

2 **理観房**　理観房については、前に註で示したので参照

されたい。ここでは、江戸時代の画家として著名な木村静穏の話を、橋口善兵衛兼珍が宝暦十二年（一七六二）に記した「三暁庵主談話」（『新薩藩叢書』第四巻）に理観房のことが出てくるので紹介したい。

尼ヶ崎理観坊は真言宗にて候。始終住職なし。弟有之家督を譲り其屋敷内之奥へ庵室あり。御懐（おふくろ）と被居至孝を被尽候由。木綿機（もめんばた）又は苧（お）ごけ為有之候事にて置所を不替掃除被成御懐へ死後にも右両品は其時の如く被置候由。いけるにつかえしごとくの致方にて候由。真言之密法を修得候人にて奇妙の事のみ有之候。世上よりは邪宗（じゃしゅう）魔法の様に取沙汰致候由。或時御懐を同船にて海上へ丸く縄を張り其内を真二つに切られ、となへを被致候へば一方は氷一方は其儘之潮にて候由。（後略）〔仮名は筆者〕

3 **道心** 悟りを求める心。菩提心のこと。菩提とは迷いを離れ煩悩を断って得られる知恵をいう。

4 **童子** 寺にあって未だ剃髪（ていはつ）していない少年のこと。

5 **布引之庵（ぬのびきのいおり）** ここでは布引という所にある庵。

6 **同心** 信仰の気持ちを同じくすること。

7 **紙子** 紙で作られた衣服。

8 **観法** 真実の理法を観ずること。また、その実践修行の方法もいう（石田瑞麿『仏教語大辞典』）。

9 **那智の如意輪観音** 那智山青岸渡寺（なちさんせいがんとじ）の本尊如意輪観音のこと。和歌山県東牟婁郡那智勝浦町那智山にある。西国三十三所観音霊場の第一番の札所。古くは如意輪堂と称されていた（豊島修「那智山青岸渡寺」一九八六年）。

10 **美濃の谷々の寺十一面観音** 華厳寺の十一面観音のこと。華厳寺は、岐阜県揖斐郡谷汲村にあり、天台宗に属する。観音像が安置されている（佐久間竜「華厳寺」一九九九年）。

三十三所観音は西国近畿地方に散在する、観音信仰で有名な三十三か所の霊場を、順番を追って参詣する巡礼コースで、西国三十三所観音霊場巡（順）礼とよぶ。これらの霊場は、巡礼者たちが参詣のしるしに納札をすることから、札所とも称される。観音の霊場として有名な熊野那智の青岸渡寺を第一番とし、奈良、京都の古寺をはじめとする近畿地方の一円を巡って、岐阜県谷汲の山中にある三十三番華厳寺に終わる。霊場の三十三という数は、《法華経》の〈観世音菩薩普門品第二十五〉に説くところによる。衆生が困難に遭遇したとき、観世音菩薩（観音）を念ずれば、三十三種の姿に身を代えて現れ、即座に苦しみから救ってくれるというのである。観音の利益を求める修行者や信者たちによって、この巡礼は今日にまで伝えられ、独特の巡礼習俗を生むなど、全国的に大きな影響を与えてきた。

西国三十三所が巡礼路としての形を整えたのは、平安時代後期のことである。江戸時代になると農民や商人、はてはこじきにいたるまでの幅広い階層の人々が巡礼の旅に出るようになる。やがて西国三十三所が坂東三十三所、秩父三十四所とともに、日本百観音霊場として組み上げられると、交通路の整備と庶民の経済的安定に伴い、巡礼が空前のにぎわいを見せるようになった（中尾堯「西国三十三所」一九九一年）。

空順は、このとき、西国三十三所観音霊場巡礼を宗教者だけでなく農民や商人など庶民とともに行ったことが分かる。

〈解　説〉

この段では、空順法印が、理観房から勤行の道を学んだことについて述べてある。それは先ず身を捨てることであり、道心を起こそうと思えば貧しい道を選ぶべきである。貧は菩提の形であるからだという。

次に、高野山の亮運房から、精を出して勤行すべきであることを学んだ。その後、空順法印は西国三十三所観音霊場を宗教者だけでなく庶民とともに、往復三百五十里の道のりを歩き修練を積んだことを述べてある。空順法印が、巡礼の行者でもあったことを示している。

【14の段】無聊（ぶりょう）な空順

〈大　意〉

近衛（このえ）様、すなわち島津家十九代光久（みつひさ）の所に参上しましたところ、空順僧は無聊、すなわち退屈で面白くない男であると聞いていたが、聞いたよりさらに、無聊な男であると言われたと近衛様が話された。近衛様が、自らの手で二色（にしき）を下さり、家老が相伴してお食事を賜った。その後、夜に二度参上しています。

【原　文】

近衛様〔註1〕に参上申候得は、空順僧は無柳（ママ）〔註2〕と聞たるが、聞たるよりは無柳と被仰候、御手つから二色〔註3〕被下、家老相伴にて御食被下、其後、夜る二度罷出申候、

【註】

1　**近衛様**　左近衛中将、島津十九代光久。

2　**無柳**　無聊のこと。退屈で、心が楽しくないこと。

3　**二色**　不明。ここでは、食事作法に必要な二食の誤記か。二食は出家のとる朝の粥と昼の粥（石田瑞麿『仏教語大辞典』）。また、二色を錦と読めば、美しく華やかな着物という意味と解される。

〈解　説〉

この段では、島津家第十九代光久から、空順は聞いていたより、さらに無聊な男であると言われたこと。しかし、殿様から二色をいただいたり、食事を賜ったりして大切にされたということについて記されている。

【15の段】薩摩の名僧卓玄(たくげん)僧正――公方様の前で論語を拝読――

〈大　意〉

長谷寺に三年いたとき、卓玄僧正が言われるには、私が死んだとき、引導(いんどう)してくれる人がいない。そこで空順へ頼み、持仏堂(じぶつどう)で、不動(ふどう)の真言を十万遍唱えるべきであると言われました。また、おっしゃられるには、私が死んだことを国元で聞いたら、必ず回向(えこう)を頼むと言われました。

卓玄僧正は、弘法大師がお作りになった不動明王像を桂昌院(けいしょういん)様から、長谷寺に参ったときに敷物を添えていただいた。その時に話されるには、松平忠弘(ただひろ)公が奉納された御長刀は今はない。その刀の切刃(せっぱ)は金箔で、観音菩薩の面を磨いたもののようであるということであった。

この卓玄僧正は、鹿児島衆児玉(こだま)氏の出で、出家以後、不淫(ふいん)、すなわち不邪淫戒(ふじゃいんかい)を守り、諸寺、諸山を廻って勤行した人である。

卓玄僧正が、江戸におられるときは、公方様の御前で行われる拝読を仰せつけられたけれども、小池坊のような偉大な僧ではないのでといって固辞していました。そこで柳沢吉保（よしやす）殿が言われるには、どうしても拝読するようにというようなことは、公方様はおっしゃらない。公方様のお気持ちは、この内より拝読を聞いた衆と、我も一緒に論語を読むのだということであります。

小池坊僧正は、ことのほか位の高い僧であるので、自分は論語を読むべきではないと言われました。口からも、穢（けが）れたことは一生お話にならなかった。右小池坊僧正は、近江（現在の滋賀県）の人で、皆々が、大悲、すなわち、仏のような人であると言っている。僧正と呼ぶ人は一人もいない。非人までにも道でお言葉をおかけになっておられました。

拙僧（空順）は、卓玄僧正と別れてから一年ばかりになるが、思いだすたびに日に幾度となく涙がこぼれ落ちてきます。

【原文】

長谷（註1）に、三年罷在時、卓玄僧正（註2）被仰候は、僧正は相果候ても引導申人なく、空順へ頼、持仏堂にて、不動の真言十万遍唱へ可申、又被仰候は、我相果たると国元にて聞たらは必回向頼と被仰候、大師御作の不動、けいしやふん様（註3）より参たる打敷添て被下、其節御咄候は、忠弘公（註4）の御長刀今に無之、御刀のせつは（註5）は金はくにして観音の面を磨きたるよし御咄候、右僧正は鹿児島衆児玉氏の生まれ、出家已後ふいん（註6）諸寺諸山在江戸の節は、公方様御前にて拝読被仰候得共、小池坊〔註7〕には無之、柳沢出羽殿〔註8〕被仰上候は、何とて拝読不被仰付由に被仰候得は、御意候は此内より拝読聞たる衆へは、我も論語を読候、小池坊僧正は殊之外位高き僧故、われ論語を読事成間敷と被仰候由にも御一代よう（解読不明。「穢れ」か）たる事御咄はなし、右僧正は近江の者皆々大非〔註9〕と申候、僧正と申人壱人もなし、非人迄も道にて御言葉を掛被成候、拙僧相別れ、一年計り思ひ出せは、日に幾度も涙こほれ候、

【註】

1 **長谷**　長谷寺のこと。真言宗豊山寺。泊瀬寺、初瀬寺の別称もある。

2 **卓玄僧正**（一六二三〜一七〇四年）　鹿児島の人。儒学を学んだが、海蔵寺の覚有のもとで出家修道し、安養寺の秀瑜に両部潅頂を受けた。綱吉、桂昌院の帰依を受け、城中に数度講筵を開いた（佐和隆研『密教辞典』）。

3 **けいしやふん様**　桂昌院（一六二四〜一七〇五）のこと。江戸幕府三代将軍家光の側室。五代将軍徳川綱吉の生母。家光の側室となって綱吉を生み、家光死後出家して桂昌院と称し、大奥に勢力をふるった。仏教の信仰が厚く、情愛の豊かな人物であったという。家光の命により、綱吉の学問・教育に力を注いだ。その綱吉に孝心があったから、綱吉の政治にすこぶる影響を与えた。綱吉の生類憐れみの令は彼女の勧めるところが大きい（北原章男「桂昌院」一九八四年）。

4 **忠弘公**　松平忠弘（一六三一〜一七〇〇）。江戸時代初期の大名。播磨国姫路城主や陸奥国白河藩主などとなった（「Wikipedia」）。

5 **せつは**　切羽、切刃。刀の鍔の表裏、柄と鞘とにあたる部分に添える板金。

6 **ふいん**　不淫。五戒または十善戒の一つである不邪淫戒のこと。戒律で性的な交わりを全くしないこと。

7　**小池坊**　小池坊専誉（せんよ）のこと。天正十三年（一五八五）豊臣秀吉が根来山を攻略したため、小池坊専誉は高野山・和泉国分寺に逃れたが、同十五年、豊臣秀長の招請により長谷寺に入り、小池坊中性院と改めた。名声が上がり学徒が集まって、秀長の助力で堂舎が復興した。これより法相宗（ほっそうしゅう）を改めて新義真言宗の根本道場となり、専誉を中興第一世とする（佐和隆研『密教辞典』）。

8　**柳沢出羽殿**　柳沢吉保（一六五八～一七一四年）。江戸幕府の老中。五代将軍綱吉の側近として活躍した。元禄元年（一六八八）十一月に側用人に昇進した。後に老中の上座まで出世した（深井雅海「桂昌院」一九八四年）。

9　**大非**　大悲の書き違いか。衆生の苦しみを救う仏の広大な慈悲。転じて仏または菩薩をいう。ここでは、仏のような人と解したい。

〔解　説〕

この段では、薩摩の人で、江戸幕府五代将軍綱吉とその母、桂昌院の帰依を受けた卓玄僧正から、空順が教えを受けたことを思い出して感涙を流していることを記している。また、卓玄から、小池坊専誉という、これも幕府の帰依を受けた名僧の話を聞いて感動している。こうして空順は、数々の名僧から教えと刺激を受け、真言山伏としての素養が備わっていったことが分かる。

第四節　験力を発揮して人々の信望を集める

【16の段】我家を三度廻る守護神

〈大　意〉

紀州の和歌の浦は、もと高野山の新別所であるが、そこに住む恵命大比丘のもとで受戒した。それから下って、師理観房を詣でて以後、幾年か経て、三十六歳で、薩摩国伊佐郡羽月郷の白木村にある熊野山東持院若王寺に居住しました。その後、五年のうちに高野山と伊勢宮へ二度参り、江戸も訪れました。

若王寺の庭に水が欲しいと思ったところ、六月十五日より水が出るようになりました。この庭に、まわり二尺ばかりの柿の木がある。必要ではないものと思っていたところ、辻巻きのような激しい風が吹いてきてこの木が倒れました。九月になったら、水は要らないと思ったら、水がとまってしまいました。そのために六畳敷きほどの広さの池水が満水になっていました。

次の夏四月のころ、寺に奉仕するための勤行をしていたら飯米がなくなってしまった。薩摩藩の役人が、試しに一日七勺あて飯米をくださったが、二十日ばかりは難儀でありました。その後はできるだけ気根を強くして、毎日、不動の真言を一万八百遍唱え、いろいろな仏事も一緒に勤めました。

十月から、いつものとおり、飯米をくださるようになったので、真言など何事も怠りなく無理のないように唱えました。少しのことも行の道のうちなので万行ともに勤行しました。それから寺の勤行を終わり、大口の愛宕にいたところ、そのうちに大口麓の衆から毎日、食事を持ってきていただくようになりました。その他、菓子などは、菱刈中の諸々の所から持ってきました。

四十一歳で祁答院紫尾山へ十二月に参りました。明くる正月には近くの名主から餅米が大分、届けられました。そのとき思うには、いただいたときは、すぐ食べ尽くしてしまい、後は飯米がなくなってしまいました。なくなったときにくださったら良いのだが、人も自分のことを餓鬼のように言うはずで、自分でもそのように思います。

さて、弘法大師は、天皇をはじめ諸人との関わりがあるうちに御入定なさいました。そのため、天下の人々から弘法大師は仏でありたいと思われ、自分からも仏と言われたいと思われた。さて、非人には人々も餓鬼と言う。自分も自ら、餓鬼であると思う。心一つの向けようが肝要だと思う。先ず、有るうちに人にやるべきだと思い、天草から移り住んできた者に餅米を皆やった。その日から天草から移り住んだ人が芹、蕨、榎木の葉、つわ、おおばこを塩煮にしてくださいました。

そうしているうち、出水の塩売りがやって来た。自分が一枚しか持たない袷を脱いで渡し、塩五合と替えたいと申し出たところが、袷を受け取ることなく塩五合ばかりをくれた。その後、塩売りは、塩二升に銭二百文を持ってきました。この塩二升と銭二百文は鶴田(つるだ)にある神崎寺の僧侶が貧しいし、また、よく親孝行もしているので、くれてやりました。そのとき、自分の家を神が三度廻られました。

その時の歌に、

我家を三度めぐれる守護神の
君が御家を守りたまへよ
宝永元年甲申三月十日巳の日

【原文】

紀州和歌の浦、本は高野新別所恵命大比丘の下にて受戒〔註1〕、夫より罷下、師詣故、三拾六歳にて羽月若王寺〔註2〕へ居住出入、五年其内高野、伊勢宮参両度、江戸にも寄り申候、若王寺庭に水ほしく思ひ候得は、六月十五日より水出る、同庭に弐尺廻計りの柿木有、不入物と思しに、辻まきのやう成風吹て、右の木たをれ、九月水不入と思は水とまる、夫故六帖敷の池満る、次夏四月之比、寺差上勤申さば飯米無之、例しに一日に七尺(勺)宛被下、廿日計りは難儀に候得共、其後は成程気根〔註3〕強く、毎日不動の真言壱万八百遍諸事共に相勤申候、十月より常のごとく被下候得は、真言何事も懈怠任候、少の事も行の道の有内にて万行共に勤まり申事に候、夫より寺相仕舞、大口の愛宕〔註4〕へ罷居其内は大口麓の衆より毎日食を持参被申、其外菓子抔は菱刈中諸所より参候、四拾壱歳にて祁答院紫尾山〔註5〕へ十二月参、明る正月は近名〔註6〕より餅米大分参候、其時存候は是を被下尽し候はは後は飯米無之、其時、被下候はは、人もがきの様に申筈、我からも餓鬼のように存、扨弘法大師は、天王を始、諸人取持の有る内に御入定被遊候得は、天下に皆々仏と申、我柄も仏と被思召候、扨非人〔註7〕は、人もがきと申、我からもがきと在る。

心一つのむけやうが肝要と存、先有る内に人に遣可申と存候、天草〔註8〕移りものに餅米皆遣し、其日より、せり、わらび、榎の葉、つわ、おんばく〔註9〕、塩煮にして被下候、然処に出水の塩うり罷通るに申し候は、壱枚為持、袷をとき離し、塩にかへ度申候得は、塩五合計りくれ申候、其後、塩売、塩二升に銭弐百文持参申候、右銭塩弐升、銭二百文は鶴田の神崎寺〔註10〕貧僧にて、親に孝行有故遣し申候、其時、我家を神の三度御廻り被成候、其時之歌に

我家を三度めくれる守護神の

君か御家を守たまへよ

宝永元年甲申二月十日巳の日

紫尾神社（紫尾山権現廟別当寺　神興寺　薩摩郡さつま町鶴田）
空順法印は、神興寺を拠点として人々の病を治してやった。

【註】

1　**受戒**　仏の制定した戒法（かいほう）を師より弟子が、または仏者より

信者が授かること。密教では三昧耶戒（さんまいやかい）が用いられる。顕教（けんきょう）の戒を顕戒（けんかい）、密教の戒を密戒（みっかい）といい、これら顕密両戒を授戒するのが空海の三昧耶戒の特色である。なお三昧耶戒とは真言行者の根本的態度を誓う戒である。三昧耶とは、（梵）samaya（平等・本誓・除障・驚覚〈覚醒させること〉）の意で、発心（ほっしん）の最初から心と仏と衆生の三平等の理を信じ、いかなることがあっても断固、正法を棄てないことを誓う（佐和隆研『密教辞典』）。

2　**若王寺**　熊野山東持院若王寺のこと。薩摩国伊佐郡羽月郷白木村（鹿児島県伊佐市羽月）にあった。鹿児島城下大乗院の末寺で真言宗。本尊は不動明王。開山の伝は伝わっていない。同村の熊野十二社権現宮の別当寺で羽月郷の祈願所（『三国名勝図会』巻之十七）。

3　**気根**　物事に堪える気力。

4　**愛宕**　愛宕十大軍神祠のことか。大口郷（伊佐市）にある。天正二年、新納忠元（にいろただもと）の棟札（みなふだ）があり、その文には十大軍神は武家相応の神力（じんりき）第一の旨を記してある（『三国名勝図会』巻之十七）。

5　**祁答院紫尾山**　紫尾山祁答院神興寺のこと。鶴田紫尾村（現鹿児島県さつま町鶴田）にあった。紫尾三所権現廟の別当寺。西州（せいしゅう）の高野山と称され、また、紫尾山は西州の大峰（おおみね）とも称されていた。空覚上人（くうかくしょうにん）の創建と伝えられている（『三国名勝図会』巻之十七）。

6　**近名**　近くの名主。

7　**非人（ひにん）**　江戸時代の最下層身分。生まれた時から非人であるものと、犯罪・貧困などにより良民から転落したものがある。

8　**天草**　現在の熊本県天草諸島。

9　**おんばく**　おおばこのこと。

10　**神崎寺**　五敝山五明院神崎寺のこと。鶴田村（現鹿児島県さつま町鶴田）にあった。坊津真言宗一条院の末寺。本尊不動明王。開山は空覚上人と伝えられている（『三国名勝図会』巻之十七。『鶴田再撰方札帳』文政七年）。

〔解　説〕

この段では、第一に、空順が和歌浦にあった、もと高野新別所恵命大比丘の下で受戒したことが記されている。ここで真言密教僧としての官位を得たことになるのか疑問である。

第二に、三十六歳で薩摩国伊佐郡羽月郷の若王寺に居住した。そこでは、自分が思っただけで水が出てきたり、必要でない木が倒れたりしたが、それほど空順自身には呪力が備わってきたということが記されている。

第三に、四十一歳で、薩摩国薩摩郡鶴田郷の紫尾山祁答院神興寺に参った。そこでは、近くの名主などから餅米をもらったりして大切にされた。

第四に、弘法大師は天皇をはじめ、周囲に取り持ちがいる間に入定したので、人々が仏と呼んでいる。ここには空順が、仏と呼ばれて入定したいという入定観がかいま見られる。

第五に、人が恵んでくれたものが、無くならないうちに、貧乏で親孝行の僧に与えたところ、空順の家を守護してくれる神が三回廻ったという。人に施しをしたりして自分が無になることが、逆に神が自分を守護してくれるという空順の思想が見られる。

【17の段】はや立ちのけよ稲の虫

〈大　意〉

六月に宮之城時吉村で稲穂枯れを防ぐための祈願祭をするということで、空順にその依頼がきた。そこで、古城の本丸に小屋がけをし、六月七日に始め、そこに大きな幡を立てる。

その時の祈願の歌に

　此所はや立のけよ稲のむし

　　かん字の風にて吹やはらわん

かん字は不動明王の梵字である。護摩供養のとき、かん字が変じて風輪となる。すなわち風の神となるのである。それ故にかんじと読むのである。次の朝はすっきりと虫害がとまりました。

【原　文】

六月、宮之城時吉村ほかれ節〔註1〕頼と申候に付、古城の本丸に小屋を掛、七日始、大幡一本立る、

其歌に

　此所はや立のけよ稲のむし

　　かん字の風にて吹やはらわん

かん字は不動の梵字、護摩の次第の中に、かんじ変して風輪〔註2〕と成る、夫故かんじと読申候〔註3〕、次の朝虫すきととまる、

【註】

1 **ほかれ節** 稲穂枯れが発生したときの祭り。

2 **風輪** 五大の一つ。五大とは、地・水・火・風・空の五つの元素。万物を作りだす五大種。五輪塔は、それをかたどったものである。

3 **夫故かんじと読申候** 意味不明。五輪塔の風輪は、梵字では「キャ」である。字は、密教では仏や菩薩などの諸尊を表す梵字のこと。風輪は風の神また風を表す、ここでは、それに因んで「カ」ん「字」と不動明王の「カーン」「字」と掛けて表現したと考えられる。

〈解　説〉

この段では、宮之城時吉から、稲穂枯れを防ぐ祭があるので空順法印に来てほしいとの要請があり、祈願の結果、次の朝には虫害が止まったことが記されている。

【18の段】体の不自由な人を次々と助ける

――出水の観音堂を出る時、見送り人五千人――

〈大　意〉

その村の禅寺の僧と、七日、すなわち祈願を始めた日のうちに親しくなりました。

拙僧（空順）は島津家二十一代の吉貴公が菊三郎と呼ばれていたとき、幼くも七歳で初めて江戸に行かれておられた折に、日本国の仏神や仏法僧の三宝へ、国土のある限りは島津家の御家が長久でありますようにとの御祈念のため、恐れ入りながら入定の大願をしたことを申し上げておきました。当年は庵で、百日無言行を禁足、すなわち籠もりきりで勤行したいと思っていたら、幸いにも、三畳敷の小屋がありました。そのうちに飯米がなくなってしまった。恐れながら、面倒をおかけいたしますが、禅寺の僧侶に米を少し下さらないか。釈迦如来は、麻の実を一日に一粒あて、召し上がっておられた。我らは米一升あればすみます。頼むと言ったら、右の禅僧がなるほどといって打ち立ち、それを引き受けて氷餅を紙に包んで、持ってきました。これで打ち立って、すなわち百日無言の行をしてくださいと言われました。

手水鉢一つのほかは茶碗一つもない。そのときは大飢饉であったので、祁答院の人々は、皆、飢饉のときに食べる蕨の葉などをくださいました。拙僧には村中より麦粉を毎日みついでくださいました。二十日ばかり過ぎて宮之城町の嘉左衛門という者がやってきて、（空順が）当分は百日の無言の行と聞き、失礼ながら、まんじゅうを少し持参いたしましたと言って重箱一つに差し出された。そのような物を食べないで命を終わろうとは思わない。そのため、まんじゅうを皆食べ尽くすことは勿体ないと思い、三分の二だけ取って余りは返した。そのまんじゅうについて嘉左衛門夫婦は多少争っていたが、嘉左衛門が付け加えた分を返してやった。そのこと（まんじゅうを少しもらい、幾分かを後で返したこと）を、人々は不思議だと宮之城中に言いふらし、その次の日は男女百人ばかりが、いろいろな物を持ってきてくれました。

そのうち、町の楽助という者の女房が鏡の盗難にあった。鏡が出てくるようにと、心の中で拙僧（空順）に頼んできた。ところが帰り道に俄にその女房の髪が解けた。そのため人の所に髪結い道具を借りに立ち寄ったところ、（そこの）女が髪結い道具を出した。そうしたところ盗人が盗んだ鏡がその中にあった。

その町の人々の中に、しらくもやじゃくろの皮膚病の子どもがいて、自分が祈願したところ次の朝に治った。髪の毛の生えない子どもでも祈願したら十四、五日過ぎたら毛が生えてきた。そのため、祁答院や川内では、十日のうちに触れを廻したように人が集まってきた。その数は数え切れない。食う物は、自分の住む所から三、四里の所に住んでいる人々が五、六人で交互に、毎日持ってきてくれました。

永野金山から耳の聞こえない男と目の見えない女がやって来て、道の川で、護符を受け取り、道ばたを歩きながら飲んでみたところ、両人ともすぐ耳も聞こえ、目も見えるようになった。それを聞いて金山から皆々、より集まってきました。

指宿から、七歳まで物を言わない子どものために護符を取りに来た。家に帰りつかないうちに一口言い出すようになりました。その護符を飲ませたら、いよいよ物を言うようになりました。

肥後熊本のお城の女房衆が癩病のため、護符を取りにきました。持ち帰って飲ませると十日のうちに治ってしまいました。それから後、肥後からもたびたび人々がやって来ました。

百日無言の行が終わった。その後もここにいたいのだが、彼岸になれば町人が茶屋を建てるといったり、また、公儀の恐れもあったり、世のはばかりも考えて紫尾へ帰りました。その際、島津家二十代綱貴公がお亡くなりになりました（綱貴公の死は宝永元年〈一七〇四〉九月十九日＝筆者）。吉貴公が早く御家督をいただけるようにと、また、無言禁足で百日御祈念をしました。

次の年、出水郷松尾村にある観音堂の庭に六畳敷で四方が塗り壁、一尺廻りの間戸の内に、大地に二尺四方の草編みの筵を敷いて、七月十四日まで百日の行をおこなった。七月二十日に出水を出立しました。その前の日には見送りの人びとが五千人ほどやって来てくれました。

【原　文】

其村の禅寺〔註1〕七日の内、別てねんころに候得は、拙僧儀吉貴公〔註2〕菊三郎様と奉申時、御七歳にて、始て御在江戸被遊候に付、日本国の仏神三宝へ国土のあらん限は、御家長久の御祈念に乍恐入定の大願申上置候、当年は庵て百日無言〔註3〕禁足〔註4〕にて御祈念申上度存候処に、幸、三帖敷の小屋御座候へは、其内の飯米無御座候、乍御大儀〔註5〕米少し可被下候、釈迦如来は麻の実一日に壱粒宛被召上候、我等は米壱升御座候はは相済可申候、頼と申候得は、右の禅僧成程打立可申とうけかはれ、氷り餅〔註6〕を紙に包、持参にて、先是にて打立可申と被申、手水鉢壱つ其外茶碗一つもなし、其時は大ききんにて祁答院在々、皆々わらびの葉抔を被下申事に御座候得共、拙僧には村中より麦の粉を毎日見次申候、

廿日計過て、宮之城町の嘉左衛門と申者罷出、当分は百日の無言と承、乍慮外、まんちう少し持

参申と重壱つ差出申候、か様の物を不食命おわらんと、存罷在候に、まんちう皆つくす事もつたい至極と存、三けに二程とり、餘は返し、其まんちう嘉左衛門夫婦多少のあらそひにて、嘉左衛門相添候分返し申候、夫を不思議と宮之城中申触し、其次日、男女百人計り、色々持参申候、其内に町の楽助と申者の女房、鏡盗に逢、鏡の出る様に心の内に拙僧に頼候得は、帰る道にて俄に髪とくる、人の所に髪ゆひ道具かりに立寄は、女子髪ゆひ道具差出、盗人為取、右鏡其内にあり。其人数の内にしらくも〔註7〕しやくろ〔註8〕の子とも、次朝見れはなをる、髪に毛のおへざる子、十四、五日過て毛おゆる、夫故、祁答院、川内にては十日の内に触を廻したる様に人の集る事、数不知、食は、三、四里の間より五、六人宛毎日持参申候、金山より耳の不聞男と目の不見得女罷出、御符〔註9〕を取、道の川〔註10〕にて被下候得は、両人則時に耳も聞、目も明とて、金山より皆々参候、指宿より七つ迄物をいわざる子に御符をとりに参は、不帰内に一口言出す。のますれは弥申候、肥後隈本の御城女房衆、らいひやう〔註11〕ゆへ、御符を持帰りて、のますれば十日の内に快気仕、夫より肥後よりも度々参候、百日無言相済、彼所に罷居申度候得共、彼岸になれば町人茶屋を立ると申、公儀の恐、世の憚を存、又紫尾へ罷帰り其節綱貴公〔註12〕御逝去、早々御家督御給り候様に、又無言禁足にて百日御祈念申上候、次年、出水松尾観音堂〔註13〕の庭に、六帖敷四方ぬりかべ、壱尺廻りのまと内〔註14〕は、大地弐尺方の荐〔註15〕壱枚しき、七月十四日まて百日罷居申候、七月廿日出水罷立、前の日は五千人はかり参候、

【註】

1 **禅寺** 尖叟寺のことか（『宮之城町史』二〇〇〇年）。その禅寺の僧侶の意。

2 **吉貴公** 島津家二十一代。一六七五〜一七四七年。

3 **百日無言** 百日の無言の行。

4 **禁足** 寺に籠もって修行に励むこと。

5 **乍御大儀** 大変なことながら。

6 **氷り餅** 寒中にさらして凍らせた餅。

7 **しらくも** 皮膚病の一つ。

8 **しやくろ** じゃくろのことで、手指の爪のところにくっつく皮膚病の一つ。

9 **御符** 護符のことで神仏の加護がこもっているという札。

10 **道の川** 小字名か。

11 **らいひやう** 癩病のこと。ハンセン病。

12 **綱貴公** 島津家二十代（一六五〇〜一七〇四年）

13 **松尾観音堂** 薩摩国出水郡鰐淵村松尾（現出水市上鯖淵町松尾）にある。本尊は千手観音。昔、この地に真言宗東光寺という寺があったが、観音堂はその本堂であったという。像の裏に享禄四年（一五三一）造立云々と記されていた（『三国名勝図会』巻之十六）。天正十五年（一五八七）に豊臣秀吉が薩摩征伐に入って来たとき、浄土真宗東光寺の住職が秀吉の道案内をした。薩摩軍は敗れたが、秀吉が去った後、島津家十七代義弘が、怒って、その住職を殺し、東光寺も焼き尽くした。その際、松尾の人々が、千手観音菩薩像を大事に持ち出したので焼失を免れたという（『出水市立民俗資料館』）。東光寺は、天保年間に編集された『三国名勝図会』では、真言宗となっている。江戸時代のころは、浄土真宗の寺を作ることは許されていない。しかし、秀吉が薩摩を征服したころは、浄土真宗であった可能性がある。松尾観音堂は、現在も松尾地区の人たちによって守られている。

14　まと内　不明。間戸内と解したい。窓の内という意味か。

15　荐(せん)　草で編んだ筵あるいは莫蓙。

〔解　説〕

この段では、第一に、島津家長久のために百日無言の勤行をしようとしたが、飯米がなくなったこと、ところが宮之城の禅僧が食料を調達してくれて勤行ができたこと、そのときは、大飢饉であったが宮之城の人々が麦粉をくれたりして助けてくれたことが記されている。そこでは、空順の人柄と呪力が、地元の人に伝わり盗難にあった鏡を見つけてくれたり、皮膚病の者などが祈願を頼みに押し寄せたという。呪力の噂を聞いた人々が地元だけでなく金山や指宿、熊本からも治療依頼にやってきたという様子が語られている。

第二に、出水松尾村の観音堂で百日無言の行をした。出立の日には、お世話になった人々が五千人ほど見送ってくれた。なぜ、松尾の観音堂に出向いたのかというと、松尾の人々の熱心な招きによるものである。しかし、東光寺の千手観音菩薩像を松尾の人々が焼失前に持ち出して、大切に保存し、信仰を重ねてきたことに空順法印が心を打たれたからだとも考えられる。一向宗が禁止されたのは、門徒たちが秀吉の道案内をしたということが有力な理由の一つにもなっている。一向宗禁制下であった時代に、真言山伏である空順法印が松尾に出向いたということに注目すべきである。
薩摩に帰ってきた空順が、次第に呪力に優れた修験者となっていったことが分かる。

【19の段】阿久根町で火難除け無言断食、雨乞い

〈大　意〉

宮之城に行ったところ、島津図書(ずしょ)殿から鹿児島城下の寺社奉行所へ仰せ上げられるには、時吉の山の中に家を造って、空順を召し置きたいとお頼みされた。そうしたところ、寺社奉行から、空順のことはかねてから聞き及んでいる。寺を建てることは御法度なので小さい庵(いおり)に置いてやることは島津図書殿の気持ち次第であると言われたということです。そのため、宮之城にいるうち無言禁足百日の行を勤めました。阿久根町(あくねまち)は、十二年のうち五度の火事があった。そこで、阿久根の戸柱大明神(とばしらだいみょうじん)で七日の無言断食の行をして祈念しました。それで、火事は止まりました。

それを聞いた宮之城の役人平田六郎兵衛殿が雨乞(あまご)いを頼んでこられた。拙僧（空順）は、雨乞いは良き出家のいたすことではございませんと言った。しかしぜひともと頼んでこられたので引き受けました。拙僧は生まれ屋敷の水天(すいてん)に向かって、これは雨乞いではございません。やむを得ないことになりましたので、雨を降らせくださるようにお頼みいたしますと頼んだ。ところが、暮れ六つ、すなわち午後六時ごろに申し上げたら、九つ、すなわち午前零時ごろには降りだし、

中五日降って七日目の朝止まりました。

【原　文】

宮之城に参候得は島津図書殿〔註1〕より寺社奉行へ被仰上、時吉〔註2〕の之山の中に家を作り、被召置度、御願候得は、寺社奉行より空順事は兼て聞及候、寺立事御法度、ちいさき庵に被召置候は図書殿御心次第と被仰出候、夫故宮之城に罷居申内、無言禁足百日〔註3〕相勤申候、阿久根町十二年の内五度の火事候に付、阿久根戸柱大明神〔註4〕に七日無言だん食にて祈念申、夫故火事とまる、宮之城役人平田六郎兵衛殿雨乞頼被申候、拙僧申候は雨乞はよき出家の申事不罷成申候へは、是非共と被申候故請合、拙僧生れ屋敷の水天に雨乞にては無御座、無是非事に候、雨をふらせて被下奉頼と暮六つに申上候得は、九つに降出中五日ふりて七日目の朝とまる、

【註】

1　**島津図書殿**　島津久通（ひさみち）のこと。薩摩藩家老（鹿児島県史料集25『三州御治世要覧』）。
2　**時吉**　近世の伊佐郡宮之城郷にあった地名。現在はさつま町宮之城の中の大字。
3　**百日**　寺院や庵に籠もって百日間の無言の行を勤めること。
4　**戸柱大明神**　阿久根市波留（はる）にある戸柱神社のこと。『三国名勝図会』巻之十五に「高松川（たかまつがわ）の海口に一山あり、戸柱山（とばしらやま）といふ、昔年は此山に石垣を築き、素戔嗚尊（すさのおのみこと）を祭り、戸柱明神と号す。例祭八月十五日、然に此山高松川の水湾を隔て、参詣便宜ならざる故に、此浦の対岸へ社殿を建てたりとぞ」とある。続いて、戸柱山の前の海中、三十歩（一歩を六尺、一尺を三〇・三センチとすれば、五四・五四メートル）ばかりの所に、二つの大岩が

並んでいる。この岩から時々、月輪のごとき光明を発し、海上を飛んでいくという。人々は、これは戸柱明神の威霊（いれい）と言っている。よって、この両岩を光礁（こうしょう）と名づけていることが記されている。これを見ると戸柱明神は、人々から威霊があるといわれていたことが分かる。

空順法印は、河南家（かわみなみ）が中心となって町中で管理し、光魂が月輪あるいは日の出のように光り、また飛び交う、霊験ある戸柱大明神を無言断食の霊場として厳選していたことが分かる。

〔解　説〕

この段では、第一に、宮之城で無言禁足百日の行をしたこと、第二に、阿久根の威霊が飛び交う戸柱大明神で火難除去のための無言断食を七日間行ったこと。第三に、宮之城の役人に頼まれて雨乞いをしたら、雨が降り出したことが記されている。ここでも空順の験力（げんりき）の強さが語られている。

【20の段】日秀上人への供養銭

〈大　意〉

鹿児島の万寿院（まんじゅいん）が、薩摩藩主の参勤交代のため、江戸へのお供をすることになりました。そこで、拙僧（空順）に、殿様ならびに私事をできるだけ頼むといって、使僧をつかわされました。お暇乞い（いとまごい）に行ったところ祝いの吸物の箸を取るとき、夜八時に鶏が鳴いたので、これは、吉事ですと言った。そうしたところ、万寿院は落ち着きになられました。しかし、心の中では覚束なくなり、霧島の不動堂へ行って、百日参籠を勤め上げなければならないと思っていました。しかし、一度に軽い病を五つおこし、五十日目に霧島山から下ってきました。

三日前から三光院の空忍坊が不動堂へ迎えに来られたので三光院へ行って、中一日そこにいました。そのうち（拙僧への）参詣人数が多くなりました。（参詣者の奉納した）銭が少々あったので、空忍坊が立派な僧であるため、その銭を三光院に祀られている日秀上人へ差し上げました。それをもとにして（空忍坊は）十間ばかりの廊下の造作を済ませられました。

【原　文】

鹿児島万寿院（註1）江戸御供ゆへ、拙僧に殿様並私事随分頼（註2）と使僧被遣候、暇乞に参候得は、いわひの吸物箸を取時、にわとりなき申事は夜の五つ、我等吉事と申候へは、おちつき被申候、然共、我等は心の内、無覚束、霧島不動堂（註3）へ百日参籠と存候得共一度に軽き病五つ差起、五十日目に下向申、三日前より三光院（註4）空忍坊不動堂へ迎に御越候ゆへ三光院へ参、中一日罷居申候、其内人多数参候ゆへ、銭少々御座候、空忍坊は殊勝の僧ゆへ、右参銭日秀へ差上候（註5）、夫を本にして十間計の廊下相済申候、

【註】

1 **万寿院**　万寿院については不明。京都の天台宗門跡寺である曼寿院が鹿児島にあったのか。

2　**随分頼**　随分頼の内容は不明。

3　**霧島不動堂**　『三州御治世要覧』に「正徳五年（一七一五）霧島山不動堂明動寺再興ニ付、奉加銀御分国中被仰渡、同月」（仮名は筆者）とある。不動堂明動寺の所在は不明。不動堂明観寺の間違いではないか。明観寺は、日向国諸県郡都城郷安久村（現都城市安久町）霧島山金剛院明観寺のことで、『三国名勝図会』巻之五十八によれば、開山性空上人が、霧島山不動堂明観寺を作ったことが記されている。それを、正徳五年に再興したことになる。

4　**三光院**　金峯山神照山三光院のこと。大隅国桑原郡日当山（現鹿児島県霧島市日当山町）にあった。鹿児島城下の大乗院の末寺で真言宗。本尊は薬師如来。開山は日秀上人（『三国名勝図会』巻之四十）。

5　**参銭日秀上人へ差上候**　三光院で入定した日秀上人への供養のためのお賽銭。「日秀上人伝記」によれば上人は天正五年（一五七七）に入寂している。

〈解　説〉

この段では、鹿児島の万寿院が参勤交代にお供することになったので、霧島の不動堂で百日参籠をしたこと、および日秀上人が祀られている三光院へ供養のためにお賽銭を差し上げたことについて記されている。

【21の段】夢想により将軍地蔵が身代わりに

〈大　意〉

拙僧（空順）が半年ぐらい患ったとき、大切の時分、すなわち、病が非常に重くなり危篤状態になったときに夢を見ました。それは、具足（ぐそく）と甲（かぶと）を着け、手に錫杖（しゃくじょう）を持ち、白毛の馬に乗って駆けている夢でした。そのとき、馬が転び、乗っている人ともども相果ててしまいました。そのことについて将軍地蔵が、お身代わりになられたと人が言っていました。そのとき夢から覚めました。そのうちの修行は不動様の呪千二百万遍を唱えることでありました。

【原　文】

拙僧半年計相煩、大切の時分、夢に具足、甲を着、手に錫杖を持、白毛の馬に乗かけたまふ、馬ころび人ともに相果、将軍地蔵〔註1〕御身替りに立たまふと人申とおもへば夢覚る〔註2〕、其内の修行不動慈様の咒千弐百万遍、

【註】

1　**将軍地蔵**　一説に、坂上田村麻呂（さかのうえのたむらまろ）が東征のとき、戦勝を祈って清水寺の延鎮（えんちん）が修したことからおこったという地蔵菩薩。また、役小角（えんのおづぬ）の感得ともいう。地蔵と勝三世明王の真言の最初の部分が同文のために同体とし、地蔵の三昧耶形の標章が将軍と共通することから鎌倉時代から武家に信仰された。鎧・兜をつけ、右手に錫杖を、左手に如意宝珠（にょいほうじゅ）をもち、軍馬にまたがっている（佐和隆研編『密教辞典』、石田瑞麿『仏教大辞典』）。

2　**夢覚る**（ゆめさとる）　夢に現れた善悪の相を見たことを意味する。これを夢相ないし夢想という（石田瑞麿『仏教大辞典』）。空順法印はたびたび夢想し夢の中の神仏の示現（じげん）を感得する。その夢によって覚ったということである。

〈解　説〉

ここでは、空順法印が、半年ぐらいの大病をしたとき、身代わりになられた将軍地蔵の夢を見たことについて記されている。空順法印が夢想により、神仏の示現を感得したのである。

【22の段】真言を飛び上がり飛び上がり唱える

〈大　意〉

大黒（だいこく）、夷（えびす）を三文（さんもん）で請けて拝んだ。人は五百文目で拝むことを依頼してきた。しかし、三文目で請けた。その（安くてでも引き受けた）理由は、たまたまお暇をいただき、出家するうえは、大黒天も恵比須（えびす）も殿様の守り本尊とならなければ島津氏の長久を祈念する空順が出家する甲斐はないからである。（高くで引き受ければ）殿様も穀潰（ごくつぶ）し、徒（いたずら）ものと思われる。さて、大事の印（いん）、すなわち出家して悟りを開く大切な印などを結んで御祈念しても、誰に対しても地についた祈願はできまいと思いました。

そこで真言を飛び上がり、飛び上がり唱えました。そうしているうちに病人に御符、すなわち、神仏が加護して種々の災難を除去する札をやったら、百人が百人ともに快気するようになると自から思うようになりました。人がやってきたら少し待ってください、ただいま何か、助ける神仏がやってくるはずと待たせて振舞い、すなわち、祈願の行を行っていました。

その時までは、拙僧（空順）は若かったので、大病があるときは、先ず護符をやり、その後、七日断食を一か月に一、二度行っていました。そのようなことは、拙僧が病のため、大きな用があるときも裸足で行くようにしました。しっかりお勤めをしようと思い、歌に、

出る息入息ともに阿字なれはねてもおきても徒はなし

（出る息のときも入る息のときも阿字を唱えれば寝ても起きても、祈願が無駄になることはない）

【原　文】

大黒〈註1〉えびす〈註2〉は三文にうけ拝むなり。人は五百目に買仕〈註3〉者偶御暇給り、出家する上は殿様の御守本尊と成不申候はは御暇被下出家成詮はなし、殿様もごくつぶし徒ものと被思召上候事と存、扨大事の印なとを結び御祈念申手を誰にも地につくましくと存、真言を飛上飛上唱へ申、其内病人に御符遣申せば、百人は百人ともに快気仕ように我から存候、人参ば少し御待候へ、只今何が参る筈と申て人を待せ振舞申候、其節まては拙僧若く御座候へは大病有時は先御符を遣、跡にて七日だん食、一か月に、一、二度仕候、右拙僧病ゆへ大用にもはたしに参様に罷成、堅く勤はならんと存、歌に、

出る息　入息ともに　阿字なれは　ねてもおきても　徒はなし

【註】

1 **大黒** 大黒天のこと。天竺（インド）の神の名で、戦闘・財福・冥府の神としての三性格を持つ。密教では障害鬼の荼枳尼を破る神として、青黒色、三面三目六臂、逆髪の忿怒形で、胎蔵界曼荼羅外院北方に配する。また中国ではこの神を食厨（食堂）の神として寺にまつり、日本ではこれをうけて、寺の庫裏に神王の形で袋を持つ像を安置するふうが生じた（石田瑞麿『仏教大辞典』、佐和隆研編『密教辞典』）。

2 **えびす** 恵比須は伊弉諾尊の第三子蛭子尊と伝えられる。また夷三郎とも、また事代主神（大国主命の子）ともいい、鯛を釣る姿をしている（佐和隆研編『密教辞典』）。

3 **人は五百目に買仕** 意味不明。目は匁、すなわち文目のことか。ここでは、人が大黒、えびすを五百文出して頼んできた、という意味に解したい。

〔解　説〕

この段では、大黒天や恵比須の祀りを人から高いお金で依頼されたが、非常に安いお金で引き受けた。その理由は、大黒天や恵比須などすべて、殿様の御本尊とならなければならないからであるということが記されている。そうして人々を助けるうち、また尋常な祀りではなく、真言を飛び上がるようにして真剣に拝んでいたら、人の病気が百人が百人とも治るような、自分でも驚くような験力がついてきたということである。祈るときは阿字観にもとづいているからである。

ここでは、空順に阿字観による呪力が出てきたことを示している。

第五節　帖佐から桜島へ移住、入定窟建立
——吉貴公から大事にされる空順

【23の段】宮之城は霧が深いので帖佐の海辺へ移る

〈大　意〉

吉貴公の時、於須摩様が同道、すなわち自分の家来と河内の国（現在の大阪府河内）をお通りになっていらっしゃると聞きました。

勤めをしっかり守り修行しているときは、殿様にも礼拝しないのがご奉公と思っていました。しかし、病ゆえに体が弱っていて、勤めがないときは、食うのがご奉公と思いましたが、そういう考えが逆立ち、すなわち、上下が逆になっているようなこと、言い変えれば間違っているとまでは思わなかったが、わざわざ河内に拝謁に行きました。病になる前よりは、年をとるほど出家の心は出てきましたが、気根が弱いと、帰命、すなわち身命をささげて神仏に帰依するようなことはなくなっています。ただ、真言の力による加持力はございます。

宮之城は川が霧が深いので病によくないという理由をつけ、海辺に移りたいと思っているのを島津内匠様がお聞きになられました。それならば加治木の黒川に普請をするべきであるとおっし

やってくださいました。

拙僧が申し上げるには、加治木のことは宮之城よりは御大身、すなわち、お身分が高いので、島津図書殿に対しそのような願いをすることはなりません。そのように思ってくださるのであれば、帖佐の脇元と竜が水の間の海辺に住みたい。そのとおり、帖佐の役人にお引き合わせください、とお頼みしました。そうしたところ、島津図書殿自ら、島津求馬殿の所に行かれ、求馬殿を通して、帖佐の地頭である入来院主馬殿へお引き合わせしてくださいました。それから帖佐の脇元へ移り住むことになりました。それは四十六歳のときでありました。

【原　文】

吉貴公其時分、於須磨様〔註1〕御同心（「同道」か）にて河内〔註2〕御通のよし承、勤堅固の節は殿様にもはい（礼拝のこと）不申が御奉公と存候へ共、病ゆへ身弱く勤なき時は、はい申と御奉公と存しかと、さかだち不申候へとも態と河内に拝に罷出申候、病前よりは年の寄ほと出家の心は出候得とも、気根よわければ帰命無之、只真言の力にて加持力は御座候、

右病は宮之城は川霧深く海辺に罷移り度存由、内匠様〔註3〕被聞召上、加治木黒川御普請可被成よし被仰下候、拙僧申上候は加治木の御事は宮之城よりは御大身〔註4〕に候得は図書殿に対し成合不申、左様に思召被下候はは帖佐の脇元とらく（「りう（竜）」か）が水の間の海辺に罷居申度其通り帖佐に御引合頼上ると申候へは、御自身島津求馬殿所に御出、求馬殿を以、帖佐地頭入来院主

馬殿江御引合、夫より脇元へ罷移申候、四十六歳、

【註】

1 **於須磨様** 鹿児島県史料(25)『三州御治世要覧』と『西藩野史』には、於須磨様と「摩」の字が使われている。一応『空順法印日録』に従って表記していきたい。
島津家二十一代吉貴の側室。継豊(つぐとよ)公の実母。家臣名越右膳恒渡の妹。『西藩野史』巻之二十に「継豊公 吉貴公第二ノ子。実母家臣名越右膳恒渡妹。於須摩ト称ス(略)吉貴公に愛幸セラレ三男三女ヲ生ム、正徳五年立テ嫡母トス。延享元年七月三日薨(こう)ス。浄光明寺(じょうこうみょうじ)ニ葬ル。月桂院殿心一献珠大姉と謚ス」とある。なお名越右膳は島津家家老である。

2 **河内** 河内国 現在の大阪府南・中・北河内の三郡。機内の一国。

3 **内匠様** 島津家家老(『三州御治世要覧』)。

4 **御大身** 加治木島津家と宮之城島津家。加治木島津家は一門のうち。宮之城島津家は一所(いっしょ)のうち(『鹿児島県史』第二巻)。

〔解 説〕

この段では、空順が体が弱り、気根が弱ったが、加持力はあること、および宮之城は霧が深く体によくない。海辺に移りたいと思い、その願いに島津図書の所へ行ったところ、帖佐の脇元へ移ったということについて記されている。空順が宮之城では気候が合わず、体が弱っていたことが分かる。

【24の段】 於須磨様への安産祈願

〈大　意〉

その時、夢想に、白銀の三井の中から水が出るのを見ました。その次の日に名越右膳殿が士を一人同道して、やって来られました。私（空順）は、初めてお目にかかりました。

於須磨様のお痛み（陣痛）につき、明日は船が迎えにくるはずだと言われました。それは、（船に乗って城へ行くことは）押しかけと思われるので、我らを引き合わせてくれるようにすると言われました。私が申し上げるには、高麗の陣の時分も御祈禱を日本からいたしました。（したがって、直接）殿の前に出て行くべきではないと言いました。（そうしたら）右膳殿がおっしゃるには、女性が、そのうえ（陣痛だけでなく）、病気でもあられるのでお気持ちに従うべきであるということでありました。そこで、いかようにも仕ると言ったら、同道である士が言うには、明日はお迎えの船を待たせておくということでありました。それは出家の身である拙僧には、勿体なさ過ぎる、すなわち重すぎると言いましたけれども、船で参るのが当然であると言われました。

拙僧は、番茶より軽い者です。その船で参上し、お城に参ることはお許しください。しかし、じっとしていながら、そのようなご返事を申し上げるのは恐れ多いことであると思い、鹿児島の地を踏むべきであると申して、鹿児島へ着船いたしました。私は、吉野の赤塚吉右衛門の所に一宿し、明日は脇元へ帰ると言って別れました。その夜、島津豊前殿と島津中書殿が相談し、空順を呼んでも出てくるまいと思われました。大乗院（だいじょういん）の隠居をお城に呼び寄せられたが、その隠居から早く城に出てくるようにと私（空順）に言ってきました。

すぐに出て行き、門においての歌に、

　　浮世には望みなけれと更に今日
　　　めぐみかしこく出るうれしき

（浮き世には何も望みはないが、さらに今日は、ことさら、恵まれた、良い状態で出て行くことは嬉しい）

御前に出て行って、御加持を行いそれをすませて、帰るとき、御門でまた、歌に、

　　御城には今を限りと立帰る
　　　又もと思ふ心なくして

（お城に出て来ることは今を限りとし立ち帰る。またもやってくるなどという（大それた）心はなくして）

重ねて登城しまいと思い、退き帰りましたが、それ以後、於須磨様は御快気になられました。（そのため）使いの船を下さったので参上いたしました。

その後、御子であられる忠五郎様が病気であるので登城するようにといって船を差し向けられました。そのため御加持をしにお城に参ったら、すっきりと御快気になられました。

於須磨様の御懐胎（ごかいたい）の御祈禱を言いつけられ、百日無言禁足の行を勤めました。そのうち、御子がお生まれになり、御名を天通（てんつう）とつけたことを夢に見ました。また、忠五郎様のご病気が再発し

たので、御符（ごふ）を取りに、お使いが来られたので、三度護符をさし上げました。

そのとき夢に忠五郎様のお手足が四つに切れ、拙僧の所に、屋敷に来て祈禱することを引き受けてくださいと言われている様子を見ました。その夢から覚めてなかなか気持が悪いことでした。その日、護符取りのお使いに、忠五郎様を今一度見て差し上げたいと思って、無言禁足の行を勤めた旨の書を差し上げました。そうして、次の日、そのように思っていたら、早速参上するようにと船を差し向けられました。そして御前に出て行きました。このたびの忠五郎様は、亡くなっても仕方のないことと思われていました。そこで空順は、にわかに弁慶のような御子が誕生なさると申し上げ、すぐ、お暇（いとま）しようとしたら、結果が出るまでは城に詰めていなさいということで三日の間、おりました。十月二十三日の朝、忠五郎様は御逝去（ごせいきょ）なされました。そのため、拙僧は脇元へ帰り、無言禁足の行を勤めました。

霜月（十一月）二十三日の朝、於須磨様はご安産であったといって船を差し向けられたので参上しました。御産所で御目見え（拝謁）いたしました。そのときまでは御一門中へも、まだ（ご安産のことは）知らされていないときです。そのうち、たびたび参りました。

【原文】

其時の夢に白かねの三井の中より水出ると見る、其次日、名越右膳殿士壱人同心（「同道」か）にて御成、私儀は初て掛御目候、於須磨様御痛に付、明日者御迎船参筈候、夫は余り押掛け被思召候に付、我等を以御引合と被仰候、私申上候は高麗陣の時分〔註1〕も御祈禱日本より申候、罷出申間敷と申候へは右膳殿被仰候は女性其上御病気に御座候得は、御意に随可被成と被仰候故、如何様にも可仕と申上候へは、士被申候は明日は御迎船被為待候、出家のもつたひすくると、被申候、船にて参上可然と被申候、

拙僧は、はん茶よりは軽きものにて候、其舟にて参上可仕御城に参事は御免被下、乍居御返事申上儀は恐多、鹿児島の地をふみ可申通申て、鹿児島へ着船仕候へは、私儀は吉野の赤塚吉右衛門所へ一宿、明日は脇元へ罷帰と申而相別れ、其夜島津豊前殿、島津中書殿〔註2〕、御相談にて、我々呼候ても空順罷出申間敷、大乗院隠居御城へ被召寄、隠居より御城へ早々罷出可申と申来候故、則罷出御門にて歌に、

浮世には望なけれと更に今日
めくみかしこく出るうれしき

御前江罷出、御加持仕、罷帰節、御門にて又歌に

御城には今をかきりと立帰る
又もとおもふ心なくして

重て登城申間敷と存、罷帰候へ共、其以後御快気被成、御船被下候故参上申候、其後御子忠五郎様御病に付御舟被下、御加持に参候へは、す切と御快気被成、於須磨様御懐胎の御祈禱被仰付、百日無言禁足相勤、其内御子御誕生御名天通と夢に見申候、又忠五郎様御病再発に付御符取の御

使に、三度御符差上申候、其時夢に忠五郎様御手足四つに切れ、拙僧所に屋に詰て為被下と夢に見申候、右夢覚て中々心持悪敷御座候、其日御符取の御使に忠五郎様今一度見上け度奉存候へ共、無言禁足にて無是非仕合御座候由、書付差上申候、其次日、左様に存候はは参上可申由にて御船被下、御前へ罷出。今度の忠五郎様は無是非事に被思召上、頓に〈註3〉弁慶のよう成る御子御誕生可有御座と申上則御暇仕候へは、御究りある迄は相詰め可申由にて御城に三日罷在、十月廿三日の朝御逝去被遊候故〈註4〉、拙僧脇元へ罷帰、又無言禁足にて相勤申候、霜月廿三日朝御平産〈註5〉則御船被下参上仕、御産所にて御目見申上、其時まては御一門中へも未御存無之内に候、其内度々参上申候、

【註】

1　**高麗陣の時分**　ここでは、文禄〈一五九二年〉・慶長〈一五九七年〉の役の時分のことと解したい。

2　**島津中書殿**　島津久貫。島津家家老（『三州御治世要覧』）。

3　**頓に**　にわかにと解したい。

4　『三州御治世要覧』に「宝永五年（一七〇八）十月廿三日吉貴公御二男様御逝去」と記されている。『空順法印日録』には、正確に記されていることが分かる。

5　『三州御治世要覧』に「十一月廿一日　小源太様誕生、御懐は於須摩様」と記されている。

〈解　説〉

この段では、空順の島津家への思いが描かれている。吉貴公の側室である於須磨様の陣痛がひ

どいので軽くなるようにと、城に呼ばれて祈禱をした。同時に、吉貴公の御子である忠五郎様の病気を治すように言われ祈禱したところすっかりよくなった。ところが、忠五郎様の夢見が良くなかったところ亡くなってしまわれた。一方、於須磨様の御安産のため無言禁足の行をしたら無事に出産され、一門中にも知らされていないのに空順法印は御産所に呼ばれた。忠五郎様の祈禱は実を結ばなかったが、於須磨様が無事出産され、安産であったということに、空順は勤行のかいがあったと思い、安堵している。島津家へ貢献でき、また大切にされている空順の喜びの気持ちがよく表されている。

【25の段】桜島に殿様のご配慮で縁を持つ

〈大　意〉

島津中務殿から、拙僧は桜島に入定(にゅうじょう)のための縁がある、殿が江戸に行って留主中に空順を島へ移しておきたいと言われました。中務殿が拙僧へ二度にわたり桜島には行きたくないかと話されましたが、(拙僧は)先ず脇元が良いと申し上げました。

その後、中務殿の留主中に(中務殿の所へ)行ったのですが、奥方の話によると、空順が頼みもしないことをして、空順に面目がないと中務殿がおっしゃっていたと話されました。拙僧は、お頼みしても殿にお話しなさることではないことであり、忝(かたじけな)いことと思っていたが、脇元には土地を選んで大分造作をしていたし、これは蟻までも迷惑なことであろう（と思っていた）。（しかし）殿様が、江戸から御下向される前に、そのお気持ちを有り難く思って、急に島に参りたいと中務殿に申し上げました。そうしたら、なるほどと言ってお喜びの祝いをなされました。

【原　文】

島津中務殿〔註1〕拙僧桜島へ縁有之由被仰上、左様に候はは、空順江戸御留主中〔註2〕、島へ移し可申通被仰置、中務殿拙僧へ両度御咄候は嶋に参度はなきかと御座候へ共、先脇元かよく御座あると申候、其後中務殿御留主に参候へは奥方咄に空順頼もなき事を申上、空順に無面目と中務被申候と奥方御咄候、拙僧頼上候ても御申上は被成間敷処に忝奉存候へ共、脇元に地を引中は大分人の造作、蟻までも迷惑為申儀に御座候、先脇元に罷居可申由申上候、其後、殿様御下向前に御意は難有事被存出、急に島に参度中務殿へ右の趣申上候へは、成ほとと御祝（「悦」か）被成候、

【註】

1　島津中務殿　島津家家老（『西藩野史』巻之十八）。

2　江戸御留守中　殿が江戸に行って留主の間に。

〔解　説〕

この段では、吉貴公が、入定のために、空順は桜島に縁があるので移しておけと言われたということを家老の島津中務殿から聞いた。しかし、空順は、脇元で家の造作もしていることだし行

きたくないと言った。しかし、殿のお気持ちが有り難く思えて急に島へ行きたいと申し上げたということが記されている。空順が、島津家のためだと思い、自分の気持ちはさておき、いかに吉貴公の気持ちを大切にしていたかが分かる。

【26の段】桜島に移住、夢想により雨を降らせたり止めたり

〈大意〉

四十八歳で、七月十七日、桜島西道村毘沙門山の三帖敷の小屋に住むことにしました。脇元にいるときのことでしたが、五月十五日が大洪水で山田の町は皆流れました。帖佐や蒲生は死人が多く、鹿児島の方も崖崩れが多かった。（しかし）その日からさっと流し（梅雨）があがった。八月まで曇りもせず、大日照りが続いた。人びとは雨が降らないので難儀なことであった。そうしたら、八月朔日の夜の夢に、雷が一つ鳴って雨がざっと降る様子を見ました。

次の日から雨乞いを頼まれました。拙僧は、前に宮之城で雨乞いをするとき、重ねて雨乞いはいたすまいと水天に申し上げていたので、そういうことは、とてもできませんと言いました。しかしぜひともとの頼みであったので、（桜島の）山の絶頂に登り、八月三日の暮れ六つ（午後六時ごろ）、権現に対し、（これは）雨乞いではありません、島中の人々を助けてください、と申し上げました。神の名を七千遍唱えていたら夜の九つ、すなわち午前零時ごろ雨が降り出しました。二日

桜　島（鹿児島市）空順法印は桜島の山の絶頂で雨乞いをした。

間ばかりは雨が降るように祈りました。

その時分は、吉貴公は江戸から御下向（ごげこう）される船の中だと考え、風雨が荒いのはよくないので天気になるように祈りました。風は止（と）まったが雨は止（や）まない。このうち照り続いたと同じほどの間、雨が降れば皆々が難儀なことと聞いていたので、雨が止まるように祈念していました。その最中、七日目の朝八つ時分（午前二時ごろ）に雷が一つ鳴った。さて、雨の口が開くかと思うほど雨が降り続いては難儀なことであったが、雨が止んで晴天となりました。

初めの夢は雷が一つ鳴って、雨が降るとみえたけれども、夢と合わないと思っていたら、七日目の夜の八つ（午後八時ごろ）に雷が鳴って雨が止みました。

【原　文】

四拾八歳にて七月十七日桜島西道村（註1）毘沙門山に三帖敷の小屋に罷居申候、脇元に罷居申内五月十五日大洪水にて、山田の町皆流、帖佐、蒲生死人多く、鹿児島方のくえ多御座候、其日よりはたとなかし（梅雨のこと）あかる、八月迄曇りもせす大日（註2）にて諸人難儀に御座候処に、八月朔日の夜、夢にいかつち壱つ鳴りて雨のざつとふると見申候、次日より雨乞頼被申候に付、拙僧前に宮之城にて雨乞申時重て雨乞申間敷と水天へ申上候故不相成と申候へ共、是非共と被頼候に付、絶頂（註3）に登り、八月三日暮六つに権現に雨乞にては無御座候、島中たすけたまへと申上、神名七千遍唱へ夜の九つに雨降り出す、二日計は雨のふる様に祈申候、其時分は吉貴公御下向船中の最中と考、雨風あらく、天気の直様に祈念仕、風留り候へ共雨はやみ不申、此内てりたる程雨ふるならは、諸人難儀と風聞御座有由承り、雨の留様に祈念申最中に七日目の朝八つ時分にいかつち一つ鳴る、扨雨の口か明くかと存難儀存候処に雨とまりて晴天と成る、初の夢はいかつち鳴りて雨ふると見候へ共、あわすと存候処に、七日目の夜の八つ時にいかつち鳴りて雨とまる、

【註】

1 **桜島西道村** 現在の鹿児島市桜島西道町。

2 **大日** 大ひでりの意味。

3 **絶頂** ここでは、桜島絶頂のこと。

〔解 説〕

ここでは、空順が四十八歳で桜島西道村に移り住んだころ、大日照りが続いていて人々が困っ

ていた。夢想により雨が降る様子を見たら、次の日から雨が降り出した。ところが雨が続いて人々が難儀な様子なので止むように祈った。夢に雷が一つ鳴って雨が止む様子を見たところ晴天となった。夢想のとおり、最後は雷が一つ鳴って雨が止んだということが述記されている。空順法印の夢想の力が強いということが分かる。

【27の段】吉貴公のお守り袋に入れる子どもの山伏名「天通」

〈大　意〉

吉貴公が下向された後に船を差し向けられたので城へ参りました。（殿様の子どもに）出家名か山伏名かをつけてあげ、自ら養い上げるとの於須磨様のお気持ちである。拙僧が申し上げるには、殿様がおつけになられた小源太様という名前が当然であると申し上げました。ところが、お守り袋に入れる、御名は世間でいう名ではないので自筆で書き上げなさいと言われました。そこで、二十日、夢に見たように天通と書き付けて（殿様に）差し上げました。

【原　文】

吉貴公御下向以後に御船被下参上仕候へは出家名か山伏名か付上け、養上可申（註1）と於須摩様被遊御意候、拙僧申上候は、殿様御付け被遊小源太様可然と申上候へは御守袋に御入被遊、御名

にて世間唱る名にては無之故、自筆にて書付、可差上と御座候故、然は廿日夢に見為申御名天通と書付、差上申候、

【註】

1 **養上可申** ここでは於須磨様が直接、育てるという意味か。

〔解　説〕

この段では、吉貴公が、生まれた子どもに、出家名をつけるべきか、山伏名にすべきかを空順に聞かれた。そこで、殿様がお付けになられた小源太様が良いと申し上げた。お守り袋に入れる名前は、世間でいう名前とは違うので、空順が夢で見たように天通と筆で書いて渡したことについて記されている。生まれた子どもの名前まで相談される空順が吉貴公からいかに信頼されているかが分かる。

【28の段】毘沙門天と弁財天（べんざいてん）が守り本尊に

〈大　意〉

拙僧は吉貴公から御仮屋地へ招き寄せられていました。そのときの夢に、拙僧の所に輿（こし）が二つ来た。その意味を人に聞いたところ毘沙門天と弁財天がやって来られたということでありました。

次の日、殿様がお立ち寄りになられたときから初めて御目見え、すなわち謁見をしました。その次の日に於須磨様がお入りになられました。これも御前にはたびたび出て行く（ことがある）が、お入に出遭わすのは初めてのことでございます。

【原　文】

拙僧は　吉貴公より御仮屋地へ被召置候に付、其節の夢に拙僧所に御輿弐つ来、人に問候へは毘沙門天、弁財天と申、次日　殿様御立より初て御目見申上候、其次日於須磨様御入〔註1〕、是も御前には度々罷出候へ共御入は初にて御座候、

【註】

1 御入　ここでは、有り難くも於須磨様が、空順の三畳敷の小屋にお入りになったという意味と解したい。

〔解　説〕

この段では、吉貴公から御仮屋に招かれた。そのときの夢想に、輿が二つ空順の所にやって来た。その意味を人に聞くと、それは毘沙門天と弁財天が来たのだという。吉貴公の御下向後、初めてお目見えをさせていただいたが、於須磨様の御入りになられたのは初めてであるということが記されている。毘沙門天と弁財天がやって来られる夢は、吉貴公と於須磨様が来られるという予言の夢だったことが示されている。毘沙門天と弁財天は、空順法印が入定するにあたっての守り本尊となったことが考えられる。

【29の段】不思議な葬礼の夢——お迎えはまだ早い——

〈大　意〉

その後、拙僧は夢に、（拙僧を）お輿に乗せ、私の葬礼をする穴を見れば、土の色は黄色で、半分ばかり穴を巡ったら、まだ、と言ってお輿は持ち帰られました。とにかく一度はこのようになるはずと思っているけれども、夢の中で甦ったように嬉しいことでした。

【原　文】

其後拙僧夢に御輿にのせ私をそうれひ致す穴〈註1〉を見れは、土の色黄色〈註2〉にあり、半分計右穴をめくる時、まだと申て、みこしを持帰り、兎角一度は此筈と存候へ共、夢の内にて、よみかへりたるようにうれしく御座候、

【註】

1　**穴**　ここでは、墓穴と考えられる。

2　**土の色黄色**　密教では黄色は、堅固不壊な性があり増益の色とされる（佐和隆県研編『密教辞典』）。

〈解　説〉

この段では、空順法印が、自分の葬礼の夢を見た。時期がまだだということであるが、一度は

こうなるのだと思いながらも嬉しかったということについて記されている。

【30の段】悟りを開こうとする者は人の施しは受けよ

〈大　意〉

於須磨様がお入りなされたお気持ちは有り難いが、何を下さっても受けない（と思っていた）。ところが、於須磨様は仏（ほとけ）のことなら、すなわち、悟りを開こうとする人のことならば、人が施すのは受け取るはずではないかとのお気持ちである。そのため、定石（じょうせき）をお願いいたしました。それを聞かれてお立ちになられました。

【原　文】

於須磨様御入被遊御意候は、何を被下候ても不請、仏の事〔註1〕ならは、人ほとこすものは請答と御意候、夫故定石〔註2〕願申上候、被聞召上御立、（「候」脱か、

【註】

1　**仏の事**　悟りを開こうとする人のことと解したい。
2　**定石**　入定窟（くつ）を作るための定石。

〈解　説〉

この段では、於須磨様が、仏のことならば、何をもらっても受け取るのが当たり前ではないかと言われたので、有り難く思い入定のための定石を下さるようにお願いしたということが記されている。於須磨様までもが空順の入定を助けてやりたいと思っておられる気持ちがよく分かる。

【31の段】入定窟を早く造っておきたい

〈大　意〉

その後、於須磨様がお入りになられたが、殿様の使いとして参られましたとのことであった。そのうえ、大きな曲げ物で作られた菓子箱を、これも殿様からであると言ってくださいました。殿様のお気持ちでは、六、七十歳になってから入定すべきであると聞かされました。拙僧が申し上げるには、殿様がそのようなお気持ちであるならば、入定は急にはいたしません。前もって、定めておきたい。その捲(ま)き物の蓋(ふた)を細めて一尺弐寸五分方の心月輪(しんがちりん)に作り、阿字観(あじかん)の本尊にしたいと申しました。

【原　文】

其後、於須摩様御入、殿様の御使に被参候、其上大き成まけ物のくわし箱是も　殿様よりと被下候、殿様の御意の通りは、七十に罷成入定可申と、被仰聞候、拙僧申上候は御意にても入定急には仕格護に無御座、前以定立置申度候、其捲物の蓋ほそめて壱尺弐寸五分方の心月輪〔註1〕に作り、阿字観の本尊に仕中候、

【註】

1 **心月輪** 真言密教の金剛界(こんごうかい)では、衆生(しゅじょう)の心を月輪と観じてその欠・満によって凡(ぼん)・聖(せい)を分ける。ここでは、蓮華上(れんげじょう)月輪に阿字(あじ)の金剛界阿字観か月輪蓮華上阿字の胎蔵界阿字観本尊か不明(石田瑞麿『仏教語大辞典』、徳山暉純『梵字手帖』)。

〈解 説〉

この段では、空順法印の入定は、六、七十歳になってからでもよいのではないかという吉貴公のお気持ちである。しかし、空順は前もって、入定のしきたりの準備をし、入定窟を作っておきたいと申しあげたということについて記されている。

【32の段】入定窟の建立がなされた

〈大 意〉

次の年の正月中から入定窟をご建立なされました。御建立奉行(ごこんりゅうぶぎょう)は伊東伝左衛門殿、検者は肱岡

空順法印入定窟（霧島市隼人町）

利右衛門、作者は川添清右衛門、永田五右衛門、同姓の四郎右衛門三人で五月にすみました。宝永五年（一七〇八）庚寅（かのえ）五月二十八日のことでありました。

【原　文】

次年正月中より定御建立奉行伊東伝左衛門殿、検者肱岡利右衛門、作者川添清右衛門、永田五右エ門、同姓四郎右衛門、右三人にて五月相済申候、宝永五年かのへ寅五月廿八日、

〔解　説〕

この段では、定建立（じょうこんりゅう）がなされ、奉行には伊東伝左衛門殿ほかの役人が立ち合って行い、宝永五年（一七〇八）五月二十八日に終わったことが記されている。入定窟の建立には、藩の許可の下に、藩の役人が立ち合っていたことが分かる。ということは、藩の許可があれば入定できることも明らかになってくるのである。

【33の段】家老島津内匠殿御逝去

〈大　意〉

島津内匠様が御逝去のとき、島津兵庫様より、内匠様から拙僧のお下り、すなわち加治木へ行くための丸木船を差し向けてくださいました。加治木に行き二日間いました。七月二十八日の朝六つ過ぎ（午前六時頃過ぎ）御逝去なされました。両奥方と近習衆は一度に泣かれ、両奥様は奥にお入りになられました。

以後、島津兵庫様が、内匠殿の病気になられたときは大儀、すなわち大変御苦労であったとお礼を言われました。そのとき、一声、はっとお泣きになられたが、その声は、天井に響くようでありました。その後、平常の様子になられ奥にお入りになられました。それから、御家中の歴々四十人ばかり、御目見えをなされるはずのところ、二、三人が遠い所から御目見えをなされた。

拙僧は、これまでのしきたりの儀礼であるので、近くに寄って御目見えをなさるべきであると言いました。そうしたところ三十七、八人ばかりは三尺近くに参られて御目見えをされた。座敷に出る時、泣き出す人もあり、出ていくときに泣き出す人もある。三尺近くの所に行き、礼を言うとき泣き出す人もあり、立っていくとき泣く人もある。初めに両奥様ならびに近習衆がお泣きになり、兵庫様もお泣きになったとき、士衆の御目見えの際、加治木中が祈願する間、二、三度天に響くように泣かれました。そのうち、長年寺(ちょうねんじ)に御死体を納められました。そのとき、また加治木中の士衆が泣きました。

【原　文】

内匠様御逝去の時分は兵庫様より内匠様御下の丸木船被下、加治木に参り、両日罷居、七月廿八日朝は六つ過〔註1〕に御逝去被遊候、両奥方近習衆壱度に御なき両奥様内に御入候、

以後兵庫様内匠殿病気に付皆々大儀と御礼を被遊候時、一こえはつと御鳴被遊声天井にひびく様に御座候、常の御様子に御成り奥へ被遊御入候、其跡にて御家中の歴々四拾人計御目見被申筈の処に、二、三人遠所より御目見被申候、拙僧申候は是までの儀に候間、近く御寄可被成と申故、三拾七、八人計は三尺近くに参り御目見被申候、座敷に出る時鳴出す人もあり、出てなく人もあり、三尺近くに参り、礼を申時、鳴人もあり、立て行に鳴人も有、始両奥様並に近習衆御鳴候時、兵庫様御鳴被遊候時、士衆御目見の時、加治木中願〔註2〕の間二、三度天にひびく様に鳴申候、其内長年寺〔註3〕御死体御入候時、又加治木中鳴申候、

【註】

1　『三州治世要覧』に「正徳二年（一七一二）七月廿八日、嶋津内匠殿朝五ツ時分に死去」と記されている。空順の日記では「朝之六ツ過」となっている。実際に、空順のもとに内匠様御死去の知らせが届くまで一とき（約二時間ぐらい）かかったことになる。それにしても『空順法印日録』の記録は、藩の記録とほぼ一

致し、正確であることが分かる。

2　**願**　ここでは、冥福の祈願と解したい。

3　**長年寺**　松齢山長年寺のこと。加治木の木田村（現鹿児島県姶良市加治木町木田）にあった。鹿児島城下の福昌寺の末寺。曹洞宗で本尊は釈迦如来（『三国名勝図会』巻之三十七）。

〔解　説〕

この段では、加治木島津家である島津内匠様が亡くなったとき、奥様や近衆はもちろん、加治木の士衆が大声で泣いたりして悲しみをあらわしていることが記されている。同時に、領主が亡くなったとき、親族や家臣たちは、激しく泣くことにより悲しみと哀悼の気持ちを表していたことが理解できるのである。激しく泣くことにより成仏を確かなものにするという民俗学上のしきたりがあったことが分かる。

【34の段】島津内匠殿の御遺髪高野山へ

〈大　意〉

御鬢髪、すなわち両側面の毛は奥様の慈照院様がお切りになられました。内側を織田市左衛門と拙僧が引き受けました。高野山へ納められることになったが、（その役割を）織田市左衛門がお引き受けになられました。拙僧は、定、すなわち入定窟の中に納めました。

高野山奥の院　薩摩島津家墓所

さて鬢髪は、江戸へお上りのとき納められることになっていた。そのため、兵庫様が御家中にお止めになっていたので、鬢髪を納めようという人は、一人も出てこなかった。兵庫様は真福寺の先の十文字までお出でなされました。拙僧は、萩原の入り口まで行った。内匠様が生きておられるとき、奥方様から天狗の爪を二つ下さいました。一つは、飯隈権現に納めました。一つは、琉球にはないというので、たからの親方に琉球の宝物と思い、差し上げました。

殿様が、島津豊前殿を通して、入定は七、八十歳になってからでよいと申し上げられているということでありました。その後、久しくして定に御入りのときのお気持ちは、入定は二十年延ばすべきであると申されました。その子細は、自分の子どものためとのお気持ちであられるけれども、ご返事は申し上げていません。それ故、また殿様のお気持ちが（拙僧〈空順〉に）通じないので、わがままな者だと言われました。私が申し上げるには、十九歳からの大願でありましたので、我がままではないという理由を申し上げました。その後、名越右膳殿を通して、殿様の意に反して自分の考えを述べることについて、先ずは、畏（おそ）れ多いことと（名越右膳殿に）お礼を申し上げげました。

【原文】

御びんはつは奥慈照院様御切り被遊候、内（註1）を織田市左衛門、拙僧申請、高野へ御納被遊候、織田市左衛門申請の内にて御座候、拙僧は定の内（註2）に納置申候、扨又御びんはつ御登りの節兵庫様より御家中御とめ被遊候故壱人も罷出不申候、兵庫様真福寺のさきの十文字まで御出被遊候（註3）、拙僧は萩原の入口迄参候（註4）、内匠様御存命の時奥方様より天狗の爪弐つ被下候、壱つは飯隈権現（註5）に相納申候、壱つは琉球に無之由承り、たからの親方に琉球の宝物と存遣申候、殿様より島津豊前殿を以入定七、八十にて可申由、被仰下候、其後久敷して御入御意被遊候は入定廿年延可申候、其子細は我か子供の為と御意候へ共御返事不申上候故、又御意に我云事を不立、我ままなるものと被仰下候、私申上候は十九歳より大願の儀に御座候へは我かままにては無御座由申上候、其後名越右膳殿を以、先は畏可申由御礼申上候、

【註】

1　内　体の内側を洗い浄（きよ）めることか。

2　定之内（じょうのうち）　ここでは空順が入定するために作られた入定窟のことと解したい。

3　十文字まで御出被遊候　十文字の辻（つじ）の所で不浄を浄められたと解したい。

4　**萩原之入口迄参候**　なぜ、萩原の入り口まで行ったのかは不明。そこは、通常、浄める場所だったのか。一説に萩原寺という寺があった所ともいわれる。

5　**飯隈権現**　飯隈山飯福寺照信院のこと。大崎郷益丸村（現鹿児島県曽於郡大崎町）にあった。本山派修験の寺で京都天台宗聖護院の末寺。日本国中二十八家正大先達の一つである。五国（壱岐・対馬・薩・隅・日）法頭。薩隅日三州の年行事職。本尊は神変大菩薩、不動明王。開山義覚尊師、中興開山覚進上人（『三国名勝図会』巻之五十九）。

〈解　説〉

この段では、島津内匠様の御鬢髪を高野山に納められることになったことについて記されている。次に、空順法印の入定を二十年ばかり延ばすべきであるとの殿様のお気持ちで、有り難いことではあるが、そのことは、自分の大願であるのでできませんと申し上げたことについて記されている。吉貴公にとって空順法印の人柄と験力がまだまだ必要とされていたことが分かる。

【35の段】五穀断ちを十一年延ばせと殿様の御意思

〈大　意〉

小源太様がお生まれになられた日より、空順法印が五穀を十一年断つことも殿様が空順の入定を延ばすべきであるというお気持ちであると言われました。

【原　文】

小源太様御生被成候日より五穀、十一年たち申事も御意にて被下候、

〈解　説〉

ここでは、殿様が、空順法印の入定を二十年延ばせ、と言われるのは、小源太様が生まれてから十一年の五穀断ちをしてほしいというのも、その理由の一つであるということが記されている。殿が、（小源太様のために）実際の行をしてほしいという気持ちを伝えて、空順の気持ちを替えようとしていることが分かる。

【36の段】公儀へは取り次ぎなしに直接申し上げよ

〈大　意〉

種子島十左衛門殿の取り次ぎで、公儀へは何事も本寺への取り次ぎなしに申し上げるようおっしゃってくださいました。

【原　文】

種子島十左衛門殿御取次にて公儀へ何事も本寺（註1）へ取次なしに可申上通被仰下候、

【註】

1 本寺　ここでは、大乗院のことと解したい。

〔解　説〕

ここでは、本来、本寺の取り次ぎが必要な空順法印の意思は、直接公儀へ伝えてよいということが記されている。殿が、空順の意思を直接聞きたいと思っていたことが分かる。

【37の段】御番所を弟子を連れて通過することを御配慮

〈大　意〉

お城の奥通りの御番所の許しで、拙僧と連れの者ごとき賤(いや)しい者も通る人数のうちに入れてくださり、板に空順と書き付けておかれました。生まれてこの方、後々の世まで有り難く思うことでありました。

【原　文】

御城奥通り御番所に御免にて拙僧列の賤きもの罷通る人数の内に入、板に空順と書付被召置候、生々世々難有奉存上候、

【38の段】空順の食傷を心配する吉貴公

〈大　意〉

拙僧に五穀を下されない時分に、登城したら、於須磨様より空順がやって来たときは飯をくださる由、そのことは吉貴公のお気持ちであると言われました。そのため、飯を二杯下さいました。拙僧が去った後、そのことが殿様の耳に入ったところ、食傷(しょくしょう)はしないかと心配されました。拙僧のいる所までお尋ねくださったとのことをお聞きしました。於須磨様の所に出て行ったら我が子のように思ってくださり、有り難く思いました。そのお礼を言ってくださるようにお頼み上げておきました。

【原　文】

拙僧五穀不被下時分登城申候へは、於須磨様より空順参り候節は、めしを可被下由吉貴公より御意の通り被仰下候に付、めし二盃被下申候、拙僧罷立たる跡にて、達貴聞右二盃はおう過万一食しやうはせんかと被思召上、拙僧居所方迄御尋被下候由承り、於須磨様に罷出我か子の様に被思召、難有存上たてまつり候、御礼申上可被下通頼上候、

〈解　説〉

この段には、吉貴公が、空順法印が食傷はしないかと心配されていることに、空順自身が感激していることについて記されている。

【39の段】吉貴公、御所柿（ごしょがき）を空順法印に

〈大　意〉

拙僧が霧島不動堂にいるうち、吉貴公が桜島の御仮屋においでなされた時分、近衛（このえ）様から御所柿が送られてきたので空順へくださるとのことで、殿様自ら良い御所柿を七つ、八つお選びになられました。それを、御座の上の方に直されました。そのことで、右膳殿が霧島へ人を使わしましょうかとおっしゃったところ、吉貴公は、それには及ばない、そのうち帰ってきたら御所柿をやってくれとのお気持ちであります。そのとおり、右膳殿が（空順に）お話しになられました。これは生まれてこの方、後々の世まで有り難いことだと思っています。

【原　文】

拙僧霧島不動堂に罷居申内、吉貴公桜島御仮屋に被成御座時分近衛様より御所柿（註1）参たるを空順へ被下由にて、御手つから能とを七つ、八つ御えり、御座の上の方に御なおし被遊候故、右

膳殿霧島へ人遣可申と被仰上へは、夫には及まし其内罷帰候はは可被下と御意の通右膳殿御咄にて候、此段生々世々難有奉存候、

【註】

1 **御所柿** 大和国御所（現奈良県御所市）原産で甘柿のルーツとも言われる。江戸時代には極上品とされ献上品に用いられた。実の形は平たく大きく、四つに筋があり、ほぼ四角に見え、へたも四角い。色は赤みが強く、核が少ない（『角川古語大辞典』第二巻）。

〈解　説〉

この段では、この時代に極上品といわれていた御所柿を吉貴公が自ら選んで空順法印に下さったことが記されている。非常に嬉しいことであると空順法印が感激している様子が分かる。

【40の段】空順とおらべ（叫べ）

〈大　意〉

桜島西道にある御仮屋の地に拙僧がおりましたとき、その際、吉貴公が、空順は霧島の不動堂に参っているはずだと言いながら御仮屋の前の道をお通りになられました。空順は当分いないが、ここから空順とおらべ（叫べ）と御小姓衆に言われたところ、二声、三声、叫ばれたとのこ

と。有り難く思うことでした。

【原　文】

桜島西道御仮屋地に拙僧罷居申候、きをり島不動堂に参筈、吉貴公前の道を御通り空順は当分不罷居候へとも、是より空順とおらへ〔註1〕と御小姓衆へ被仰付、二こえ三こえ御小姓衆御およらび被成候由、難有奉存候、

【註】

1　おらへ　おらぶ＝叫ぶ。大声を上げる。

〈解　説〉

この段では、吉貴公が、空順法印は桜島西道にはいないはずであるが、ちょうど、通り合わせたので「空順」と叫んで見よ、と御小姓衆へと命じられたということについて記されている。その話を後で聞いた空順法印は、有り難いことだと感激している。

【41の段】磯のお庭をそっと拝見

〈大　意〉

吉貴公が、新しく曲水庭（きょくすいてい）などを造り足して整えた磯（いそ）のお庭を拝見するようにとおっしゃられ、

喜鶴亭（仙巌園　尚古集成館提供）
島津家25代重豪が天明７年（1787）に描かせたと伝えられる磯のお庭。

鯨船水主を十六人ほど差し向けられました。拙僧は、恐れ多いことと思い、わざと病気の理由をつけて、その旨をお使いに申し上げました。（しかし）後から、島の船で磯の御仮屋から見えない花倉という所に着船しました。

吉貴公のおられる御仮屋に出て行ってみると、吉貴公のそのときのお話によれば、空順がやってくるときは、磯の御仮屋の下に船を寄せてやって来るようにとおっしゃったと聞きました。吉貴公は、お待ちになってくださったけれども、拙僧は出ていきませんでした。すぐ後に吉貴公は船に乗って鹿児島へお帰りになられました。

拙僧は、後で磯のお庭を拝見しました。生まれてこの方、後の世まで有り難いことと思いました。その外、有り難く思われるような吉貴公のお気持ちをたびたびお聞きし、その数は、数え切れないほどでありました。

【原　文】

磯御庭〔註1〕拝見被仰付御意にて、鯨船水主十六人計にて被下候、拙僧其舟には恐多く態と病気の由御使に申上候、拙僧は跡より島の船にて磯御仮屋より船の不見得けくら〔註2〕と申所へは船仕、御仮屋に罷出候へは其時の御咄に島より空順参時は御かり屋の下に船寄にて可参と被仰付、吉貴公も御待被下候へ共罷出不申候間、直に其船に乗り〔註3〕鹿児島へ御帰り被遊候、拙僧は御跡にて御庭拝見仕、生々世々難有奉存、其外難有御意度々承申事数知不申、

【註】

1 **磯御庭** 島津家の別邸を磯別邸という。島津家十九代光久が万治三年（一六六〇）に庭園を造り、家屋を建てて鶴丸城の別邸とした。中国の龍虎山の仙巌に因んで仙巌園と名づけた。しかし、当時の庭園は、本屋大書院南面の平庭と東側の泉池を中心とする極めて小規模なものにすぎなかった。その後、島津家二十一代吉貴が保津川左岸の山林を切り開いて曲水庭や孟宗竹林を造った。島津家二十七代斉興は嘉永元年（一八四八）に庭を拡張し約二ヘクタール埋め立て庭園を整えた。島津家二十九代忠義は鶴丸城が官有となり陸軍省の所管となったので明治五年に居城を引き上げ、ここを本邸とした。明治七年に現在の外壁を築き、明治十七年に旧家屋の東南隅を取り壊し、新たに現在のものに建て替えた。面積にして三四八平方メートル。用材は花尾山の杉を用いた。書院造りで、化粧の間、御座の間、書院の間などがあり、島津家夫妻の生活、接客の場であった。島津忠重が東京へ移住後、別邸となる（伊東行「磯別邸」一九八一年、西田政治善「庭」一九八一年）。したがって空順法印が見た庭は、現在のものとすると極めて小規模なものであった。しかし、吉貴公が近くの川を切り開いて曲水庭や孟宗竹林を造ったときなので、空順に見学を勧めたのであろう。

2　**けくら**（花倉）　磯のお庭より八百メートルほど北に行った所にある。弘化四年（一八四七）には島津家二十七代斉興が中村別邸の代わりとして花倉御仮屋を作った。それは、文久三年（一八六三）の薩英戦争後、国分に移された（竹内理三編『鹿児島県の地名』）。

3　**船にお乗り**　吉貴公が鶴丸城へは船で帰られたことを意味する。『天保年間鹿児島城下絵図』を見ると、当時より百三、四十年後代の鹿児島城下は、用水路となる堀が鶴丸城東隣の御厩の近くまで通じている。しかし、この堀を船で通って帰ったかは不明。名山堀で船から降りて籠で城まで行った可能性が強い。

〔解　説〕

この段では、当時、まだ小規模ではあったが、吉貴公が新しく整えた磯の庭園を見るように空順法印に勧められたことについて記されている。その殿様のお気持ちが嬉しく、このような優しいお気持ちをいただくのは、これまでも数限りなくあったと、喜びを日記で表現している。

第六節　憑きもの、火災、疱瘡、噴火
――各地で験力を発揮する空順

【42の段】悪霊に取り憑かれ苦しむ女を救う――空順と一緒に飛び回り悪霊を祓う――

〈大　意〉

於須磨（おすま）様が三十三歳の御歳のとき、当国（薩摩藩領）大社である日向法花嶽鵜戸宮（ひゅうがほけだけうどぐう）まで参詣いたしました。その際、川内（せんだい）の水引郷新町（みずひきごうしんまち）で、島津図書（ずしょ）殿の家来である義志（ぎし）という者の女房が病気になった。その加持（かじ）をするため、拙僧は、女房の背中に不動の梵字（ぼんじ）を指で着物越しに書いた。そうしたところ、女房が、あいた、あいた（痛い、痛い）、そんなことをしてはならない。このうち、病気の悪霊が取り殺すつもりだ。あいつが（ここでは阿弥陀如来をさす）守るからそんなことをしてはならぬと言って、販行に起こした表具の粗末な阿弥陀如来の本尊を指さし、また、この坊主（空順）が来て私をいじめると、このようにすさまじいものであった。

拙僧が幾度も指をあて不動の梵字を書けば、女房はすさまじく反抗した。拙僧に取りかかってはこないかと、恐ろしく思うことであった。そうしているうちに、その女房がからしばりにあったと言った。目を向いて睨（にら）み、手を合わせ、膝を立て、息が切れるのではないかと思えた。もし

ここで死んでしまったら大変難儀なことである。

もとのようになってくれと拙僧が思ったところ、からしばりが解けたと申して息をつきだした。拙僧が、何物が付いたのかと聞いたら、女房は、七代前に人が拝んだ飯縄（いいづな）の神が付いたのだと言って立ち上がり、悪霊が祓（はら）われるようにしごいてくださいと申した。そのとき、拙僧は縛りもしない、解けもしない、また、すぐることも知らないと言った。そうしたところ、女房が、自分はすぐろうと思うので、空順とすぐろうと言ってきた。それならばお立ちなさいと言ったところ、三帖敷（さんじょうじき）ばかりの広さを飛び回り、拙僧と手足をすごいたところ良くなった。

そのとき、その病人（女房）が話すには、天から黒縄が下がってきて、首を括（くく）れという。括ろうとすれば本尊（ここでは阿弥陀如来）が括るなと言ったということを話してくれた。その後、女房は少し眠った。

その後で、（女房は）このように夜・昼六十日余り難儀であったと話した。それから女房は快気した。次の朝は、一町（約百九メートル）ばかり門送（かどおく）りしてやった。

【原　文】

於須磨様三十三の御歳、当国大社日向法花嶽うどまて参詣仕候、其節川内水引新町（註1）にて図書殿御家来義志と申者の女房病気に付、加持を申故拙僧せなかに不動の梵字ゆびにて、きるものこしに書候へは、あいたあいたならぬならぬ、此内取ころす筈に候へ共、あやつが守るゆへならぬとはんかうにおこしたるひやう具麁相成弥陀の本尊をゆびさし、又此坊主か来てこなす、幾度もゆびをあつれは如此すさましく候、拙僧に取かからぬかと存おそろしく存、いこかぬ様に存候へは、右女からしばりと申て目を見出し、手を合せひさを立、いききるる様に見得申故、若相果候はは、此所難有〔註2〕難儀に存、本のことくあれかしと存候へは、からしはりとけたと申て、いきつき出す、何物かととひ申せは、七代前に人のおかみたる飯綱〔註3〕と申罷立、すくりて〔註4〕たまわれと申、其時我等申候はしはりもせす、とけもせす、又すくる事も不存と申せは、すくるふと被思召候はは我とすくると申ゆえ、しからは頼すくりて御立候へと申せは三帖敷計飛廻り、手足を我とすこき能罷成候、其時病人咄申候は、天より黒縄をさけ、首をくびれくびれとい ふ、きびろふとすれは本尊くびるなくびるなと、少ねむれは、如此、夜るひる六十日余り難儀為申と咄候、夫より快気仕〔註5〕、次の朝は壱町計門送り〔註6〕申候、

【註】

1　**川内水引新町**　薩摩国薩摩郡水引郷新町。現在の鹿児島県薩摩川内市。

2　**難有**　有難のことか。「大迫本」写しでは「難有」が「至極」となっている。原本の「空順法印日録」が正しいと思われる。

3　**飯綱**〈縄〉　飯縄信仰にもとづく神のこと。飯綱山は、長野県上水内郡戸隠村・牟礼村と長野市との境にある標高一九一七メートルの山である。飯縄信仰は将軍地蔵と習合した愛宕（あたご）信仰とも関連が深く、また、荼吉尼（だきに）天（てん）とも称され狐信仰、稲荷信仰とも関連が深い。こうして近世以降、今日に至るまで飯綱の信仰は他の信

仰と関連しながら全国的に広まっていった（早川撤「飯縄山」一九八六年）。

4　**すくりて**　ここでは悪霊や邪霊が絡まっているのを取り払うために「しごく」ことと解したい。その方法は不明。おそらく、絡まっている邪魔な物を取り払うための激しい仕草ではなかろうか。

5　**快気仕**　空順が不動の梵字を背中に書いてやったので、阿弥陀の本尊が出てきて、この女房をからしばりから解いてやった、と解したい。空順は、不動明王と阿弥陀如来を守り本尊としている。「からしばり」の意味は不明。ここでは、かなしばりの意味で、縄で縛ったわけではないのに、しばったのと同じような状態になることと解したい。

6　**門送り**　門の入口の所まで送ったという意味であるが、一町もだから、村境まで送ったと解したい。

〔解　説〕

この段は、解釈に苦労するところであるが、飯綱の神が付いてからしばりに遭って難儀している女を、空順が一緒になって祓ってやり快気にしてやったということが記されている。女は長い間のからしばりの苦しみから解放されて喜んだ。不動明王の梵字を書き、共に病人と行動して病を治してやる、空順の修験者あるいは真言行者の本来の信念にもとづく行動が垣間見えて興味深い。

【43の段】殿様の子供の病気を治すため焼死の覚悟で祈願

〈大　意〉

小源太様が病気なので、殿様が船を差し向けてくださいました。そこで、殿様のお前に出て行きました。拙僧は医師ではございませんので、お城に詰めていても仕方のないことでございます。もし、ねじ帯を一つ下されば、それを新田宮へ持参し、神前へ差し上げ御祈念申し上げます、と言いました。

そうしたところ小さいねじ帯を下さったので、新田宮へ行き、無言断食をして、一七日間御祈念いたしました。この際、小源太様が御快気されなかったら、私がいつも住んでいる入定石室の上の屋根に火をかけて、焼死する覚悟でございますと申し上げました。そのためもっと験力を出すため法華嶽に参詣いたしました。

法華岳寺（『三国名勝図会』より。宮崎県国富町）

【原　文】

小源太様、御病に付、御船被下、御前へ罷出申上候は、拙僧は医師にては無御座、相詰申候ても、無詮事に御座候、御帯を壱つ被下候はは、新田へ持参申、神前へ差上置、御祈念可申通申上候へは、ちひさきねち帯〔註1〕を被下、新田〔註2〕へ無言たんしきにて一七日、御祈念申上候へは、此節御快気無御座候はは、定上屋に火をかけ、焼死〔註3〕申筈と申上、夫故法華嶽〔註4〕に参詣仕候、

【註】

1 **ちひさきねち帯**　らせん状に捻られた帯か。小源太様が身につけている帯。ねじるということは、神の前で緊張するという意味を表す。ここでは、焼死する覚悟であるぐらい身を引き締めて祈禱するための帯と解したい。

2 **新田**　八幡新田宮。薩摩国高城郡宮内村神亀山（現鹿児島県薩摩川内市宮内町）にある。現在、新田神社と呼ばれている。藩政時代は薩摩国の一宮。祭神三坐、中尊天津彦火瓊々杵尊、左天照大神、右栲幡神千々姫である。山上にあって、その形が亀に似ているので神亀山という。その創始年月日は不詳（『三国名勝図会』巻之十三）。

3 **焼死**　ここでは、火定の意味。すなわち捨身行の焼身往生のこと。焚身ともいう。焼身して命を投げ出してでも小源太様のご快気を願うという、燃えるような修験者、空順の意気込み、決意が分かる。

4 **法華嶽**　現在、宮崎県国富町深年にある。「この地に山あり、急峻にして秀絶なり、法華嶽といふ、絶頂は釈迦嶽と号す」（『三国名勝図会』巻之五十五）。

〔解　説〕

この段では、小源太様が病気であるために城に呼ばれたが、医師ではないので城にいても仕様がないというので新田八幡に行って祈願をしたことが記されている。焼死する覚悟で小源太様をお守りしたいと神に告げ、法華嶽にも参って祈った、という。空順法印が修験者または真言行者らしく焼死するぐらい必死の覚悟で祈禱している姿が窺える。

【44の段】空順の焼死を心配する女 ——とと様（お父様）、とと様、空順が焼ける——

〈大　意〉

次の年に伊東伝左衛門殿から申してこられたことは、弟の喜右衛門が琉球に発っていったので、後には、喜右衛門の女房と子どもの兄弟が残されて、三人とも大病でございます。そのため、親である伝左衛門は、当分暇乞いしてお城には出仕していません。三人が病気なので難儀なことでございます。大変御苦労なことながら、お越しいただきませんでしょうかと頼んできた。

桜島の地頭である二階堂八太夫殿から曖方に船を出すように申し付けられた。夜四つ時分（午後十時ごろ）喜右衛門殿の所へ行った。親の伝左衛門殿が言われるには、孫二人は助からなくても止むを得ないが、嫁一人は命を取り留めたい、もし、嫁が亡くなったら、喜右衛門殿の家は立ち行かなくなってしまう。しっかり頼む、頼むと言われるので、拙僧も困り果てた。そうは思いながらも、三間ほど遠く離れた所におり、真言八千遍を夜八つ（午前二時ごろ）まで唱えていました。

そのとき、喜右衛門の嫁が「空順坊様、水、水」と言われた。私（空順）は、内儀の死霊かと思いながらも水を差し上げようとして、側に行った。そうしたら「空順坊様の島の入定石室が焼ける、焼ける、とと様（お父様）、とと様、嫁はかわいくございませんか、空順、空順、焼ける、焼ける、とと様、とと様」と嫁は何遍も繰り返しながら、ばたついた。そのため、六、七人で押さえておりました。

そうしたところ、それからしばらくして、ばたついていたのが納まりました。五十人ほどの看病人は皆、呆れていました。これらの多くの人々のうちどなたか、この病はたかが知れたもので、病気は治ったと思って「皆々方はお帰りください、すぐさまお立ちください」と言われた。伝左衛門殿も「お休みください」と言われたので（皆は）お帰りになられた。後には十四、五人ばかりになり、拙僧に「立ちなさい」という人は一人もなく、拙僧をじろり、じろりと見ておられた。

拙僧が「生霊は去ったようでございます。憑こうと思わないでも憑くものが、伊集院のけんのふ法印の狐を使う呪術でございます。狐の障碍があるときは、すぐ打って、狐を追い払ってくださる」と言った。拙僧は、狐を一度も憑かし、こなしてこなかった。

病人が話してきたときは、平癒したと思っていました。それは狐の技かと思って内儀の側に寄り、おっしゃりたいことがあれば承りますよと言った。しかし、返事はなかった。そこで、その場を立ち、伝左衛門の所に行ったところ、脇医者が一人泊まっていた。拙僧も眠ってしまった。

とにかく、内儀の病が治ったのは拙僧の呪力のように見えた。明日は、御医師の三人が登城されないうちに、出て行きたい。それは前から知っていた五十人ばかりの人々が立てる噂が鹿児島に知れてしまうからである。もしそうであれば自害しようか、身分を捨て去ってしまうかと思った。よく考えてみれば曇りない気持ちの中で自害ということは愚痴のいたりである。御用のほかは鹿児島には出て行くまいと思い、定時の明け六つ（午前六時ごろ）の鐘の鳴るころに、拙僧は出て行こうとした。

　そこで伝左衛門殿が「鹿児島におられないとは、何ということを言われるのか」と申されたので、「夕べ、お聞きになられたとおり、拙僧がいることは迷惑なので、帰りたい」と言った。そうしたら、伝左衛門殿から、「そのときは娘に暇乞いをなさるべきである」と言われた。その後、伝左衛門殿の案内で出ていき、病人の八尺ほどの所に面目ないという気持ちでいた。伝左衛門殿が病人の前に行き、空順坊が帰ると言っておられるよと申された。

　その際、病人が言われるには、「空順は去年、小源太様の病気によるお痛みにより、焼死すると申された。しかし、我々にはそのようなことがあってはならないことだと思い、夕べは焼死なさるのは、悲しいと思って泣いてしまいました」と申された。「とと様、夕べ水、水と言いましたのは、空順が住んでおられる定石(じょうせき)に水をかけ火を消してくださいと申しましたのです」ということであった。拙僧は、「まず面目がございましょう」と言って、立ちました。

　三人ともに快気になられた。今になって内儀にたずねたところ、「とと様が空順坊と言われたときは、火が燃えるようであったことを覚えております」と言われた。

【原　文】

次年、伊東伝左衛門殿より申来候は、弟喜右衛門事琉球立にて、跡に喜右衛門女房並子兄弟大病に御座候故、親伝左衛門事、当分御暇にて御城へ罷出不申候、三人之病故難儀に御座候、乍御大儀、御越頼と申来候、島地頭二階堂八太夫殿より曖方に船被申付、夜る四つ時分に喜右衛門殿所へ参候、親伝左衛門殿被申候は孫両人は相果候ても、無是非候、嫁壱人取とめ申度候、若嫁相果候得は喜右エ門家は立不申候、随分頼と被申候得共、拙僧も究りたる様に見及、三間計り遠き所に罷在、真言八千遍、夜る八つまで唱へ申時、内儀空順坊様水々と、被申候、我等は死霊かと存、水振舞可申とて、側に参れば空順坊様の島の石の定〔註1〕が焼る焼る、とと様、とと様、水々、嫁はかわゆふ御座らんか、空順空順焼る焼る、とと様、とと様、何遍も繰返繰返し、ばたつき、六、七人にて押へて罷居申候、夫よりおさまる、五十計りの看病人皆あきれて、御座被成候。其人数の内より此病は知れた知れたと皆々御帰り候へとあるゆへ、はらりと御立、伝左衛門殿も先御休候へと被申候故帰り被成候、跡には十四、五人計にて拙僧に立と申人壱人もなく、拙僧をじろりじろりと見て被成御座候、拙僧存候は兎角は拙僧かいきりょうさうに御座候、つかうと思わすして、つくものが伊集院のけんのふ法印〔註2〕はきつねをこなし被成候故、きつねのしやうげ〔註3〕にして御打被成候、拙僧はきつねを一度もこなし不申、併病人申来時は平癒と存候ゆへにきつねのはさかと存候て内儀の側に寄り被仰事あらは可承と申出とも返事無之、其座を罷立伝左衛門殿隠居所に参候へは、脇医者壱人泊り被申候、拙僧もいね申候て兎角態々拙僧がわざの様に相見得候、明日者御医師三人登城なき内に罷出、私前より可申上五拾人計の人なれは、鹿児島にしれ可申候、自害可申か、欠落可申か、よろしく存出候は曇りなき所に自害、欠落申事愚痴の至也、御用の外は鹿児島に罷出申間敷と存、定時明け六つのかねなる、拙僧罷出所に伝左衛門殿何を申かと被申候故、夕べ御聞被成候通、拙僧迷惑罷帰と申候へは、娘に暇乞被成可然と被申候に付、伝左衛門殿案内にて参り、拙僧は病人八尺計の所無面目罷居、伝左衛門殿は病人の前に参り、空順坊帰りと被申候へは、其節病人被申候は空順は去年小源太様の御痛に焼死被申候、我々が身の上には左様には有間敷と存候、夕べ又焼死かなしやと鳴被申候、とと様夕べ水々と申たるは定掛け火消してたまわれと申す事にて拙僧夫にてはまつ面目御座有と申罷立三人共に快気被成候、今に内儀に尋申せは、とと様の空順坊と被仰時、火がもゆる様におほえて罷居候、

【註】

1 **石の定**（じょう） 入定石室のこと。

2 **伊集院のけんのふ法印** 不明。薩摩国伊集院郷寺脇村苗代川（てらわきむらなえしろがわ）の天台宗清泰山普度寺来迎院（らいごういん）の住職である憲英（けんえい）法印のことではないか。けんのふを現王あるいは験王と解すると、あらひと神として尊崇されていたことになる。鹿児島県には、旧渋谷領地の東郷や高城に現王神社が多い。また、県内には験王神社と称する、修験が関係したと思われる神社が多い。

3 **きつねのしやうげ** 障碍の意味か。さまたげ。

〔解　説〕

この段では、伊東伝左衛門から、大病になった息子の嫁と子ども二人を助けてほしいと頼まれたことについて記されている。嫁が水、水と叫んだのは、空順法印が、小源太様の病気治しのと

き、焼死覚悟で、激しい祈願をされた。私の病気を治すとき焼死してはならないと嫁はつきものに憑かれたように叫んだ。空順法印の祈願の力が火のように強い力を持っていたので嫁だけでなく子ども二人まで助かった。修験者の焼身を覚悟した験力が分かる。

【45の段】火除(ひよ)けのために禁煙の殿様

〈大　意〉

桜島へ鹿児島から火玉(ひだま)が飛んでくると人々が話していた。同じ馬場に、左向き、右向き、一間越しに、一日、間をおいて焼け、十日のうちに五か所、昼の九つ（正午零時ごろ）に焼けてしまった。鹿児島でも谷山(たにやま)方面の火事が多いので、殿様が、お煙草を七日間吸っておられないという噂でありました。

【原　文】

桜島へ鹿児島より火玉（註1）飛来ると人々申候、おなし馬場に右左（「左右」か）向壱間こしに、一日間ありては焼け、十日の内に五ケ所、ひるの九つにやくる、鹿児島谷山方の火事多き故、殿様御たはこ七日不召上よし風聞申候、

【註】

1　火玉　霊魂が飛び交う青白い火の玉ではなく、火事の原因になる赤い火玉のこと。土地によっては夕方飛んでくる太陽のように明るい火玉のことであると語られている。

〈解　説〉

この段は、鹿児島から桜島へ火玉が飛んできてたびたび火災を起こし、鹿児島でも谷山方面の火事が多いので、殿様は煙草を七日間吸っておられないとの噂であるということについて記されている。家臣や人々に災いが起きないように自ら欲を断っている殿様の様子を伝えている。

【46の段】桜島絶頂で火付け犯人捜しの祈念

〈大　意〉

桜島の曖(あつかい)から火事祈念を頼んできた。殿様さえもそのような火事祈念をするように空順に頼めということであればと思い、なるほどと納得しました。そこで、桜島の絶頂に登り火事祈念をいたしした。そのとき、唱えたことは、木登りは木より落つる、川たちは川にて死ぬると申す、でありました。

（木登りの達人は、油断するといつかは木から落ちるものである。また川の水練たちは、油断すると川で死ぬと言われている。「木登り川だち馬鹿がする」という諺がある。火付け犯人も、常習犯として慣れている

のであろうが、いつか必ず捕まるものである。〈捕まるように！〉

拙僧が、祈念いたしたら、三日のうちにも火を付けた者は知れるでしょうと申し上げた。桜島の絶頂に登り、祈念いたしていたところ、一日、間をおいて桜島の小池村に二人の火付け犯人が見つかった。鹿児島は、行屋観音堂山伏所に張り付いていたけれども、燃えなかった。桜島の御仮屋で殿様の前に出ていったら、このたびは御苦労であったとのお気持ちをもっておられました。そこで、ありのままに申し上げたためか、かの火付け三人（共犯者まで含めて三人か）は不埒者であるので一代遠流とおっしゃった。

その際、拙僧に布施銭、すなわち施しのお金が十貫ほど届けられるはずだとお聞きした。それで、桜島絶頂の権現へ石の鳥居を建てるのが然るべきことであると申しました。そのお金で鳥居を立てた。その際、鹿児島五社大明神へ田尻の火事のような大事になることがないように、拙僧が一代、生ある限り毎日、祈念いたします。

【原　文】

島嗳〔註1〕より火祈念頼に付、殿様さへ左様に被遊候はは成ほと絶頂にのほり、祈念可申候。木登りは木よりおつる川たち〔註2〕は川にて死ると申、

拙僧祈念申候はは、三日中に又火を付け知可申通申上候、絶頂にのほり祈念申侯所に、一日間ありて島の小池村〔註3〕に火付両人相知れ、鹿児島は行屋観音堂山伏所〔註4〕に付候へ共、もへ立

不申、島御仮屋にて殿様御前に罷出候へは、此内は大義為申と御意候故有侭に申上候故か、火付三人不埒者と名付一代遠流被仰付候、其節拙僧に布施銭拾貫計参る筈と承り、夫にて絶頂の権現〔註5〕へ石の鳥井御立可然と申候故、鳥井立申候、其節鹿児島五社大明神〔註6〕へ田尻火事のよう成大事無御座様に拙僧一代毎日祈念申候、

【註】

1 **曖** 方言「あっけ」。薩摩藩外城(とじょう)における最高の郷役人で、大郷は六～八人、中・小郷は二、三人から四、五人任命されて郷政を総攬(そうらん)した。横目(よこめ)、組頭(くみがしら)とともに郷の三役とされた(原口虎雄「曖」一九八一年)。

2 **川たち** 川の側に住む水練の達人。

3 **小池村** 桜島郷小池村(現鹿児島市桜島小池町)。

4 **行屋観音堂山伏所** 「(鹿児島城下)上市のうち和泉屋町の坊にあり、千手観音を安す」(『三国名勝図会』巻之六)。

5 **絶頂の権現** 大隅郡桜島横山村の御嶽蔵王権現社か松浦村の御嶽龍王権現社のことと思われる。蔵王権現社は初めは桜島嶽の南の頂き九分の所にあった。龍王権現社は初めは北嶽の巓九分ばかりの所にあった(『三国名勝図会』巻之四十三)。空順法印が雨乞いのために参ったとすれば御嶽龍王権現のことと思われる。

6 **鹿児島五社大明神** 鹿児島五社の第一は鹿児島城下坂本村の正一位諏訪大明神社、現在、鹿児島市清水町の南方神社。第二が坂本村多賀山の祇園神社、現在、清水町の稲荷神社。第三が同坂本村の正一位稲荷大明神、現在、清水町の稲荷神社。第四が同坂本村の春日大明神、現在、清水町の春日神社。第五が同坂本村の若宮八幡宮、現在、池之上町の若宮神社である(『三国名勝図会』巻之三)。

〔解説〕

この段では、薩摩藩の郷役人から火祈念を依頼され、桜島の絶頂に登って、祈念したら三日のうちに火付け犯人が見つかったということについて記されている。その際、鹿児島五社大明神へも空順法印は、一代、命ある限り、と毎日祈念した。ここでも、空順の験力が火難除けにも威力を発揮したことが記されている。後世、空順法印が火の神と尊崇される原因の一つである。

【47の段】桜島有村(ありむら)の観音崎

〈大　意〉

桜島有村（現鹿児島市有村町）の海上に岩場がある、その高い所に岩屋があるが、そこに観音像が立っている。それからそこを観音崎という。施主は肥後嘉右衛門の内室である。

【原　文】

有村の海上の高所に岩屋ある(ママ)観音を立申候、夫より観音さきと申也、施主は肥後嘉右衛門殿内室、

〈解　説〉

桜島の有村の海上に観音崎があったことが分かる。

【48の段】空順の弟子も殿様の御配慮でお城入り

〈大　意〉

拙僧が連れて歩いている弟子ごとき賤しい者が、お城にたびたび出て行くことは、恐れ多いことであると思っていました。そのことを吉貴公がお聞きになられ、その分別のことについて考え直して出て来るようにと申されました。そのことを名越右膳殿を通して二度ほど、殿様のご意見を（伝えて）くださいました。

右膳殿が、どのような分別があれば、そのようなことを言うのかとおっしゃいました。拙僧が申し上げるには、たびたび出て行き、万一し損じた場合は、生々世々、ご縁が尽きてしまいます。首尾好くうまく成しとげているうちに、お仕舞いにすれば、世々御縁は尽きません。そのために申し上げたのでございます。そのようにお伝えくださり、殿様の有り難いお気持ちにお礼をおっしゃってくださいとお願いいたしました。

【原　文】

拙僧つれ〔註1〕賤しきもの御城に度々罷出事恐と存じ吉貴公被聞召上、其分別を取直し罷出可申通、名越右膳殿を以両度御いけんと被仰下候、右膳殿何様の分別にて、左様申すかと被仰候、拙僧申上候は度々罷出、万一しそこなひ申時は生々世々〔註2〕御縁尽き申儀に御座候、首尾之能内に仕舞申せは、生々世々御縁つきす、夫故申上候儀に御座候、可然様に御礼被仰上、奉願と申上候、

【註】

1 拙僧つれ　空順が連れている弟子ごときもの。
2 生々世々　生きている間および子孫代々まで。

【49の段】志布志枇榔島での疱瘡除け祈願 ――石を惜しまれる枇榔権現――

〈大　意〉

志布志の枇榔島に小源太様の国中の疱瘡の御祈念に三十五日参籠しました。その年は疱瘡がことのほか、鹿児島城下だけでなく田舎まで、重い症状を示すような者がございました。鹿児島城下の行屋観音堂で子どもが熱で、ほてっているところに行き会いました。しかし、すっきりとは、ほてっていない。その母が言うには、疱瘡ではない、熱がさめた、ということであった。そこで、その子どもが、大山伏（疱瘡神）は夕べ四つ時（午後十時ごろ）逃げていかれたと言う。そうであれば、疱瘡の神は（どこかに）残っているのかと思い、枇榔島に籠もりました。

師走の二十五日から参籠したところ、天気が悪く、通う船もない。水も、餅も柿もその年のうちに食べ尽きてしまう。私に付いている僧に、「志布志には餅も柿も、正月にはあるはずである」

と話したところ、夕べ、枇榔島より「餅、柿を持参するように」と、島にやって来た人に伝言したようである。そのため、志布志の町より、丸木船に乗って持参されました。

正月六日の祭りの日には、天狗の貝吹きを承りました。鏡の餅のような白い石に、赤絵を描いたような物を見つけ出し、その石を持ち帰り、替わりの石をそこに置いておき、殿様のお目に入れようと思いました。御賽銭（おさいせん）を持ってきた人には、銭の代わりに石三つを差し上げると志布志の町に伝えた。石、三千ほどの銭の代えを立てても枇榔権現は石を惜しみになられるため、もし鹿児島へ渡した場合、火事でもあったらと思って、権現社内に納めておきました。

【原　文】

志布志びろふ島〔註1〕に小源太様御分国中、疱瘡の御祈念に三十五日参籠仕、其年は疱瘡殊の外鹿児島田舎まて重く御座候（『日録』には「無」はないが、『一代記』にはある）、鹿児島行屋にて子、身のほめく所に参候へは、す切りとほめき不申候、其母疱瘡にては無之、さめたと申候へは右の子大山伏〔註2〕は夕べ四つ時に逃て被行候と申、然は疱瘡の神はあるのかと存、びろう島に籠中候、師走廿五日より参候へは、天気悪敷、船のかよひ無御座、水も、餅も、柿も、年内につくし、私に相つきたる僧に、志布志には餅も、柿も、正月にて可有之と咄申候へは、志布志の町より夕へはひろふ島より餅、柿持参可申由、島に参りたる人に伝言たるよし丸木に乗り持参申候、正月六日には天狗の貝吹〔註3〕を承り申候、鏡の餅の餅のよう成、白き石に赤絵のかひたるやうなを見出し、其石を替りを出し持帰り、殿様に御目にかけんと存、参銭〈註4〉持参る人には銭のかわりに石三つつつと志布志に申遣候、石三千計かへを立申候へ得とも、びらう権現は石をおしみ被遊故、もし鹿児島へ渡し火事も可有御座と存じ、社内に納置申候、

【註】

1　**志布志びろふじま**　枇榔島のこと。志布志湾沖約四キロメートル。面積一七・八平方キロメートル、標高八二メートルで南北に長い無人島である。昭和三〇年（一九五五）に日南海岸国定公園に指定された。『三国名勝図会』巻之六十に「此島の巓に蒲葵御前社あり、天智帝の妃所生の皇女乙姫宮を祭る。山口神社六社中の一なり。（中略）天智帝頴娃に行幸し、玉依姫を寵す、玉依姫一女を生ず、乙姫宮といふ。乙姫宮後志布志に来て薨す。此枇榔島に葬る。因て此島に社を建て祭ると」とある。「今浜辺の墓は浜宮大明神と呼び、島の宮は枇榔御前社と呼ばれている。浜宮大明神は安楽の船磯にある」（『志布志町誌』一九七二年）。

2　**大山伏**　ここでは、疫病神である疱瘡神を意味すると考えたい。疱瘡神で、重い症状をもたらすものは、人々に極度に嫌悪された。そのため、南九州では、彼岸に虚空蔵菩薩の御堂にお参りしたりする。

3　**天狗の貝吹**　山伏として法螺貝を吹くことと解したい。甑島の鹿島では、正月七日には家々や道ばた、近くの小高い丘の上などで、思い思いに息の続く限りブーゲ（法螺貝）を「ブーブー」吹き鳴らす行事があった。法螺貝を吹くと鬼が餅を落とすといわれている。災厄を祓う意味もある。このような習俗は鹿児島の海岸地帯で見られる。志布志も、同じような習俗があったのだろうか。

4　**参銭**　賽銭のこと。薩摩では、サイセン（賽銭）がサンセン（参銭）と転訛している。

〈解　説〉

枇榔島（志布志市　阿多利昭氏提供）

この段では、空順法印が疱瘡除け祈願のために志布志の枇榔島に師走の二十五日から籠もったときの様子が記されている。志布志の町から餅や柿が届けられた。正月六日に天狗の貝吹きをしているが、鏡の餅のような石を見つけたという。この日に法螺貝を吹けば鬼が餅を落としてくれるという信仰と結びついているのではなかろうか。このような習俗は山伏が広げた可能性がある。なお、志布志の漁師の間では、枇榔島の石は持ち帰ってはならないと伝えられている。石が御神体であるという意識があるのだろうか。また、枇榔権現には、天智天皇の子で、力強かったと伝承される乙姫を祀ってあるが、その威力に大山伏（疱瘡）が逃げていったということが推察される。

ちょっと一休み《枇榔島には大変元気な乙姫様が権現として祭られている》

昔、昔、天智天皇のお姫様で、力持ちで時には村人を困らせるような乙姫様が枇榔島にながされました。乙姫様はいたずらが過ぎて、小島を海に沈めたり村の中に池を造ったりされるからである。今では権現として祭られ、志布志の人々に篤(あつ)く信仰されている。神力(じんりき)により疱瘡を除去する力があったのではないだろうか（土地の古老の話）。なお、枇榔島の乙姫伝説は諸説ある。

【50の段】満君様御平産のため霧島山絶頂に参籠

〈大　意〉

満君様の御平産の御祈念に霧島絶頂に二夜三日参籠しました。阿弥陀仏像の前の灯火をかきたてようとしている間、火が消えました。そのため、夢のうちにも心細くなりました。その後、殿の前に参りましたところ、御平産の報告を受け、お慶びいたしました。その後、お暇(いとま)しました。

【原　文】

満君様〔註1〕御平産の御祈念に霧島絶頂〔註2〕に二夜三日参籠仕候、阿弥陀の前のともし火かきたてうと存る間、火消る、夢の内にて心細く存る。其後御前に参り候得は、御平産〔註3〕の御告

左右有り、御悦申上、御暇仕候、

【註】

1 **満君様** 島津二十二代吉貴の娘。宝永三年（一七〇六）十一月二十九日に「於江戸満姫様近衛大納言様へ御縁与被仰出候」とあり、正徳三年癸巳（一七一三）閏五月に「満君様旧猟廿三日御婚礼相済候」とある（『三州御治世要覧』）。

2 **霧島絶頂** 高千穂峰（たかちほのみね）のことと思われる。

3 **御平産** 『西藩野史』巻之十九に「正徳五年十一月三日女を産ス」とある。

〈解説〉

この段では、近衛大納言（このえだいなごん）に嫁いだ満君様の御平産祈願のために霧島の絶頂に二夜三日参籠したことが記されている。無事平産だったということを告げられ、一安心して暇をもらっている空順の気持ちが分かる。

【51の段】殺生懺悔（せっしょうざんげ）の吉貴公――狩りに奉公した出水衆中にも気を遣われる――

〈大意〉

殿様が桜島にお着きになり、白浜（しらはま）で御狩りをなさいました。その日は鹿四十七、八頭獲れたという噂を聞きました。於須磨様がお帰りになられる時、拙僧のところにお立ち寄りになられました。於須磨様が「このたびは、霧島絶頂に籠もって満姫御平産の御祈願をなさったことは御苦労でありました」とおっしゃってくださいました。拙僧は入定石室の中に寝ていてお目にかかりました。

そのうち、すなわち、拙僧が絶頂に籠もっている間は難儀であったというお気持ちで（於須磨様は）お帰りになられました。殿様にも道に出て行ってお目にかかりました。その次の日から天気が悪くなり、その上、御禁断の日になり、十日余り、ご滞在なさっていても御狩りをされることはありませんでした。

そのうち、磯にお帰りになったら満君様の具合が悪くなられていることが、殿様のお耳に入り、お城へお帰りになられました。拙僧が、後で考えるには、満君様が御逝去（ごせいきょ）になられた日に、入定石室の中に寝ていて、於須磨様にお目にかかったのは不吉だという予感がしました。白浜の御狩りの日から、殿様は一度も御狩りをなさいませんでした。

その後、（殿様が）江戸におられる際、阿久根、野田、高尾野、長島、出水の御仮屋で鹿を差し上げたところ、半分は出水の大田村で放され、半分は野間原の御茶屋で犬に食わせられました。しかし、山の方には人を配置されなかったので鹿は皆逃げていきました。拙僧が、恐れながら思いましたのは、出水四か所の衆中は御奉公と思って、鹿を差し上げました。皆大田でお放しされたのは、差し上げる者の心に背かないようにと考えられて、半分は犬に食わせられたけれども、それも犬が食わぬようにされた。（その殿様の）お志は有り難いと泪（なみだ）をこぼしました。これも後々末世の人に知らせてやりたいと思って、恐れながら書き記しておきます。

【原　文】

殿様、島に御着、白浜〈註1〉の御狩、其日鹿四拾七、八とれ為申候風聞に候、於須磨様御帰りに拙僧所に御立寄、此内は絶頂籠り大儀と被仰、拙僧定の内に寝て掛御目に申候、其内は可為難儀と御意にて御帰り候、殿様にも道に罷出御目見申上候、其次日より天気悪敷其上御禁断〈註2〉色々十日過御滞在被遊候得共御狩無之、磯御帰り被遊候得は満君様御左右悪敷達貴聞、御城へ御帰り、拙僧後に考へ候得は、満君様御逝去〈註3〉の之日、定の内にねて、掛御目に事も不吉と存候、白浜御狩の日より殿様一度も御狩不被遊、

其後御在江戸の節、阿久根（現鹿児島県阿久根市）、野田（現鹿児島県出水市野田町）、高尾野（現鹿児島県出水市野田町）、長島（現鹿児島県出水郡長島町）より、出水（現鹿児島県出水市）、御仮屋にて鹿差上申候得は、半分は出水の大田村にておゆるし、半分は野間原〈註4〉御茶屋にて犬に御くわせ被遊候得共、山の方には人御置不被遊、鹿皆逃行申候、拙僧乍恐存上候は、出水四か所の衆中御奉公と存差上候、皆大田にて御ゆるし被遊候はは、差上者の心に不背様に被遊事、半分犬にくわせ被遊得共、夫も犬のくわぬやうに被遊、御志の程難有泪をこほし申候、是も末世の人に知らせ度乍恐書記申候、

【註】

1 **白浜** 現鹿児島市桜島白浜町。

2 **御禁断** 意味不明。貞享二年（一六八五）の「生類憐れみの令」により殺生したことについて懺悔し、自ら謹慎されたのであろうか。

3 **満君様御逝去** 「正徳五年乙巳（一七一五）満姫様去月晦日（十一月 筆者）御逝去ニテ」（『三州御治世要覧』）とある。また『西藩野史』巻之十九にも「満君痘瘡ヲ憂ひ十七歳ニシテ正徳五年十一月晦日」とある。死因は痘瘡であったことが分かる。

4 **野間原** 薩摩国出水郷下鯖淵平松（現鹿児島県出水市下鯖町平松）の野間原で野間の関が設けられていた。野間原には茶屋があった。関所は薩摩藩境まで約五キロメートルの位置にある（田島秀隆「野間の関」一九八一年）。

〔解 説〕

この段では、吉貴公が、満姫が亡くなってから狩りなどの殺生はなされなかったということについて述べられている。奉公として衆中が鹿などを差し上げるのであるが、殿様は、それを放してやったり、犬に食わせたりされた。犬に半分は食わせたけれども、衆中の気持ちを考えて犬が食わぬように配慮されていた。衆中の有り難い気持ちと殺生懺悔の間で悩まれている殿の気持ちを空順は、後々の人にこのことを知らせるために書き残したのである。

【52の段】出征や旅立ちのお守りに石体神社の石

〈大　意〉

殿様が江戸にお発ちになる前に、磯で私が申し上げるには、「高麗や関ヶ原の戦に行くときも、兵士は皆々鹿児島神社（鹿児島正宮、国分八幡神社）宮内の御石体の石をもらい受けてから戦場に出て行きました。もし御用がありましたら、石を取って江戸へ上がるべきでございます」と申し上げました。そうしたところ、殿様はそのとおりにしようというお気持ちでいらっしゃいました。

常々は、伊集院（現鹿児島県日置市伊集院町）、市来（ここでは現鹿児島県いちき串木野市）までお見送り申し上げていますが、この時は、殿様は七月十四日のお発ちでありましたので、拙僧は十三日に宮内に参って、御石を、林性坊敞源に頼んで、その夜の寅の刻（午前四時ごろ）にもらい受けて、出水の御仮屋で差し上げました。次の日、野間原のお茶屋で食事を下され、そのようなことを例としてお登りなさっておられます。

お下りのときは、出水までたびたび参りました。その御石の返納は（現鹿児島県日置市伊集院町の）来迎院で行います。来迎院住職は、今の弥勒院の開山であります。これが国分八幡とのご縁の始まりであります。殿様にそのお気持ちがあられるのであれば、拙僧は、今度も御石を差し上げようとすなおな気持で、すぐ、思いました。

石体神社　鹿児島神宮内（霧島市隼人町）

私〈空順〉は、いつまでも生きてはいない、そのときまで生きている間は取って差し上げたいと思い、重ねて宮内の役人に言って、「地頭が取り次いで末々もこうであるべきです」と申し上げました。その時は林性坊は、島に参られて、特に知った人はいませんでした。桑畑林右衛門へこのように申し上げたら、大宮司神田橋少右衛門へ申し付けられた。

林性坊はよき人でありますが、御石を両殿様へ差し上げられるようになり、それから世間の人もいよいよ多く、もらい受ける人がございました。これには、負け申されたりと拙僧は心の内に思いました。

【原　文】

殿様御立江戸前に磯にて、私申上候は、高麗、関ケ原へ参る時も士、皆々宮内の御石体〈註1〉の石申請参事に候、若御用御座候はは、とりて上可申由、申上候へは、其通に可申と御意候、常には伊集院、市来まで御見送申上候得共、其時は殿様は七月十四日の御立。拙僧は十三日に宮内に参、御石林性坊敞源を頼、其夜寅の時に申請、出水御仮屋にて差上申候、次日、野間原御茶屋にて御食被下、夫を例と存御登、御下りには出水まで度々参り申候、右御石御返納は伊集院の来迎院

〔註2〕。今の弥勒院開山にて候、是か八幡に御縁始にて候、御意候は今度も御石上申候と御直に御意候、我等もいつまでも生キ不申、此節迄はとりて差上可申、重ては宮内役人に被仰付、地頭取次にて未々可然と申上、其時は林性坊は島に被参候て、別に為存人無之、桑畑林右衛門へ右の通申候得は、大宮司神田橋少右衛門へ被申付候、右林性坊は能き人にて候得共、御石殿様御両殿様〔註3〕へ上始被申候故、夫より世間にもいよいよ多く申請人御座候、是にまけ為被申と拙僧心の内に存申候、

【註】

1　**宮内の御石体**（ごしゃくたい）　国分八幡神社の宮内にある石体神社の石のこと。『三国名勝図会』巻之三十一には「この石体は即、出見命尊（彦火々出見命尊のこと。筆者）の初都し給ひし宮址にて、此所に神廟を建テ、石の御神体を安置し奉らる。是、鹿児島神社の原処なり、（略）凡そ旅行するもの、此神に詣て、この一石を祈求て持去り、再び帰来の時、別に一石を加添て上るの俗あり。是出見命一旦海宮に幸まして、再び本国に帰玉へるの故事をあやかり学ふところなり」（仮名は筆者）とある。空順法印は、この習俗に倣（なら）って石を吉貴公に献上したものである。この石を持って旅立つことは無事に帰ることができるようにという祈願の意味がある。

現在は安産の神。人々は「オシャッテサア（御石体様）」と呼んで、小石は、安産の神とされている。懐妊のとき、そこの小石を一個持ち帰り、安産後は、河原の石を一個添え、二個にしてお返しする。霧島市牧園町では「オシャッテコ（御石体講）」といって、集落行事があったりする。代表者が、鹿児島神宮のある隼人町宮内の石体神社に参る。ほかの人たちは「サカムケ（坂迎え）」といって、石躰神社から帰ってくる人を迎え、一緒に懇親会をする（『郷土誌牧園町』一九六九年）。

2　**伊集院の来迎院**　薩摩国伊集院郷寺脇苗代川（現鹿児島県日置市伊集院町）にあった清泰山普度寺来迎院のこと。日向国高原郷の天台宗神徳院（しんとくいん）の末であったが、後に鹿児島城下南泉院（なんせんいん）の末となる（『三国名勝図会』巻之八）。ここでは、この寺の住職の憲英法印のことをいう。後に、曾於郡国分郷内村にあった鹿児島神社、あるいは鹿児島正宮の別当寺である鷲峯山霊鷲山寺（しゅうほうざんれいしゅうざんじ）弥勒院の中興開山となった（『三国名勝図会』巻之三十一）。

3　**御両殿様**　吉貴公と小源太様のことと思われる。

〔解　説〕

この段では、鹿児島神社の御石体の石を戦いや旅立ちの人は、もらい受け、無事に帰ってきたら石を添えてお返しするというしきたりがあったことが記されている。そのしきたりに従って殿様の旅立ちのとき、空順法印は石をもらい受けてきて差し上げた。そのようなことがあったりして、多くの世間の人も石体の石をもらい受けるようになった。そのため石体を守っている林性坊は良き人であると世間でも知られるようになったが、空順自身、この人に負けまいと心に誓ったという。当時のしきたりと、空順が負けず嫌いであったことが分かる。

【53の段】諏訪之瀬島（すわのせじま）大噴火を止めた

〈大　意〉

諏訪瀬島が七年に、大噴火し火災が起こった。病人は皆亡くなり、島の海岸から四十里程の海域では魚も傷んでいました。風下は一夜にして灰が降り、五、六尺は積もった。風が吹くと、皆、海に吹き込みました。祈念を拙僧に頼んできたので祈念いたしましたところ、噴火が止まったと言ってきました。

【原　文】

諏訪之瀬〔註1〕七年の大燃〔註2〕、病人皆々相果四拾里の間は魚も痛申候、風下は一夜に灰の降る事五六尺、風吹は皆海に吹込み申候、祈念頼に付祈念申候得は、とまりたると申来候、

【註】

1　**諏訪之瀬**　鹿児島県十島村（としまむら）。トカラ列島のほぼ中央に位置する火山島。面積二二・三二平方キロ。霧島火山帯に属し、列島中唯一の活火山御岳（おたけ）（七九九メートル）は常時噴煙を吐き、時には大爆発を起こし噴煙は一〇〇〇メートル以上にも達する。この島は文化十年（一八一三）に御岳の大噴火により無人島化したが、明治十六年（一八八三）に奄美大島より二十六人が開拓入植した。以来、島の第二の歴史が始まる（西園重一「諏訪之瀬島」一九八一年）。

2　**七年の大燃**　正徳七年（一七一七）のことと思われる。火山史では文化十年（一八一三）の御岳の大噴火からしか取り上げられないことが多い。しかし、『西藩野史』巻之十九には「正徳四年甲年薩州諏訪島焼ル」とある。正徳四年（一七一四）にも諏訪之瀬島の火山噴火があったことが分かる。

〈解　説〉

この段では、正徳七年に、諏訪之瀬島に大噴火が起こったので、噴火が止むように空順法印に頼んできた。祈念したら噴火が止まったということについて記されている。噴火を止めるような祈禱の力のすさまじさについて自ら語っている。文化十年の大噴火により無人島になる百年ぐらい前に噴火があったことを実証しているし、その状況が分かるので興味深い。諏訪之瀬島噴火の歴史を遡って知ることができる貴重な記録である。

第七節　都城不動堂再建と不動堂縁起

【54の段】都城不動堂建立に無欲で取り組む

〈大　意〉

都之城（都城島津氏）から依頼されて、拙僧は前に不動堂に五十日余り参籠しました。それから都之城にご縁がございます。不動堂を移すということで、行きました。「再興いたすべき」だと言って使いを拙僧へくださいました。御屋形様、すなわち殿様へのお暇のことについては二階堂八太夫殿を頼まれたようで、お使いをくださいました。拙僧が御返事申し上げたのは、「お暇乞いは御方から申し上げるべきではないでしょうか」ということでした。そうしたら、義岡右京殿を通して申し上げてくださったところ、「それは空順の心次第である」との殿様のお気持ちでございました。そこで、そのように都之城へ言ってやったところ、空順を都之城領主へ御引き合わせの上、初めて不動堂に参る時は、鹿児島から庄内までお送りの士衆が同道してお取り持ちをしてくださいました。それから、たびたび桜島から不動堂へ参りました。

拙僧が都之城領主へお願い申し上げることは、「東は茶屋、南は山の涯、西は曽於郡境、北は霧島山の御鉢（みはち）（「おはち」とも）まで七里廻りほどを御寄進ください。そういたしますと仕明（しあ）けし、不動に寺領として差し上げるのが然るべきことです」ということでした。そうしたところ願いのとおり、そのことをお許しくださいました。伊佐郡羽月郷（いさぐんはつきごう）から新右衛門の家内（家族）を呼び寄せ、「この子孫は代々、新右衛門と名を付けるようにと役人が言うはずである」と申し付けておいた。二年ほど過ぎて吉岡右京殿からも一家内を御寄進くださいました。

霧島不動堂跡（モトフヅ）（都城市吉之元町）

不動堂建立の願いは都之城領主から申し上げになられるか、拙僧から願い出るべきか。「もし拙僧から願い出をすれば不動堂は庄内領との御手は切れてしまいます。そのため都之城領主から願い出をするのが然るべきことではございませんか」と言いました。そうして、都之城領主からのお願いの書き物を寺社座へ差し上げられました。しかし二月のころから十月ごろまで返事がありません。

その時分、拙僧の夢に、御神火が西の方へ、白い雪のような煙が二里ばかりたなびきました。煙の先を手で摑んだところ火炎が出て、拙僧の家が焼ける様子が出てきました。この夢を見たということは、不動堂建立のお許しが出るのか、または拙僧が流罪になるのか、不思議に思いました。

霧島不動堂（『三国名勝図会』より）

どちらなのか早く聞きたくて、鹿児島へ参りましたところ、右膳殿がおっしゃるには、「御飛脚で参ったのか」と聞かれました。拙僧は「不動堂の雲夢を見て参りました」と申し上げました。右膳殿がおっしゃるには、「御飛脚はきっと国分で行き交ったのではないか」と。「御方の夢のことは、殿様が夕べ、不動堂へ飛脚を出さなければならないと思われたときのことを知らせるものであったと思う」と右膳殿が申されました。

さてまた、不動堂建立のことは、空順の願いであるから真言寺のお許しを下さるはずである。しかし、殿様は不動堂を天台宗にしたいとお思いになっておられる。そこで拙僧が申し上げるには、「それは殿様のお心次第で何宗にでもなさってください」と。拙僧は「不動堂の掃除、勤行（ごんぎょう）をしようという以外は何の願いもございません」と申し上げました。殿様のお気持ちについて、天台宗の明観寺（みょうかんじ）住職が、ある日、申されたところ、殿様は、空順を中興開山にされたいとのことであります。後住も、殿様のお気持ちで、私の弟子をお付けになられました。

普請のことは、国中に対し申しつけ、楠や杉、松を得るようにしてくださいました。不動堂には都之城領主より沢山の境内を御寄進くださったので、時々、繰り返し、繰り返し寺建立中にそのお礼として百日無言禁足で御祈禱申し上げました。

【原　文】

都之城より拙僧事前に不動堂に五十日余籠、夫より都之城に御縁御座候、不動堂退転申筈に相見得罷越、再興可申由、御使被下御屋形様へ御暇の儀は二階堂八太夫殿を頼御申被遊候由、御使被下、拙僧御返事申上候は御暇御方〔註1〕より可申上と申候、義岡右京殿〔註2〕を以申上候得は、空順心次第と御意被遊候故、右の通都之城へ申越候得は度々御引合、始て不動堂に参る節は鹿児島より庄内まて御送り士衆同心（「道」か）にて御取持被下候、夫より度々桜島より不動堂へ参、都之城へ願申上候は、東は茶屋、南は山の涯、西は曽於郡境、北は御鉢まて七里廻りほと御寄進候はは其内に仕明〔註3〕仕、不動に差上候はは已来可然と申上候得は、願の通御免被下、羽月より新右衛門家内呼寄、此子孫代々新右衛門と名を申付、役人申筈に申付置候、二年計り罷過て、義岡右京殿よりも一家内御寄進被成候、不動堂寺建の願都之城より御申上被成哉、拙僧より願出申哉、若拙僧より申上候はは不動堂は庄内の御手はきれ可申願は都之城御願可然と申上候得は御願の書物、寺社座へ差上被成候へ共、二月の比より十月の比まて御返事無之、其時分の夢に御神火西の方へ白き雪のよう成煙り二里計横に参候、煙り先を手にてつかみ候得は火えん出、拙僧家焼ると夢に見不動堂寺建御免か、拙僧流罪か、不思議に存、早く承度鹿児島へ参上仕候得は右膳殿被仰候は、御飛脚に付て為参かと御座候、拙僧不動堂の霊夢にて参上為申と申上候、右膳殿被仰候は御飛脚定而国分にて御行するかひ被成哉、御方夢の儀殿様夕べ不動堂へ飛脚と思召時の事と存申候、扨又不動堂の儀空順願に候故真言寺に御免被遊候、併殿様は天台宗に被遊度被思召候、拙僧申上候はは殿様御心次第何宗にも被遊、不動堂掃除勤行相済事外に願無御座候と申上候得は、御意に於其儀には明観寺（註4）住職一日申候はは、中興開山に被遊度御意候、後住も御意にて私弟子に被仰付候、普請の儀は御分国中相対（註5）得之、奉加楠、杉、松被下相仕舞と申候、不動堂には都之城より大分の境内御寄進被遊候ゆへ、往々寺建中御礼に百日無言禁足にて御祈禱申上候、

【註】

1　**御方**　ここでは役人である二階堂八太夫のことか。

2　**義岡右京**　島津家家老。（『三州御治世要覧』）。

3　**仕明**　開墾して田畑地や屋敷用地を作ること。

4　**明観寺**　霧島山金剛院明観寺のこと。薩摩藩政時代、都城安永村西嶽（やすながむらにしたけ）にあった。「荒嶽権現社と同所なり、本府天台宗南泉院の末にして、即権現の座主たり、本尊不動明王、開山性空上人」（『三国名勝図会』巻之五十八。仮名は筆者）。

5　**御分国中相対**　『三州御治世要覧』に「正徳五年乙巳霧島不動堂明動寺再興ニ付奉加銀御分国中被仰候」とある。霧島不動堂再興のため奉加銀を御領内に仰せつけられた、と解したい。

〈解　説〉

この段は、空順法印が都城の不動堂建立に無欲で取り組むことについて記されている。不動堂が出来上がったら、空順を中興開山にし、後任は空順の弟子にしたいとの吉貴公の温かい気持ちが出されている。島津家からだけでなく、都城からも寄進があったりして、そのお礼に空順は百日無言禁足の行をした。

【55の段】巫女（みこ）に勝る空順の呪力

〈大　意〉

拙僧が、不動堂におりましたとき、桜島から雨乞いを頼んできました。少し経ってから、都之城から雨乞いの飛脚を下さいました。都之城へ申し上げるには、「先島先触れ、すなわち、先に桜島の方から言ってきましたので島が先でございます。そのため島に行って、両方の雨乞いをいたします」といって隼人郷浜之市（はやとごうはまのいち）に行きました。そうしたら、本町の女口立（おんなくちたて）が、早々と桜島にお行きなさいと言った。霧島権現は、庄内へ雨が降るという御神託（ごしんたく）、すなわち、神のお告げあり、また、島の権現で、絶頂に登りなさいとの御神託があったという。

拙僧が白浜に着船したところ、島の役人が待っていて、雨は降るでしょうか、降らないでしょうかと言ってきた。それに対し、拙僧は知らない、浜之市の女が降るだろうと言っていると島役人に言った。それから、女の口、すなわち、神のお告げだけでは心配なので、すぐ桜島の絶頂に登りました。二町ほど手前で大雨が降り出し、中五日降って、七日目の夜明けに止みました。その雨は鹿児島や谷山には降らないで、桜島と庄内ばかりに、役に立つほどの量が降りました。

【原　文】

拙僧不動堂に罷居申節、桜島より雨乞頼申来候、少間有て都之城より雨乞の飛脚被下候、都之城へ申上候は、先島先触にて御座候、島に参り、両方の雨乞可仕通申上則浜之市〈註1〉へ参候得は、本町〈註2〉の女口立〈註3〉早々島に可被参霧島権現〈註4〉、庄内〈註5〉雨降御神たく候、又島の権現も急き絶頂に登り可申御神たく候、白浜に着船候得は島役人相待、雨降ろうか降るまひかと被申候、拙僧は不存、浜之市の女が降ろうと申、則絶頂に登り候得は、弐丁計り手前にて大雨降出し、中五日ふりて、七日目の夜明けに止、其雨は鹿児島、谷山も降らす、島、庄内計り用に立程ふり申降、

【註】

1　浜之市　現在、霧島市隼人町真孝。港は浜之市港または、隼人港と呼ばれる。天降川(あもりがわ)右岸の河口部に位置し、古くから商港として栄えた。島津家十六代義久は、浜之市に港を開き、陸上交通の不便な当時、始良郡、伊佐郡および宮崎と鹿児島を結ぶ唯一の門戸として海上交通上重要な位置を占めてきた（有村智「浜之市」一九八一年）。

2　本町　現在の霧島市隼人町真孝本町。

3　女口立　神霊の口を語る女。ここでは、女が早く桜島に行きなさい、とせかしている意味と解したい。

4　島に可被参霧島権現　ここでは、霧島権現が早く桜島へ行きなさい、という意味に回したい。

5　庄内　現都城市山田町（やまだちょう）・高崎町（たかざきちょう）・高城町（たかじょうちょう）・山之口町（やまのくちちょう）、北諸県郡三股町（きたもろかたぐんみまたちょう）、鹿児島県曽於市財部町（たからべちょう）などを含む広域名称。名称は島津一円荘（しまづいちえんしょう）の内であることに由来するとの説がある（『宮崎県の地名』一九九七年）。

〈解　説〉

桜島と都城から雨乞いの依頼があった。そうしたら隼人本町の女口立が、雨が降るという霧島権現による神のお告げがあると言った。しかし、女の神託だけでは、心配なので自ら桜島絶頂に登り雨乞いの祈願をした。そうしたら、桜島と庄内には雨が降ったということが記されている。巫女である女口立と修験者である空順法印の雨乞い祈願の微妙な連携が興味深く示されている。

【56の段】鳴かない鶏が鳴いた

〈大　意〉

都城の安永（現宮崎県都城市）から鶏が鳴かないから鳴くようにしてほしいと言って祈願を頼んできた。不動堂へ鶏を連れてきて、楶（しとぎ）を差し上げると鶏は鳴き出した。楶ばかり持ってきても鶏は連れてこなければ、その晩から、また鳴かなくなった。連れてくれば、その晩から鳴きました。

【原　文】

安永よりにわとり〔註1〕なかんと申頼に参候、不動堂へ鶏を列、粢を差上申と申候得は鳥啼出す、粢計り持参にて鶏はつれ不申、其晩より又啼不申候、列て参れは、其晩より啼申候、

【註】

1　**にわとり**　鶏は霧島神の使いといわれている。したがって、霧島山不動堂に連れてきて、霧島神に粢を上げ、鶏を直接お見せすれば鶏が鳴き出すという意味。

〔解　説〕

この段では、都城の安永から、鶏が鳴かないので鳴くようにしてほしいといって空順法印に祈願を頼んできたが、そこで、鳴かない鶏を直接霧島不動堂に連れてきて、霧島神にその姿をお見せし、粢を上げればその晩から鳴くようになると言ってやったということについて記されている。空順法印の守護神は、直接、その姿が見ないと霊験を発揮できないという教えをしていたことが分かる。

【57の段】懺悔させたら真相が

〈大　意〉

刀の盗人に逢ったといって夫婦がやってきて、不動に祈願申し上げたら、女房はからしばりに逢い、息が切れるような状態であった。それ故、拙僧の弟子空円（くうえん）という僧が来て女房に懺悔（ざんげ）しなさいと言ったところ、からしばりが解けた。「刀は盗人が盗ったのではない、その方の子どもが盗った」と拙僧が言うと、不動にお礼として、また、懺悔のしるしとして、おむし（からむし）を掛けてやると女房が口に出して言い立てました。

【原　文】

刀盗人に逢たるとて夫婦参りて、不動に申上候得は女房からしばりに逢、息きるる様に御座候故、拙僧弟子空円と申僧参りて、ざんげと申せはからしばりとけ、刀は盗人は不取、其方か子がとりて不動におむし〔註1〕を掛ると女房口立て申し候、

【註】

1　おむし　苧（お）を蒸した繊維状のもの、すなわち、からむしと解したい。木綿以前の貴重な繊維であった。

〈解　説〉

この段では、刀の盗難にあったから、盗人を捜（さが）してほしいと不動に申し上げたら女房はからしばりにあって、息が切れるようになった。そこで弟子の法印が、懺悔しなさいといったら、女房

のからしばりが解け、不動に苧をかけてやると言い立てた、ということについて記されている。おそらく、女房は、子どもが盗ったのではないかと思っていたのであるが、夫や世間体もあって、そう思いたくない女房の複雑な気持ちが表されている。

【58の段】霧島山不動堂の不思議
——十二、三歳の見事な女が「こじき不動が来るよ」——

〈大　意〉

拙僧が、不動堂寺を建立する願いを申し出る時分は、たびたび神のお神楽の音を聞く人が多かった。そのときは、鶏のいない所でたびたび（鶏が）鳴きました。そのわけを拙僧は知っています。昔、霧島山の御鉢（「おはち」とも）の下に不動堂がございました。そのとき、大神火、すなわち大噴火がありましたけれども、人馬は怪我することはありませんでした。不動堂の上に火がつきましたが、座主の相馬長存坊が誓願しましたので火は消えました。それ故、天井の上は焦がれて、今もその跡が残っています。そのため（大噴火により火災があったため）、その堂は下の方に直りました。不動は仮殿にお立ちなされています。

日向国諸県郡高原（現宮崎県西諸県郡高原町）からやってきた鍛冶が、こじき不動に供えてあるけん水を貫おう、不動を片腹槌で折ってくれようとたびたび言っていた。そうすると戸口から新左衛門という声がする。見ると十二、三歳の見事な女がにっと笑い、「こじき不動が来るよ」と言われた。それを恐れた新左衛門は鍛冶道具を捨て置いて高原へ逃げて行きました。不動堂での祈禱や勤行は、その時分までに片付けて、普段は桜島におり、どこそこに参詣いたしています。

【原　文】

不動堂寺建願申出る時分は、度々神の御神楽の音承人多く御座候、其節は鶏のなき所に度々啼申候〔註1〕、此分は拙僧為存事に御座候、古へ御鉢〔註2〕の下に不動堂御座候、大神火〔註3〕御座候得共人馬あやまちなく〔註4〕堂の上に火付申候、座主相馬長存坊誓願ゆへ火消へ申候、夫故天上の上こかれて今に御座候、夫に付右堂下に直り申候、不動は仮殿に御立候、高原より為参鍛冶こじき不動〔註5〕かけんすい〔註6〕ももらわん片腹つち〔註7〕にて折てくりやうと度々申候得は、戸口より新左衛門と云声する、見れば十弐、三の見事の女につと笑ひ、こじき不動が来ると被仰候故、新左衛門鍛冶道具捨置、高原へ逃行申候、不動堂其時分まて相仕舞、常には島に罷居どこそこどこそこ参詣仕候、

【註】

1　鶏のなき所に度々啼申候　『三国名勝図会』巻之三十三に「山中異境」が記されている。「此山中に神仙境ありと（略）深林幽谷にて歌舞音楽の聲あり、或は雲間山上に近く鶏犬の音あり」（仮名は筆者）とある。空順法印のころも、このような「山中異境」が言い伝えられていたことが分かる。

2　**御鉢**（「おはち」とも）　霧島山の高千穂峯に付随する側火山。『三国名勝図会』巻之三十三に「火常峯は（略）常に火を発して燃る故、其中深く穿ち陥り、凹て大坑となる。俗に是を御鉢といふ。」とある。大坑というのは大きな穴という意味である。

3　**大神火**　大噴火のこと。噴火が、神の怒りの表れと見られていることを示す。

4　**あやまちなく**　あやまちを怪我と解したい。怪我なく。

5　**こじき不動**　こじきは、食物や生活に必要な金品を他人に乞うて暮らしを立てている者をいう。近世以前の社会では、托鉢勧進をする宗教者などもいた。ここでは、托鉢をする薄汚れた恐い不動明王と解したい。

6　**けんすい**　けん水のことで、大工が使う「酒」の隠語。ご馳走の意味もある。

7　**片腹つち**　片一方が腹状に丸くなった槌と解したい。

〈解　説〉

この段では、霧島不動堂を建立するときは、神楽の音が聞こえたり、鶏はいないのに鶏の鳴き声が聞こえたりしたこと、御鉢の下に不動堂があったとき、大噴火があり、その不動堂に火がついたが座主の長存坊の誓願があったので火が消えて災害がなかったこと、高原から来ていた鍛冶が不動に失礼なことを言っていたら、突如現れた女に「こじき坊主が来る」と言われ、慌てて逃げ帰ったということについて記されている。空順法印は、霧島不動が、山中異境の有り難い所に建ったこと、また、並々ならぬ霊力を備えていることを強く訴えようとしている。

第八節　隼人獅子尾へ入定石室移設前後のこと

【59の段】入定石室を隼人獅子尾へ

〈大　意〉

隼人郷宮内の獅子尾へ入定石室を移すことを、於須磨様に申し上げたところ、そのことを右膳殿までお話しされ、それが殿様にまで達しお聞きになりました。殿様は、明年御下向の際、寺社座へ首尾のよいように言っておく。とおっしゃられたと於須磨様からお聞きしました。

そのため、殿様の御下向をお待ちしていましたところ、周防の国（現在の山口県の東南部）で大病になり、非常に切迫した状態であることをお聞きし、登っていって今一度お目にかかりたい。御快気なされ、御下向なされたら獅子尾へ入定石室を直してくださるように申し上げたい。もし御逝去なされたら、拙僧は下ってきて桜島の入定石室で一日でも命を永らえ、御菩提の弔い上げを申すべきであると思っています。

明後日出発しようと思っていたところに、七里の道のりをこちらの方へ御下りなさっている由をお聞きしました。そうであれば、肥後（熊本県）まで参上しようと思っているところに、二年前に小源太様が疱瘡になられたら、拙僧へ祈禱を引き受けさせてくださいと申し上げておいた（ことを思い出しました）。

殿様の身がほてるということをお聞きし、そのため肥後まで登らないで、稲荷へ一七日（一つ目の七日間。一週間）断食無言で参籠しました、明くる朝御疱瘡であるとのお話がありました。一七日祈禱を成就しましたところ、殿様はお湯にかかられようになりました。次の日出発しようとするとき、於須磨様のお思いになられるには、於岩様が疱瘡前であるので御祈念をするようにおっしゃってくださいました。拙僧が申し上げるには、「お岩様の御祈念は、道中でいたします」と。

出水、米之津に参るとき、殿様がその御仮屋にお着きになられました。名越右膳殿にお目にかかったところ、「このたびは難儀であった。せっかくのお供であるので、肥後から人を御方（拙僧の所）へさしやるところであった。奇特にもお迎えに来ていただいた。殿様も鹿児島へ早くお着きになりたいと思っていらっしゃる。大層の祈念をするべきである」とおっしゃった。「そうであれば、鹿児島へ帰り、稲荷神社に誓願しましょう」と申し上げた。「それでは、運を直すためには、ここの賀志久利大明神へ然るべき御誓願をするべきではないか」とおっしゃった。

先ず、お目見えをなされ、このうちたびたび、拙僧の噂もなされた。拙僧が申し上げるには、「お登りの際は、お名残惜しくお目見申したく思っていました。お下りの際はいつでもお目見できますと思っています」と申し上げ、その晩は四つ過ぎ（午後十時ごろ）、御仮屋守入来用右衛門が氷をかいたりして、いろいろ面倒をみられました。その夜の八つ（午前二時ごろ）、家の内、庭まで明るくなっていました。次の朝五つ（午前八時ごろ）居眠りいたしました。

中国（ここでは神仙思想に出てくる昔の中国のこと）の海の小松原の道を、白い素襖直垂に烏帽子を被り、ふさふさしたお姿で五人がお登りされた。その意味を人に聞いたところ、出水の賀志久利大明神がお殿様をお迎えにお登りになられたという。また、おっつけお下りになる。さて早いことよ。すなわち、お登りになったり、お下りになったりするのが早いと思ったら夢から覚めた。

この夢の内容と意味を書いて右膳殿宛てで、用右衛門まで届けました。そのことが殿様のお耳に達し、その日御代参を差し向け、賀志久利大明神の御普請をなされるというお話でありました。賀志久利大明神の社人は皆々喜んでいました。それから殿様の具合が日に増してお勝れになりました。そのご病気の様子は、乗り物にお乗りなられないような状態でした。

殿様が、一日に一里、二里、歩かれるのは難儀なことでありました。米之津に中二日おられ、出水に一夜、野田より早々と拙僧が出て行くように、殿様がおっしゃっている由。夜八つ（午後十時ごろ）、飛脚が迎えに参りました。それでも、無言断食を止めるべきでございませんでしたが、止めないと、殿様の御病気に障ると思い、七つ（午前四時ごろ）に出発し、野田の道で殿様にお目見えいたしました。

このとき、殿様のお気持ちがいろいろありましたが、殿様の籠より先に行くか、後に来るか、というお尋ねでした。後から参りますと言いまして、半里ほど遅れてついて行きました。そのとき、殿様が餅を下さいましたが、御小姓様などを通して下さった半分をうっかりして、道行く人にもくれてしまいました。阿久根（あくね）の御仮屋で、右膳殿のお話に、「空順は人が物をくれることは嫌いである。我様（殿様）から下さったと言うゆえ、空順に会ったときは、物をくれたりしないでものばかりを言おう」と殿様がおっしゃった（という）。このことを右膳殿より聞きました。これは何よりも、生々世々（しょうじょうせぜ）、忘れがたく思います。阿久根御仮屋で暗い所に、御小姓衆と共にをとぼとぼと元気なく連れ込まれ、賀志久利の話を申すべきであるということでございますが、殿様と右膳殿の外は話をしないと言いました。そのとき、我々も話を承る多くの人のうちでございますと言うので、話をいたしました。

殿様がおっしゃるには、周防の国で、空順が出水よりご機嫌伺いに参りたいと言っているということを、お侍輩衆（じはいしゅう）の耳に入るように、お話をされたのでございます。殿様も出水から、人（空順）は来ないかと聞いておられました。獅子尾の入定石室の御普請のことも伏見（ふしみ）（京都南部の一区）で許してやろうと思っていたとお話しくださいました。

【原　文】

獅子尾へ定直し（註1）、於須磨様へ申上候へは、右膳殿まで被仰越達貴聞、明年御下向の節寺社座へ首尾好ように被仰付候通於須磨様より被仰聞候故、御下向奉待候処に、周防の国にて御病大切のよし承、罷登り今一度見上奉度、御快気被遊御下向候は獅子尾へ定相直し可申、若御逝去被遊候はは、罷下り島の定にて一日も命なからへ御菩提弔ひ上可申と存、明後日相立申処に七里此方へ御下り被遊候由承、左様に候はは、肥後まて参上可申と存申処に両年前に小源太様御疱瘡被遊候はは、拙僧へ承可申由申上置候、夫故御身ほめくよし（熱くなる）被仰聞、夫ゆへ肥後迄罷登不申、稲荷へ一七日だん食無言にて参籠仕、次朝御疱瘡と被仰下候、一七日成就仕、御湯御かかり被遊候、次日打立申時、又於須磨様御意候は、於岩様〔註2〕御疱瘡前に候ゆへ御祈念可申上由被仰下、拙僧申上候は於岩様御祈念道々可申上、出水、米之津に参る時、殿様右所御仮屋に御着被遊名越右膳殿に掛御目候得は、此内は難儀折角御供仕肥後より御方へ人遣申筈に御座候処に奇特に御迎に御出候、殿様も鹿児島へ早く御着被遊度被思召候、随分御祈念可仕と被仰候、左様に御座候はは鹿児島へ罷帰り、稲荷に誓願申上候由申上候、夫は運なおり〔註3〕、爰元にて賀志久利大明神〔註4〕へ被成可然と御座候、先御目見被成此内度々御噂も被遊候、拙僧申上候は御登の節は御名残にて御目見申度候、御下りの節はいつなりともと存候通申上、其晩四つ過に御仮屋守入来用右衛門氷をかき〔註5〕色々案内被申候、其夜之八つ時分に家の内庭まてあきらかに御座候、次朝五つ時分に居眠り申時、中国の海辺の小松原の道を白きすわうひたたれに、えほしかぶり、ふさふさとしたる御すがたにて五人御登り候、人に問候得は出水の加志久利、殿様御迎に御登りと申、又追付御下り扨早き事そと存れば夢さむる、

右の趣書付右膳殿宛書にて、用右衛門迄遣申候、則達貴聞其日御代参御普請被遊候由御咄御座候、皆々社人悦ひ申候、夫より殿様御気色日にまし御勝れ被遊候、其御病の様子は乗物に御乗被遊事一円に御成不被成候、一日に一里弐里、御ひろひ〔註6〕御難儀の御事に候、米之津に中二日被遊

御座御立、出水に一夜、野田より早々拙僧罷出可申由、夜る八つ時分に飛脚御座候、夫とても無言たんじき止申筈に無御座候得共、やめざれば御病にさわるとそんし、七つに打立野田の道にて御目見申上候、

其時色々御意候は、先に行か、跡にくるか、跡よりと申上げ半道〔註7〕計りおくれ申候、其時餅被下、拙僧は御小姓衆抔より被遣候、半分うかうかと存道の人々にもくれ申候、阿久根御仮屋にて右膳殿御咄に、空順は物をくるる事きらひに候、我様より為被下と申故、空順にあいたる時は物計りいわうと為被仰由、右膳殿被仰聞候、是は何よりも生々世々難忘奉存上候、阿久根御仮屋にてくらき所に御小姓衆とほとほと列込被申、賀志久利の咄可申由候得共、殿様、右膳殿の外は噺不申と申候、其時我々も承人数と御座候故噺申候、被仰候は周防の国にて出水より御機嫌窺に為参と申様に御侍輩の衆皆々耳に入ようにて御座候、殿様も出水より人はこぬかと御問被遊候、御普請の儀も伏見にて為被思召出事と御咄候、

【註】

1 定直し（じょうなお） 入定石室を移すこと。

2 於岩様 島津家二十一代吉貴の娘、於巖のこと（『三州御治世要覧』）。

3 運なおり 不明。鹿児島城下の稲荷神社で誓願するのを、出水（いずみ）の加紫久利（かしくり）大明神に移して誓願するほうが良いのではないかと解したい。運を「幸運」。なおりを「病気が治る」と「直る」の両方の意味を掛け合わせて表現したのではないか。

4　**賀志久里大明神**　現在、出水市下鯖淵（しもさばぶち）にある加紫久利神社のこと。「出水郷下鯖淵村にあり、〈中略〉加紫久利とは、此地の箭筈嶽（やはずだけ）を加紫久利山といふ」（『三国名勝図会』巻之十六。仮名は筆者）。

5　**氷をかき**　殿の熱を冷（さ）ますために使うのか。

6　**御ひろひ**　貴人が歩かれること。

7　**半道**　一里の半分。

〈解　説〉

この段は、空順法印が自らの石室を獅子尾へ直してもらえるようにお願いしようと思っていたら、殿様が旅の途中で疱瘡になり、かけつけて断食無言の行をしたということが記されている。その結果、殿様は、御快気なされた。とともに、獅子尾へ入定室を移すのを殿様が許してくださると考えておられるという話を聞いたという。空順法印の、桜島から獅子尾への定直しの願いが強く、真剣であった様子が窺える。

【60の段】吉貴公、元気になって鹿児島入り

〈大　意〉

於岩様が疱瘡になられたと伝えてきたので、早速、その晩に阿久根より殿様へお暇（いとま）をいただくことなしに鹿児島に帰ってきました。

殿様の御様態を於須磨様に申し上げました。吉貴公も横井のお仮屋から籠にお乗りになり、鹿児島にお入りになられました。そのことは目出度いことと多くの人々が噂を立てております。お着きになられたのは、十二月のことでございます。

【原　文】

於岩様御疱瘡の儀申来候故、早速其晩阿久根より御暇なしに鹿児島に罷帰り、殿様御様躰於須磨様へ申上候、吉貴公もよこい（横井）御仮屋より御乗物にて鹿児島へ御入〔註1〕目出度御事と諸人風聞申上候、御着十二月、

【註】

1　**御入**　『三州御治世要覧』には「享保四年（一七一九）十月廿八日　太守様横井御着城」と記されている。

〈解　説〉

この段では、吉貴公が江戸からお下りになる途中、於岩様が疱瘡になったということで、空順法印は、祈禱のために先に鹿児島へ帰った。人々の噂によれば、吉貴公は、横井から籠に乗られて無事、鹿児島にお入りになって目出度いことだという。吉貴公が元気になり籠に載って帰られたことを空順法印は、自分の祈願が役に立ったと思って非常に喜んでいることが分かる。

【61の段】竜宮乙姫の助けで荒波が静まる

〈大　意〉

（吉貴公が鹿児島へ帰られてから）五日過ぎて、入定室を直すお許しの御証文（ごしょうもん）を下さいました。それは享保四年（一七一九）十二月二十一日のことでございます。拙僧が入定室を移すと考え出したのはかなり前のことで、それから久しいことでございます。石切（いしきり）は、享保五年（一七二〇）正月十五日から始めて五月に終わりました。六月に入定室の中から庭を見ましたところ虬（みずち）が這い出してきて死んでいました。このとき思いましたのは、虬はどこの岩の間で亡くなってもすむことであろうということです。

この御仮屋の地は義弘（よしひろ）公が（文禄・慶長の役で）高麗に御出陣のため門出をされた所であります。その後、光久（みつひさ）公が人夫を一万も二万も入れ、結構に、すなわち、申し分のないようにお作りになられた所であります。そこに、長々と入定室の石を立てておくことは恐れ多いことと思いますということを申し出ました。このことについては、享保四年十二月二十一日の御証文がございますけれども、それにしても恐れ多いことです。

次の年に、石団平船（いしだんぺいぶね）二艘に定石（じょうせき）を積み込んで出船しました。そのとき、一つの石が海に飛び入りましたけれども島の磯で取り上げました。追い風のため、小島が一里ほどに見える所で、風が東から吹き、また西から吹き、さらに北から吹いて船は動きません。舵には木綿のようなものが巻き付き、櫓を立てればその物がまた巻き付きました。波は、風も吹かないのに船より四尺ほど高く押し寄せ、敷石三十個ほどが海に入ってしまいました。そのことは心が痛むことでした。拙僧が思うには、この節、大切な船が二艘沈んで、於須磨様のお志の定石が無駄になってしまいました。石切人やかこ（船乗り）十人あまりが亡くなってしまって、その家内（身内）五十人ほどに迷惑をかけてしまいました。それはといえば、拙僧が企てたことだと思い、後悔のあまり我を忘れて、神仏にも祈誓しないで（祈誓しようと思いながらも）寝入ってしまいました。

そのとき、竹原安兵衛殿の家来与兵衛という者が、二人持ちの敷石を軽々と持ち、竜宮へ差し上げるのだと言って大きな声を立てて海に投げました。与兵衛が、すぐ船は助かると言うので、頭を持ち上げて見たら波は少しもございません。そのとき、石切人などが言うには、石を海に投げ入れたら、十二、三歳の見事な女が海の上に立っていたかと思えば、消え失せたという。そのことを、拙僧に話してくれました。それから浜之市に入港し、定石を獅子尾へ移しました。拙僧が五十九歳の時でございます。

また思い出したことは、当分は弟子であるけれども、重ねて考えれば、先ず寺もないのでそれは当然なことだということです。入定を延ばしなさいということを殿様に懇請しましたが、不本意ながらお聞きした、その障りがある上でも当分は弟子で（弟子のままで）あるということは大事なことと思います。ひそかにそのようなことを考えると、高の五斗はきまってくださるべきだと申し上げようとしていたところ、幸いにも高を増してくださるということになりました。そのうえ、境内（けいだい）の仕明（しあ）け、すなわち開墾することを許すという御証文を享保八年（一七二三）十月十五日に比志島（ひしじま）隼人殿からいただきました。始めに入定室を直すということを申し上げたときも隼人殿のお取り次ぎでございました。

【原　文】

五日過て定直しに御証文被下、享保四年巳十二月廿一日、拙僧定直し存出し申儀は久敷事に御座候、石切正月十五日より五月相済申候、六月定の内より庭を見候得は虯（註1）はい出死申候、其時存候はいづく（いづこ〈何処〉）の岩のあいにて相果候ても相済事に候、

此御仮屋地は、義弘公高麗の御門出の所、光久公夫丸壱万も弐万も御入れ、結構に為被遊所、長々定石立置申事恐多奉存候と申出候、享保四年亥の十二月廿一日の御證文にて御座候得共次年石だんへい弐艘に定石つみ出船申時、石一つは海に飛入申候得共島の磯にて取上け申、おいてのかせにて小島一里程見掛、風東より吹、西より吹北より吹、船動す、かちには白き木綿のよう成物まいつき、ろを立れば右の物又まいつき浪は風もふかぬに、四尺計り船より高く敷石三拾計り海に入れ申候得共、難儀に存。

拙僧存候は、此節大事なる御船弐艘しつみ、於須摩様御志の定石徒に罷成、石切、かこ、十人餘り相果候得は、其家内五十人計りも迷惑申事、拙僧かたくみ出たる事と存、神仏に祈誓も不仕、

寝申候、
其時竹原安兵衛殿家来与兵衛と申者弐人持の敷石を軽る軽ると持〆竜宮に上ると大音にて海に投る。則船はたすかると申ゆへ、頭を持上け見れば浪少も無御座、其時の石切杯申候は石を海に投ると、十二、三の見事の女、海の上に立つかと見ればうせ為申と拙僧へ咄申候、夫より浜之市に入津、右の獅子尾へ相直し候、拙僧五十九才、
又存出し候は当分は弟子にて候得共、重ての住持は先寺にてもなし、不入定を空順か蒙、御免をたつるさわり〔註2〕と存候は、案申と存左様に候得は〔註3〕、高の五斗分も定付に可申上と存候処に幸増高御座候、其上境内仕明申上候得は御免の御證文、享保八年卯十月十五日、比志島隼人殿〔註4〕より被下候、始申上候時も隼人殿御取次にて御座候、

【註】

1 **虬**　想像上の動物で蛇に似る。四脚を持ち、角があり、毒気を吐いて人を害するもの。ここでは、蝮（まむし）のことか。入定室を移そうとするときに、わざわざ自分の庭を選んで、死んでいるということは、不吉なことであると空順法印は考えた。虬を水神の化身とする説もあるが、ここでは空順法印はそのように考えていないようである。

2 **たつるさわり**　言い立てるさわり。入定を延ばしなさいと殿様から言われ、不本意ながらお聞きした障り。

3 **案申と存左様に候得は**　ここでは、殿様の言うことを不本意ながら聞いたので（障りがあった）と解したい。

4 **比志島隼人殿**　島津家家老の比志島範房のことと思われる（『三州御治世要覧』）

〈解　説〉

この段では、第一に、入定室を隼人の獅子尾へ直す許しを吉貴公からいただいたことについて、空順の感謝の念が記されている。第二に、入定室の石を、桜島から隼人の浜之市へ、船で運ぶとき、追い風が吹いて思うように船が進まない。その上、大切な定石や船乗りが海に沈んでしまったりした。空順が後悔の念を深めていたところ、与平衛が竜宮に差し上げるのだと言って、石を海に投げ入れた。ところが十二、三歳の美しい女が海に立ったり消えたりしたという。そのとき、波は消えてしまった。竜宮の乙姫（おとひめ）が空順を助けてくれたのだという不思議な話が語られている。第三に、浜之市に入港し、定石を獅子尾へ移した。そこで吉貴公は、空順の高を増やし、開墾を許されたということである。空順法印が、竜宮の神を信じていたことが窺われる。

【62の段】川内水引京泊（せんだいみずひききょうどまり）の小倉平左衛門の志

〈大　意〉

入定室を移設するのについて、川内の水引郷京泊の小倉平左衛門がかなりの程度の志をくださいました。

【原　文】

定直に付、川内水引京泊り〔註1〕、小倉平左衛門大分の志し御座候、

【註】

1 **川内水引京泊り** 薩摩郡水引郷網津(おうづ)村(むら)京泊。現在の薩摩川内市港町京泊。中世の頃から京泊は商港として栄え、中国との貿易港として知られていた。キリスト教史の中でも重要な地であった(『川内市史』上巻)。

〈解 説〉

この段では、川内水引京泊の小倉平左衛門から、入定室移設にあたっての志をかなりの程度いただいたということが記されている。京泊は港町である。小倉平左衛門は船を利用して隼人の浜之市まで来て、空順法印に会ったことが考えられる。当時は海上交通が重要な地位を占めていた。

【63の段】船間島(ふなまじま)の小倉長兵衛からも志

〈大 意〉

同所、すなわち川内水引船間島の小倉長兵衛が、かなりの志をくださいました。それゆえに、入定室辺りの石垣まで作ることができました。

【原 文】

同所船間島〔註1〕、小倉長兵衛、大分の志し御座候、夫故定の辺石垣迄相済申候、

【註】

1 **船間島**　薩摩郡水引郷網津村船間島。現在、薩摩川内市湯島町船間島。船間島も平安時代のころから商港であったが、島の北東部に避難港として適当な所があり、暴風雨などの時に使用された。江戸時代までは密貿易の隠れ場所であったとされる（『川内市史』上巻）。

〈解　説〉

空順法印は、船間島の小倉長兵衛からも志を受けている。入定室辺りの石垣ができるぐらいだからかなりの額を頂いたのだろう。小倉平左衛門と同じく貿易に携わっていた人物だと思われる。

【64の段】融通念仏と空順法印

〈大　意〉

三光院に詣りましたところ、住僧の順忍房が融通念仏の巻物を見せてくださいました。この巻物は、国府の在家から金剛寺に差し上げていたところ、鹿児島衆が拝見して、それを日新様に献上なさいました。後日、またそれを日新様から日秀上人へ差し上げることになりました。そうであれば、日秀が座主である三光院へ与えるのが当然ということになり、当寺、すなわち三光院にこの巻物があるのです、という話をされて、拙僧に見せてくださいました。

拙僧は、比志島隼人殿へ持参し、殿様にもお見せしたら日秀の徳末、すなわち日秀の教えが末々まで続いているということであると申し上げました。日秀は、義久公まで御三代（勝久、貴久、義久）の帰依を受けた僧です。日秀が入定されたのは、殿の御合戦が難儀であったのでそれを救うための御祈禱のためでありました。

この巻物は、拙僧が借りて比志島隼人殿へ持参いたしましたが、比志島隼人殿は結構念を入れて御覧になったうえで拙僧へ届けられたので、三光院へ持参いたしました。

【原　文】

三光院に参候得は住僧順忍房ゆう通念仏（註1）の巻物国府在家より金剛寺（註2）に遣せ置処に、鹿児島衆拝見にて、日新様（註3）より日秀上人（註4）へ被進候得は三光院へ御遣可然と被申候ゆへ、当寺に参候由咄にて見せ被申候、拙僧申候は比志島隼人殿へ持参仕、殿様にも掛御目に被成候はは、日秀の徳末（註5）にも現われ中事に候、日秀は、義久公迄御三代の御帰恵（「依」の誤記か）僧右定入は御合戦御難儀の時の御祈禱にて候、此巻物隼人殿結構に被成、拙僧まて御遣候ゆへ三光院へ持参申候、

【註】

1　ゆう（融）通念仏　日本十三宗の一つ。融通大念仏宗、または大念仏宗ともいう。宗祖は聖応太子良忍で、永久五年（一一一七）五月十五日に阿弥陀如来より直授感得した〈一人一切人、一切人一人、一行一切行、一切行一行、是名他力往生、十界一念、融通念仏、億百万遍、功徳円満〉の偈文を根本教義とし、こ

の時をもって開宗の年とする（浜田全真「融通念仏宗」一九九九年）。空順上人が見せてもらった「融通念仏之巻物」とは、絵解きによって融通念仏を広めるために作られた『融通念仏縁起絵巻』の一つと思われる。『絵巻』は正和三年（一三一四）に作成され、その後、明徳二年（一三九一）に開板摺写された明徳版本を始め、鎌倉時代末より室町時代にかけて広く伝写された（浜田全真「融通念仏縁起」一九九九年）。空順はこの巻物に接したことで、覚鑁によって確立された、真言宗に念仏を採り入れた新義真言宗の秘密念仏、それに加えて、他力を旨とする念仏を学んだことは疑いない（森田清美『霧島山麓の隠れ念仏と修験』）。

2　**金剛寺**　五家山龍護院金剛寺のこと。国分郷上小川村新城（現鹿児島県霧島市国分）の西南麓にあった。貫明公（島津家十六代義久）の建立。鹿児島城下真言宗大乗院の末寺。本尊千手観音（日秀上人の一刀三拝の自作）がある（『三国名勝図会』巻之三十一）。

3　**日新様**　島津日新斎忠良（一四九二〜一五六八）のこと。戦国時代の武将で近世大名として島津氏の基礎を作った。島津中興の人とされている（三木靖「島津日新斎」一九八一年）。

4　**日秀上人**　日秀照海金剛と号し、加賀（現在の石川県南部）の人。高野山で密法の奥義を受け、観音所在の補陀落山を求めて渡海した。南海は磁石が多く船底の釘が抜けたので鮑が集まってきて釘穴を防いだという。その後、琉球に渡り、波之上護国寺を創建、琉球に真言宗を布教した。坊津一条院を経て鹿児島正宮に入る。上人は、正宮造営の用材を屋久島に求めた。三光院（日秀神社）を創建し、慶長十四年（一六〇九）に国分寺五峯山金剛寺の本堂を建立した。獅子尾山正福院観音寺の本尊馬頭観音は日秀上人の作で、島津貴久と日秀上人と祠官桑幡某の霊夢によるという。天正四年（一五七六）島津義久が日向耳川の決戦に出陣の折、上人の定室前で上人と別れられたという。上人の入定は天正三年十二月八日午前四時ごろから始まり二年後の天正五年九月二十四日に遷化した。享年七十五歳であった。『三国名勝図会』巻之四十には「其後、天正六年十一月十三日、日州耳川に於て大勝利を得玉ふ、果して上人の言の如し」とある。日秀上人は、補陀落渡海と入定の捨身行者であったのである（『隼人郷土誌』、根井浄『補陀落渡海史』）。

5　徳末　徳が末に現れる、と解したい。

〔解　説〕

この段では、空順法印が、三光院の住僧順忍坊に融通念仏の巻物を見せてもらった。これを、家老の比志島隼人殿を通して吉貴公に見せたら日秀上人の教えの一端が現れ出て殿のためにもなるのではないかと思った、ということについて記されている。空順法印が、入定にあたって、あるいはそれ以前から真言密教の師と仰いでいた日秀上人の教えを吉貴公に知ってもらいたいという気持ちが表れている。また、日秀上人も空順法印も、真言密教の教えだけでなく、融通念仏も学び、理解を深めていたことが分かる。

【65の段】石から紫色の血が出た

〈大　意〉

弥勒院を建立されたとき、御検者衆中に正八幡宮の前にある手水鉢を御寄進しようという相談がありました。そのため、正興寺の山に石切人夫を連れて行きました。その山では、石切を先に入れ、ツルノハシを石に打ち込ませたところ、その石から紫色の血が出たのを見たと橋口新蔵が言われました。検者衆も驚いていたとき、留守居役の次左右衛門がやってきて、その石に向かって申されるには、これまで御石躰の山と言われていたので紫の血が出た、ということであるということでありました。そこで、別の石に代え、手水鉢を作って供え、今は神前にございます。

【原　文】

弥勒院〔註1〕御建立の節、御検者衆相中に正八幡の御前に手水鉢御寄進の相談にて、正興寺〔註2〕山に石切を列、石切先に入、鶴のはしを石に打ち込み申せは、石より紫色の血〔註3〕出る、橋口新蔵見被申候、検者衆も驚き折節、留守次左右衛門参り合向ひ被申候得は、是迄御石躰の山と被申候、夫故別の石にて切かへ右手水鉢、神前に御座候、

【註】

1　**弥勒院**　鷲峯山霊鷲山寺弥勒院のこと。国分郷内村（現鹿児島県霧島市隼人町内山田）の鹿児島神社華表、すなわち神社の鳥居の内にあった。正宮の別当寺である。武州天台宗東叡山の末寺。本尊は釈迦如来、不動明王である（『三国名勝図会』巻之三十一）。『鹿児島県史料集　三州御治世要覧』の享保五年（一七二〇）の項に「国分正八幡宮別当弥勒院と申寺者、性空上人開基之寺ニ而候得共、中古致廃壊、其通ニ而有之候処ニ、太守吉貴公依御志願、当年二月御再興之儀、於武州江戸被仰出、伊集院来迎院憲英江住職被仰付……」（仮名は筆者）とある。そうすると、この『空順法印日録』の、この段に書かれている年代は享保五年二月のころということになる。『鹿児島県史料　旧記雑録追録三』「一二二三　吉貴公御譜中」では、享保六年二月十八日に、弥勒寺を南泉院の触下にいたしたことの「家老申渡」が名越右膳（名越恒渡）に届いている。なお、南泉院は、正式には大雄山仏日寺南泉院といい、城下坂本村（現鹿児島市坂本町）にあった。天台宗

で、本尊薬師如来。中興開山僧正智周。島津家十九代光久のとき、東照宮を祭り、かつて天台宗の巨刹であったが、当時は、禅宗となっていたものを天台宗として城下に移設して別当寺とした。正徳五年（一七一五）の家康百回忌当時の藩主は、吉貴公である。徳川将軍家の権威を背景に、藩主の権力の確立が進められていった（曽根原理「徳川家康の年忌儀礼と近世社会」二〇一一年）。天台宗弥勒院の建立もその藩権力確立の一環として考えてよい。

2　**正興寺**　霊鷲山正興寺のこと。国分郷内村（現鹿児島県霧島市隼人町内山田）にあった。京都臨済宗五山の中、建仁寺の末寺。本尊釈迦如来。正八幡の本地所三箇寺の一つ（『三国名勝図会』巻之三十一）。

3　**紫色の血**　石体は神石で、これを傷つけたら、人間世界のものではない異界のものであることを知らせる神の血が出てきたと解したい。伝説によれば、あるとき、石工がこの岩にノミを立てたところ岩から血が流れ出し、人々が恐れて「石躰様」とか「重石」というようになった。また、「おちち（乳）石」ともいい、安産の神ともなっている。

＊この段の、文の横に小さな文字で「橋口新蔵見被申候」とある。この文章からは、紫の血が出るのを見たのは橋口新蔵である。空順法印か後世の人が、記憶に残すため、文の横に改めて書いたのであろう。

〈解　説〉

この段では、弥勒院を建立するとき、御検者衆中の間で、鹿児島正八幡宮の前に、手水鉢を寄進しようということになり、山に行って石を切っていたら紫色の血が出てきた。その石は、これまで神が宿る石体であることが分かった。そこで別の石で手水鉢を作って供えたということが記されている。人間世界を越え、神を冒涜するようなことをすると神の血である紫色の血が流れ出るよ、ということを空順が人々に警告しているのである。

【66の段】にっと笑った吉貴公

〈大　意〉

弥勒院へ殿様がお越しになられた。それは、享保九年（一七二四）三月中旬のことでございました。そのとき獅子尾観音堂に御参詣されて、拙僧の寺までお入りになられ、入定室直しの御証文をお目にかけられた。吉貴公のお気持ちは、これは写しであるから、本書をこちら（空順のところ）にやり、写しを寺社座へ置くはずであるとのことでした。

拙僧が申し上げるには、それは昔のことでございます。今は皆、写しをくださいます。我々ごとき者には写しだけでも下さることを有り難く思っております。その写しは嘘の書ではありません。殿様の目の前で御小姓衆が鼻紙にお書き付けくださいましたが、それさえも拙僧は忝く思っております。

それゆえに、名越右膳殿から殿様のお気持ちにより御証文をくださいました。境内の増高お許しの御証文ならびに観音堂御分国中からの加増のお許しの御証文、寛永三年（一六二六）九月二十八日摂津守と下野守両人共に加印のある御証文を殿様が御覧になられた。

それから、お帰りの節に弥勒院座主が申し上げるには、この先に正国寺という寺がございます。あそこまでお歩きになられたほうがよいでしょうと申されました。拙僧は先に参りました。当寺の住僧は親の忌中のため、隠居だけが堂の前庭まで出てきてお目見えをなさいました。

お帰りのとき、新田土手を拙僧が先にご案内申し上げ、獅子尾境内七町二十四間（約八〇〇メートル）を廻り、見ていただいたところ、弥勒院座主が、さても空順は境まで細かに案内を申し上げる利口な者よと言われました。殿様も同じように思われたのか、にっとお笑いになられました。それから、弁財天（べんざいてん）を宮から取り出してお目にかけ、弥勒院までお供をいたしました。お供は、弥勒院座主、義岡右京殿、鎌田休之進殿、そのほか、八、九人でございました。

【原　文】

弥勒院へ殿様御光越（註1）、享保九年三月中旬、其節獅子尾観音堂（註2）御参詣、拙僧定寺迄御入被遊、然処に定直しの御證文、掛御目に候得は吉貴公御意に、是は写にて候、本書を此方へ遣、写を寺社座へ置筈と御意被遊候、拙僧申上候は、夫は昔の事に候、只今は皆々写を被下候、殊に我々つれの者には写さえ被下事難有奉存候、右写はうそにては御座有間敷候得共、御目前にて御小姓衆鼻紙に御書付被下候が、拙僧は忝奉存候、夫故名越右膳殿より御意にて御證文被下候、増高境内御免の御證文、並観音堂御分国中奉加銀之御証文、寛永三年九月廿八日摂津守、下野守右両人共に御判形の御證文被遊御覧、夫より御帰りの節弥勒院被申上候は、此先に正国寺（註3）と申寺御座候、あれまて御歩行可然と被申上候故、拙僧先に参候、当住は親の忌中にて、隠居計り堂の庭迄罷出御目見被申、御帰の節、新田土手を拙僧先に御案内申上、獅子尾境内七町弐十四間〔註4〕廻り、掛御目候得は、弥勒院扠も空順は境まてこまかに申上る利口な者と被申候得は、殿様もにつと御笑ひ被遊、夫より弁財天〔註5〕ぬき掛御目に弥勒院まて御供申候、御供は弥勒院、義岡右京殿、鎌田休之進殿其外八、九人御座候、

【註】

1 **弥勒院へ殿様御光越(ごこうえつ)**　正宮文書によれば、弥勒院は「享保七年（一七二二）五月ヨリ八年八月ニ至テ功ヲ終フ」とある（『隼人郷土誌』）。したがって、吉貴公が享保九年三月中旬に弥勒院を訪れたということは、享保八年八月に完成した弥勒院を視察するためだったと考えられる。

2 **獅子尾観音堂**　獅子尾山正福院観音寺のこと。国分郷内山田村（現霧島市隼人町内山田）にあった。鹿児島城下の真言宗大乗院末寺（『三国名勝図会』巻之三十一）。

3 **正国寺**　梅霊山無量壽院(ばいれいざんむりょうじゅいん)正国寺のこと。国分郷内山田村（現鹿児島県霧島市隼人町内山田）にあった。南都律(なんとりつ)宗西大寺(しゅうさいだいじ)の末寺。本尊阿弥陀如来。当寺は正宮八幡の本地所三箇寺の一つ（『三国名勝図会』巻之三十一）。

4 **七町弐十四間**　間になおすと四四四間。一間を一(メートル)八〇(センチ)とすれば、約八〇〇(メートル)となる。

5 **弁財天**　鷲峯山霊鷲山寺弥勒院の境内にある。弥勒堂の前にあり、白鷺(しらさぎ)池という池の中に宮があり、その中に弁財天を祀った（『三国名勝図会』巻之三十一）。

〔解　説〕

この段では、第一に、空順法印が、吉貴公から定直しの御証文を見せられた。殿がこれは写しなので本物は後ほど寺社座から届くはずだと言われたが、空順は写しでも有り難いと答えたこと。

第二に、獅子尾山境内を空順が安内する様子を見て、弥勒院座主憲英法印が、細かに案内する利口者と褒めた。殿も同じように思われたのか、にっと笑われたということについて記されている。殿も、空順を利口者と見られていることに感激している様子が分かる。

【67の段】於須磨様、獅子尾の定に長い間おられる

〈大　意〉

於須磨様がお定所にお入りになられ、長い間おられました。そのときも、お供は、島津玄蕃（げんば）様ならびに弥勒院座主、鎌田休之進殿でございました。

【原　文】

於須磨様御入被遊、定所に久敷被遊御座候、其時も御供島津玄蕃様〔註1〕並弥勒院、鎌田休之進殿にて御座候、

【註】

1　**島津玄蕃様**　島津家家老。しかし、宝永八年（一七一一）六月二十五日に死去となっている（『三州御治世要覧』）。この『空順法印日録』が弥勒院完成が享保八年（一七二三）八月以後とすれば、島津玄蕃が於須磨様にお供してきたというのは空順の勘違いと思われる。また、獅子尾に定直（じょうなお）しができたのは、空順五十九

歳とあるから、享保五年である。そのときも玄蕃は亡くなっているのである。空順が思い出しながら『日録』を書いているので、勘違いはあり得る。

〔解　説〕

この段では、吉貴公の側室、於須磨様が、空順の入定室の中に入られて、長い間おられたことについて記されている。空順法印に対する於須磨様の信頼が厚いことが分かる。

ちょっと一休み《歩く加勢をする空順法印》

鹿児島県伊佐市羽月の古老たちの話によると、何か願いごとがあったら隼人（現霧島市）の空順法印が住んでいる獅子尾山正福院観音寺まで出かけていった。道のりは八里ほど（約三二キロメートル）。羽月を夜中に発って朝方に着いたという。お願いや祓いごとをしてもらうと、すぐ昼過ぎになった。そこで急いで帰ろうとすると、空順法印が「急がんでもよか（急がなくても良い）、帰りはあるっかせ（歩く加勢）してやっで（してやるから）、ゆっくい行けよ（ゆっくり行きなさいよ）」と言われるものだった。

お茶を飲んでゆっくりして、隼人を発つときは、お日様が山の端、一竿半（ひとさおはん）（約二メートル二十五センチ）ぐらいの所に見えたが、羽月まで、八里の道を急いで帰った。しかし着いたときは、まだ日が一竿（約二メートル二五センチ）残っていたという。これによると日は、一八四・八三センチしか沈んでいなかったことになる。ということは、あっという間に八里歩いて、羽月に着いたことを意味する。その間、空順法印は、歩く加勢をするのだといって自分の寺の周りをぐるぐる何回も回っていたそうである。

【68の段】大日照りで観音へ雨乞い

〈大　意〉

その年（享保十年〈一七二五〉）、昔から例のないような大日照りで多くの地では雨乞いがございましたが、雨は降りませんでした。拙僧が思うには、今のような大日照りに生物は逃げることができますが、石はさぞ暑いことでしょう。今のようなことが続くと、入定室の家が焼けてしまって大きな災難であると思い、観音の厨子（ずし）に願い文を納めました。そうしたところ、半時（一時間ぐらい）内に雨が降り出しました。その日から七日目の朝に雨は止（や）みました。

【原　文】

其年、昔より例もなき大日旱にて諸方雨乞御座候得共、ふり不申、拙僧存候は此大日に生物はは逃もする、石はさぞあつかるべし、今ように候はは、家焼け可申大難と存観音のつしに願文を納め申せば半時の内に雨降り出す、七日目の朝雨やむ、

〔解　説〕

この段では、大日照りが続いたとき、観音の厨子に願文を納めたところ、その日から七日の間、雨が降り続いたことについて記されている。日秀上人が彫られた観音の力がいかに大きいかが示されているのである。

【69の段】無償で寺山の御用木を

〈大　意〉

寺山の御用木（建築用の木）をくださいますようにお願いしましたところ、高橋外記殿のお取り次ぎにより、山奉行の曽木権之助殿がお廻りのとき、大きな松を五本、無償でくださいました。それは享保十年（一七二五）二月二十五日のことでございます。

【原　文】

寺山御用木願申上候へは、高橋外記殿御取次にて山奉行曽木権之助殿御廻りの節、大松五本無代

に被下候、享保十年巳十二月廿五日、

〔解　説〕

この段では、寺の建築用として、弥勒院の寺山に立っている建築用の木をいただいたことについて記されている。

【70の段】於須磨様から代銀

〈大　意〉

於須磨様のお膝元に仕えておられる唯光院(ゆいこういん)様に増高の代銀を上納するため、寺山の大松五本を無償で売り払ってくださいと言ったことを於須磨様がお聞きになられました。そこで、山の木を切るとは見苦しいであろうと申されて代銀三百二十目を御寄進してくださいました。

【原　文】

於須摩磨の御方御懐唯光院様、増高代銀上納に付、寺山大松五本中上無代に被下売払申通被聞召上寺山の木を切候はは見苦しかるべし、右代銀三百弐拾目御寄進被遊候、

〈解　説〉

この段では、増高による代銀を、於須磨様がくださったことについて記されている。

【71の段】弟子譲りと入定室の無欲な管理
――後々、入定室が壊れたら、石は階段にでも――

〈大　意〉

獅子尾員地殿の弟子譲り願いを申し上げましたところ、お許しの御証文を享保十一年（一七二六）卯正月二十九日にくださいました。その弟子譲り願いを申し上げたのは、以前は、獅子尾山観音堂への参詣者が多くて全てがうまくいっていました。当分は世の情勢も悪く、難儀なことが続きます。ことに通り堂寺や持仏堂、客殿、庫裏などは自分負担の普請でございますので、以後、寺を建てるのは難しいと思います。その弟子譲りをお許しくださるについて、境内には桧や杉などを少しずつ差し立て、すなわち植えるという御証文をお引き受けしました。それで、それ以後、寺を建てるべきだと思っています。拙僧は、観音の地で入定させてくださいますお礼にと思い、弟子譲り願いを出しました。

たとえ、弟子といえども、朝寝をしたり、大酒を飲んだり、在家歩きをしたり、掃除や勤行などを怠けたり、観音堂や入定室の庭などを広めたり、狭めたりすることは無用、すなわち、してはならないことでございます。入定室近くの木を高くしておきますと、風が吹いたら折れて定室が危なくなります。木は根を切らずに、上を切るべきです。末々の正福院がわがままで思慮のない者と思われたらいけないと思い、このようなことを言い残しておきます。吉貴公が、入定地をくださいましたので、このように申し上げておきたい。

年を重ねて、百年もして、この入定室が壊れたら、（空順の）骨は土に入れ、上に小さな石を立てて固定しておくように願っております。その入定室の石は階段などに遠慮無くお使いください。しかし、銘書（めいしょ）のある所は字がなくなるように削り取っていただきたい。弟子譲りは、寺のためであると思いますので、少しもお決まりに背かないような人を置いてください。ぶしつけながら、本寺と與中（くみちゅう）の寺院所、御役人衆にお頼み申し上げます。

【原　文】

獅子尾員地殿〔註1〕弟子ゆづりの願申上候得は御免の御證文享保十一年卯正月廿九日に被下候、右弟子ゆづり願上申ししは前には参詣多く御座候而、万事相済申候、当分は世並悪敷難続候、殊に通り堂寺、持仏堂、客殿〔註2〕、庫裏〔註3〕、自分普請〔註4〕に御座候得は以後寺建かたく存、右弟子ゆづり御免被遊候に付、年々桧、杉なと少々宛差立御證文申請候はは已後寺建可申、拙僧観音の地にて入定仕御礼と存、弟子ゆづり願上儀に御座候、假弟子たりと申共、朝寝、大酒、在家ありき〔註5〕、掃除、勤行無之、観音堂、定の庭なと我侭に広めつ、迫めつ申事無用に存候、定近くに木を高立候へは、風に定あふなく候、木は根をきらす上を切り可申、末々の正福院我ままに慮外な者と被思召候得は、吉貴公より入定地に被下候ゆへ如此申置候、重て百年もして右定ころひ申時は、骨は土にほり入れ、上に小さき石を立、こ定為申様に願に候、右定石はきさはし〈註6〉などに無遠慮可被申候、然とも銘書の有所は字のなき様に削り可給候、右弟子ゆつり寺のために存儀に候得は、少も御法度不背あるへきようの人を置度存候、乍慮外本寺並與中〈註7〉の寺院所、御役人衆奉頼候、

【註】

1 **員地殿** 空順法印が住職を務める獅子尾山正福院観音寺の各殿のことと解したい。

2 **客殿** 客を応接するための建物。

3 **庫裏** 本尊への供物や住僧の食事の調理などをする建物。古くは食堂といわれた（石田瑞磨『仏教語大辞典』）。

4 **自分普請** 自分で費用を出して普請、すなわち、修理などをすること。郷や藩の負担ではない。

5 **在家ありき** 在家歩き、すなわち、出家していない在俗の家を訪ねて遊び回ることと解したい。

6 **きさはし** きだはし（階梯）の意で階段や段梯子のこと。ここでは階段。

7 **與中** 薩摩藩で近世家臣団の組織として編成されたもので、その長を與頭（くみがしら）という。外城（とじょう）では、郷内の士を数組に分けた組織。與中というのは組の仲間、あるいは人々の意（原口虎雄『鹿児島県の歴史』）。

〈解　説〉

この段では、第一に、空順法印が、入定するにあたって、獅子尾山正福院観音寺の弟子譲りを

お願いして許されたこと、第二に、それに関連して入定地の後々の管理を細かに願っていることが記されている。入定室が壊れたときは、その上に小さな石を固定し、石は階段などに使って良いとか、その石の銘は削り取ってくださいと役人に頼んでいる。ここでは、空順法印が、自分の名などは後世に残さなくてもよいという無欲さを訴えていることが分かる。しかし、入定の目的は即身成仏（そくしんじょうぶつ）であるから、修験者としての望みは、入定室が壊れたからといっても、自分の名が失われるものではないことを悟っているのである。

しかし、空順法印の入定から三百七十余年たった現在でも入定室は健在で、霧島市史跡に指定されている。そして同市隼人町内山田原集落では空順上人祭を催して遺徳を偲んでいる。

【72の段】家老名越右膳殿の霊が夢に

〈大　意〉

殿様から、名越右膳殿の病気が重く、非常に切迫しているので祈念をいたすようにと言われたので、それをいたしました。そうするうちに夢の中で、隅州（ぐうしゅう）様が御下向されるときの供の者の皆々が黒装束で、その後から右膳殿の供廻り（ともまわり）五十人ほどが皆々白装束で、右膳殿が白木の乗り物に乗り、出水の町をお帰りになられていました。そのとき、白木（しらき）の三宝（さんぽう）に乾菓子（ひがし）を積み上げる夢を見ました。その後、盆になって、拙僧の入定室に右膳殿が供人七、八人とともにお出でになり、庭から、今晩は宿を借りたいと言われました。右膳殿は内にお入りになり、寝てしまわれました。残りの者たちは、庭から帰られると思っているとき、夢から覚(さ)めました。

【原　文】

殿様より右膳殿(註1)御病気大切に付、祈念可申上由、被仰付候祈念申内の夢に、隅州様(註2)御下向の御供は皆々黒支度、其御跡より右膳殿御供廻りは五十人計り、皆々白支度にて、白木の乗物(註3)にて、出水の町、御返り候節、白木の三宝に干菓子を積上ると夢に見申候、其後盆にて拙僧定所に供人七、八人にて御出、庭より今晩は宿を借可申と被仰候、右膳殿は内に御入(註4)、いね被成候、餘之衆は庭より帰り被成候と存る時、夢さむる(註5)、

【註】

1　**右膳殿**　島津家家老名越右膳(恒渡)のこと。

2　**隅州様**　『三州御治世要覧』の享保六年(一七二一)の項に、「太守様御隠居御願書、今月(閏七月　筆者註)三日戸田山城守様江被差出候処ニ、同九日太守様御名代鳥居丹波守様御同道ニ而(略)太守様御願之通御隠居、隅州様江御家督被仰渡候通到来……」とある。このときは、家督は隅州様へ引き継がれていた。

3　**白木の乗り物**　白木輿(こし)は、親王(しんのう)や摂家(せっけ)、清華(せいか)、大臣以上の乗る輿。もう一つの意味は、葬儀用の白木作りの輿。ここでは後者の意味。

4　**右膳殿は内に御入**　名越右膳殿の霊が空順法印を訪ねてきたということは、今生(こんじょう)の別れに参られたと解

してよい。南九州の民俗事例でも、霊が夢に現れた日に亡くなったとか、杖を置く物音や、戸を開ける音がしたら死霊が別れに来たといわれている。修験者としての空順もそれを信じていたことが分かる。祈念が通じないで、さぞ残念だっただろう。

5　**夢さむる**　夢想からさめた。空順は、夢想により右膳殿の死ぬことを知った。『三州御治世要覧』に「於江戸（享保十年）九月晦日名越右膳殿死去ニ付、人々遠慮可仕旨被仰渡……」とある。したがって、このときの空順の日記は、享保十年（一七二五）九月のころのことを記していることになる。

〈解　説〉

この段では、島津家家老名越右膳の病気が重くなったので、吉貴公が空順法印に祈念を命じた。しかし、空順は、白木輿に乗って出水の町を帰られている右膳殿の姿を見、また、右膳殿が、自分が住んでいる定を訪ねてきて、寝入ってしまわれた夢を見たということが記されている。死霊が訪ねてきたということは今生の別れに来たことを意味している。祈念が通じないで、空順の気持ちはさぞ残念なことであった。験力（げんりき）不足を痛感したのだろうか。

【73の段】何回継いでも右手が落ちる身代わり観音

〈大　意〉

当寺の観音像は、義久公と日秀上人、桑幡殿、獅子尾住職が、一夜で桑幡殿の所のかやの木の碁盤で新しく作り替えるようにとの霊夢がありました。そのため、日秀上人がお作りになられました。粗造り(あらづく)をしているとき、観音様の顔つきが変わり、恐ろしくなったので仕上げまでいたしませんでした。それで、粗末にできております。

島津右馬頭(うまのかみ)様が、御合戦のとき、観音様が明日は身代わりにお立ちになるとの霊夢がありました。それゆえに、観音像の右の御手が落ち、合戦から直ちに帰って参られましたので、驚いて、継いでやりました。その夜は御手は庭にあり、その後、幾度も継ぎましたけれども、少しの間たてばすぐ御手が落ちてしまわれます。

【原　文】

当寺観音の儀は、義久公日秀上人、桑幡殿獅子尾住僧一夜に、桑幡殿所のかやの木の碁盤にて新く作りかへ可申と一度に霊夢也、夫故日秀御作り被成候、あら作の時、御さうかう〔註1〕御替おそろしく有之故、仕あげ無之麁相御座候、島津右馬頭様〔註2〕弓箭の時分、明日は身替りに御立被遊霊夢有、夫故右の御手御落弓箭より直に御参、驚き、御継き、被遊候得は、其夜御手庭に出て有、其後幾度も継き中候得共、少間有て見は御落被遊候、

【註】

1 **さうかう**　相好(そうごう)、顔つき。

2 **島津右馬頭様**　島津豊後守忠広(ぶんごのかみただひろ)のことと思われる。島津忠朝(ただとも)の嫡子で、島津家十五代貴久を助けて戦国

島津家のために戦った。天文十八年（一五四九）伊東氏を破る（『鹿児島県史　年表』。『本藩人物誌』）。

〈解　説〉

この段では、日秀上人が作った粗造りの観音像は、島津右馬頭が、合戦のときは、身代わりになってくれるという霊夢を見た。そのため観音像の右の手が落ちる。合戦から帰った右馬頭が継いでやったが、すぐ落ちた。その後も継いでやるけれども、また、落ちるということが記されている。獅子尾山正福院観音寺の観音像は、右手をなくしてでも右馬頭を助けた約束をよく守り、右手は継いでもすぐ落ちるという観音像の霊験を、空順法印は重く語っているのである。

これは、入定の模範としようとしている日秀上人が仏師としても優れていたから、このような霊験があるのだと空順は信じていることを示している。

ちょっと一休み《鹿児島神宮初午祭馬踊りの起源は？》

鹿児島神宮初午祭の起源は、霧島市隼人町内山田獅尾山正福音観音寺にあったという伝承がある。初午祭は本来旧暦一月十八日であったが、最近はこの日に近い日曜日に行われている。地元では「十八日馬」とか「馬踊り」と呼ばれている。

島津家十五代貴久が、大永七年（一五二七）に戦いで焼失した正八幡宮（現鹿児島神宮）の再建を企て永禄三年（一五六〇）に工事は完成した。そのころの話であるが、神宮の桑畑（くわばた）家に泊まった貴久公は、馬頭（ばとう）観音が枕元に立ち、お堂を建て自分を祭ってくれたら馬の守護神となってやろうというお告げの夢を見た。桑畑氏も、そこに居合わせた日秀上人も同じ夢を見た。その霊夢を見た一月十八日に盛装し、錫をかけた馬を馬頭観音堂に参詣させるようになった。これが現在のような馬踊りに発展していったという。

馬頭観音堂は、獅子尾山観音寺のことであるが明治初年の廃仏毀釈で壊された。したがって馬踊りは神宮だけで行われるようになった。

（藤浪三十尋「鹿児島神宮の初午祭」『南日本新聞』平成二十九年〈二〇一七〉六月五日掲載）

第九節　入定の準備に入る空順

【74の段】観音経よりも真言を唱える方が効き目

〈大　意〉

観音堂は、吉貴(よしたか)公の妹、御亀(おかめ)様がお建てになられました。その堂に虫が付きますので、土地を六尺ほどの深さに掘り起こし、代わりの柱をお作りになられましたけれども、また虫がすべての柱についてしまいました。

拙僧がいるうちに、毎日、真言を千遍唱えるべきだと思って、唱えましたところ、次の朝は、虫がつくのがすっきりと止まりました。一、二年過ぎた今は、観音経三万三千三百三十三巻を読んでいるうち、経も真言も同じことと思い、真言を唱えることを止(や)めてしまいました。そうしましたら、次の朝は三本の柱に虫が付いていました。そのうち、真言を唱えましたところ、次の朝から今まで虫は付いていません。

【原　文】

観音堂は御亀様〔註1〕御建立。右堂に虫付申故地を六尺すき〔註2〕御替作り被遊候得共、又虫柱に皆々付申候、拙僧罷居内、毎日真言千遍唱可申と申上候得へは次朝すきととまる、一両年過て、只今は観音経三万三千三百三十三巻読誦の内なれは経も真言も同しことと存、真言をとめ申候得は、次朝柱三本に虫付申候。其内より真言を唱候得は、次朝より只今迄は虫付不申候、

【註】

1 **御亀様** 島津家二十代綱貴(つなたか)の娘(『鹿児島県史 別巻』)。『西藩野史』巻之十九に「(宝永二年)夏六月 吉貴公の女弟亀姫と称す。元禄三年正月晦日生ル母江田五兵衛国重女 近衛大納言家久卿(後従一位左大臣ニ任ス)ニ嫁ス。九月亀姫賤恙(せんよう)(病)ニ侵サレ日ヲ逐テ漸医療験ナク十月五日内寐ニ終フ年十六(後略)」(仮名は筆者)とある。女弟は、妹という意味。

2 **すき** 鋤(すき)などで土地を掘り返すこと。

〔解 説〕

この段では、亀姫様が建ててくださった観音堂の柱に虫がついたので、空順法印が毎日、真言を千遍唱えたところ、次の朝は、すっきりと虫が付かなくなった。観音経三万三千三百三十三巻読誦のうちなら経も真言も同じだと思っていたら、次の朝は虫が付いた。あらためて真言を千遍唱えたら、次の朝から虫が付かないようになったということが記されている。修験者としては、観音経よりも真言を唱えるほうが験力(げんりき)が示されるということを説いているのである。

【75の段】お礼にもらった箒（ほうき）の呪力

〈大　意〉

府中の中村から益右衛門という者が、六歳から十年ほど体中にできものができて、昼はよそへ行かないと言って、獅子尾（ししお）へ夜、やってきて治してくれるように頼みました。観音に歳暮として箒一本を終世差し上げます、と言ったところ、五日のうちにできものが、すっきりと治りました。そのため親子でお礼にまいりました。この話は、只今（ただいま）のことでございます（昔のことではありません）。

【原　文】

府中村〔註1〕より益右衛門と申もの、六歳より十年ほと惣身瘡にて昼は余所に行不申、獅子尾へ夜参り頼申故観音に歳暮にほうき〔註2〕一本一代差上申と申上候得は五日の内にすきとなおり、親子御礼に参詣仕る。是は只今の事〔註3〕也、

【註】

1　**府中村**　藩政時代、鹿児島郡鹿児島近在の四村のうち。鹿児島郡中村。隣接して郡元村（こおりもとむら）、宇宿村（うすくむら）があった。現在、鹿児島市鴨池（かもいけ）地区。

2　**ほうき**　箒は物を掃き出すことに使われるが、民俗の上でも、長居をする邪魔な客を追い出すのに使わ

れたり、赤子の魂を落ち着かせる働きをする。ここでは、箒が体のできものを掃きだすという意味にとらえてよいのではないか。

3　**只今の事**　現在のことで昔の話ではないということ。

〔解　説〕

この段では、箒の呪力について記されている。箒を一代にわたたって差し上げますと観音に申したら、体のできものがすっきりと治ったということである。

【76の段】あら不思議、正月に竹の子が生えてきた

〔大　意〕

踊の衆中（おどりしょうちゅう）が田原村におられるとき、正月に、親が病気となって竹の子を食べたいと言われましたが、正月に竹の子はありません。そうしたところ、入定室の横座（よこざ）に五、六寸の竹の子が二本生えてきました。その人は古川四郎左衛門という人です。

【原　文】

踊衆中田原村に被居候、正月親病気に付竹の子を望被申候得共無之、然処に横座〔註1〕に五、六寸廻りの竹の子弐本生出申候、古川四郎左衛門、

【註】

1 **横座** 入定室の横座は、その家の主（ここでは空順）が座る場所である。験にたけた空順の呪術の力がなせる技だと思われる。

〔解 説〕

この段では、正月に古川四郎左衛門という人が、親が病気で竹の子を食べたいと言っていて、何とか竹の子を観音に頼んでもらえないかと言ってきたこと、空順法印が、この時季に竹の子はないと言ったら、横座から竹の子が二本生え（は）てきたということが記されている。一家の長が座る横座から竹の子が生えてきたという、空順の驚くべき験力の発揮を誇示しているのである。

【77の段】通り堂本尊地蔵などは寄進で成り立つ

〈大 意〉

通り堂本尊地蔵や十王十体像は、於須磨（おすま）の御方、御城女中、玄蕃（げんば）様、唯光院様、名越右膳（なごしうぜん）殿奥方、町田宇左衛門殿奥方、川上久馬殿奥方、留主の新左衛門殿が寄進。室の材木は大島与人田畑佐文仁が寄進。その他の造立は、あちこちにいる寄付者である施主（せしゅ）の肝煎（きもいり）で、留主居（るすい）の次佐衛門でございます。

【原　文】

通り堂本尊地蔵、十王拾体〔註1〕の儀は於須磨の御方、御城女中、玄蕃様、唯光院様、名越右膳殿奥〔註2〕、町田宇左衛門殿奥、川上久馬殿奥、留主新左衛門殿、室材木は大島与人田畑佐文仁寄進其外造立は方十方施主〔註3〕肝煎留主次左衛門〔註4〕、

【註】

1　**十王拾体**　冥土（めいど）において、亡者の罪の軽重をただす十人の判官。特に閻魔王（えんまおう）だけをいう場合もある（石田瑞麿『仏教語大辞典』）。ここでは十王の十体の像をいう。

2　**奥**　奥方のこと。

3　**十方施主**　あちこちにいる寄付者

4　沢氏文書には、享保十一年（一七二六）宮内与頭留守居次左衛門と記されている。

〔解　説〕

この段では、通り堂の本尊地蔵や十王十体の像は於須磨様などが、入定室の材木は大島与人田畑佐文、造立については、あちこちにいる寄付者の肝煎役の留守居次左衛門であることについて報告されている。空順法印は、誠に有り難いことで、記録に残しておくべきであると考えて日記に記したのである。

【78の段】弘法大師御筆不動明王像

〈大　意〉

弘法大師がお書きになられた不動明王像が、表具（ひょうぐ）はしてありませんので、於須磨様へそのことを申し上げましたところ、経費の御寄進をなさってくださいました。

【原　文】

弘法大師御筆の不動表具無之由、於須磨の御方へ申上候得は、御寄進被遊候、

〈解　説〉

弘法大師作の不動明王像という貴重な掛幅（かけふく）があったが、表具がなされていなかった。それを於須磨様が表具の経費を出してくださったことについて記されている。真言密教の祖、空海作の不動明王像は、同じ真言密教僧である空順法印にとって、表具がなされていない、というのは入定を前にして心残りだったことが分かる。

【79の段】大風も止めた空順法印

〈大　意〉

当国は、台風の塩害で、鹿児島の田舎では海上より二、三里の間は、草木が枯れる。次の年より大風が十日余り吹いた。一年に二度、それが二年続きであったので、飢饉（ききん）が（起こるのは）昔から（他国では）例のないことである（他の国と比べて普通の状態ではないことである）。そのため他の国から米や麦、大豆、煙草まで買い入れがなされている。金銀はなくなり、多くの人が難儀しているところにまた、大風が十日余り吹いた。人々は、吹き返しの風に難儀をしています。そのため、拙僧は、恐れながら、大風が吹いても耕作には差し支えがないように仏や神に祈り、風を起こすような（不吉な）団扇（だんせん）は終世手に取りませんと申し上げました。そのため、その吹き返しの風は吹きませんでした。それは、享保十二年（一七二七）七月のことでございます。

【原　文】

当国は潮大風にて鹿児島田舎海より二、三里の間は草木枯るる、次年より大風十日餘り、一年に両度、二年続き申故、ききんむかしより例なき事〔註1〕。他国より米、麦、大豆、たはこ迄御買入被成候故、金銀無之諸人難儀申処に又大風十日餘り吹申候に付、諸人もどしの風〔註2〕難儀申故、拙僧乍恐、大風吹てもかう作に不障ように仏神に扇団〔註3〕を一代手に取申間敷由申上候。其風もどし吹不申、享保十二年七月、

【註】

1　例なき事　例がないというのは、ここでは、普通と異なっているという意味である。

2　もどしの風　ここでは吹き返しの風と解したい。台風が去り際に、強く吹く風である。

3　扇団　団扇（うちわ）のこと。団扇は、風を送ったり、虫を追い払ったりする生活用具であるが、全国各地の祭礼や民俗芸能などで古くから扇（おうぎ）を手に持ち、採りものとして用いられている。願もどしに扇を壊し、神との絶縁を表明することも行われている（青山淳二「扇」一九九九年）。そのため、修験者や巫女の呪具としても用いられる。ここでは、団扇が風を送るというので不吉という見方があったことを示している。

〈解　説〉

この段では、薩摩藩は、潮大風が強く、農作物に大きな被害を与えていて、人々も困っている。そのため、空順法印が、耕作に害がないように、風を引き起こす不吉な団扇は一代（いちだい）手に取らないと神に誓って祈願したところ、吹き返しの風が吹かなかったということについて記されている。空順の験力は台風まで止めることができるということと、団扇には台風を引き起こすという、不吉な面がしきたりとして信じられていたことが分かる。

【80の段】人の教えを他人事として聞くな

〈大　意〉

亮雲房（りょううんぼう）が伝授申されるとき、高野山からは遠国だけれども、鹿児島まで下ったら、不動の真言を二百万遍唱えるとき、阿字観の瞑想法を始めるように言われました。下って来たときは（他の僧に）寺を差し上げました。

　真言を百八十万遍唱えるとき、色々、帰命、すなわち、仏陀の教えに帰順する上での不思議なことがございました。それから、阿字観の瞑想法は忘れ、仏陀の教えに帰順することに夢中になり、真言を千二百万遍唱えるとき、拙僧に病が起こりました。それから、かれこれと、いたずらに月日を送りました。後悔しても仕方のないことでございます。六十歳を過ぎても、それから後日は悟りを得ないで、入定室に入っても、科人が牢屋に入ったと同じようなものでした。今から阿字観の瞑想法を始めることもできまい。

　しかし、理観房は、阿字観を、食事をするときも片時も忘れなかったので、二十四歳で悟りを開かれました。亮雲房は六十歳で始めて六十五歳で悟られました。拙僧は、そのうちに死んでしまいます。そういうことであれば後生、すなわち、来世のためと思い、阿字観の瞑想法を始めようとしましたが、少しも埒が明きませんでした。

　　この心の中は、油断したぞ、身体が弱くなれば。
　　座禅するにも眠ってしまい、ふらふら。
　　名高い釈迦と達磨はどんな人か。
　　油断しなければ、自分も（釈迦や達磨と）変わらない。
　　　この心の中は、油断大敵である。

（教えられたことを）他人事のように聞き流したりしたら（他人の教えることを聞き流したりすれば）悟ることができないぞ。油断大敵。

【原　文】

亮雲房〔註1〕伝授申時、遠国故罷下り、不動の真言弐百万遍唱へ、阿字観に打立可申被仰候、罷下り寺差上〔註2〕、百八十万遍唱へ申時分、色々帰命不思儀御座候、夫より阿字観相忘れ、帰命にふけり千弐百万遍唱へ申時、病差起り、夫よりとやかくとして徒月日を送り候、後悔すれと詮なし、六拾過て後日は不悟して、定に入ても、科人の獄屋に入たるに同し、今より打立てもなるまじ、されとも理観房は阿字を食する間も御忘す候故、弐拾四才にて御悟り、亮雲房は六十にて打立、六十五才にて御悟り被成候、拙僧其内に相果候はは後生のためと存、打立申候得共少も埒明不申候、

此中〔註3〕は油断したるそ身弱れは
座禅するにもねむりふらふら
名に高き釈迦と達磨者何人ぞ
ゆたんなけれはわれもかわらし
この内は油断大てきよそにきく〔註4〕
さとらさるにぞゆたん大てき

【註】

1 **亮雲房** 理観房の弟子。高野山の学侶（がくりょ）派で、亮雲が座禅をすれば光がさすと噂が立つほどの名僧。

2 **寺差上** ここでは、観音寺を他の僧に差し上げたと解したい。

3 **中** ここでは、心の中と解したい。

4 **よそにきく** 他人事のように聞き流す。

〈解　説〉

この段では、空順法印が、高野山で亮運房に阿字観を伝授され、鹿児島に下って阿字観を始めるように言われたが、いっこうに埒が明かない。後悔しても仕方がないことなので、来世のために阿字観の瞑想法を始めようとしたがうまくいかない。何事も油断は大敵であることを自分自身に言い聞かせている空順の内省と苦悩が窺われる。

【81の段】何よりも阿字観瞑想

〈大　意〉

享保十三年（一七二八）三月五日の夜八ッ半（午前三時ごろ）、拙僧の霊魂は天にのぼり、地の見えなくなる所までのぼりました。また、重ねて、すなわち再びのぼることは易（やさ）しいことです。そうして神霊の指示を仰ぐことよりも、先（ま）ず、本の地に帰り、阿字観の勤行をするべきであると思って下る間、帰依（きえ）した仏のお声で南無遍照金剛（なむえいしょうこんごう）と数遍お聞きするうちに下りつきました。

入ってしまえば空（くう）も定（じょう）もない。

出入りする息で、阿字（あじ）の一遍（いっぺん）を唱えれば。

【原　文】

享保十三年三月五日の夜八つ半、天に登る〔註1〕事、地の不見得所まて上り、又重て上る事者安き、まつ本の地に帰り、阿字観の勤を可申と存下る間、帰命の御声〔註2〕にて南無遍照金剛と数遍承る内に下り着き

入りぬれは〔註3〕空〔註4〕も定〔註5〕もなかりけり
いて入息のあしの一遍

【註】

1　**天に登る**　空順法印がシャーマンとして、魂が天にのぼり超自然的な神霊や精霊などと直接交渉し、接触すること。そして、その神霊などの指示を仰ぐこと。ここでは脱魂型（だっこんがた）シャーマンを試みたことを示す。

2　**帰命之御声**（きみょうのおんこえ）　帰命とは、一切（いっさい）を投げうって、仏の救いをたのむこと。ここでは、一切を投げ打って帰依をした仏の声、と解したい。

3　**入りぬれは**　ここでは入定すれば、と解したい。

4　**空**　一切の事物はすべて因縁より生ずるものであってその実態も自性（じせい）もないとする考え（石田瑞麿『仏教語大辞典』）。

5 **定** 心が散乱動揺を離れて安定した不動の状態にあること（石田瑞麿『仏教語大辞典』）。

〔解 説〕

修験者でありシャーマンでもある空順法印は、霊魂が抜け出して天に昇り、神霊や精霊の指示を仰ぐよりも、阿字観の勤行に打ち込むべきであることを自覚している。シャーマンとしてよりも修験者としての阿字観の瞑想が大切であることを空順法印が気づいたところに意義がある。空順法印は、修験の祖と仮託（かたく）される役小角（えんのおづぬ）のように脱魂型ではないシャーマンであることに気づいたと見てよいだろう。

【82の段】木食行（もくじきぎょう）に入った空順法印

〈大 意〉

享保十三年（一七二八）八月の彼岸から入定の準備としての木食に入りました。

【原 文】

享保十三年八月彼岸より木食〈註1〉、

【註】

1 **木食** 木の実や草などを食料として修行することをいう。その修行を続ける高僧を木食上人という。高野山の復興に尽くした安土桃山時代の応其は木食上人の名で広く知られている。その他、木食上人として知られた高僧は少なくない。木食は苦修練行の一つで、それを行うことによって身を浄め、心を堅固にできるとされた。中国では道教の修行者の中に、避穀長生の術として山中に隠棲して木の実を食し、穀類を口に入れない行者がいた。日本でも山岳修行が盛んになるにつれ、山中で穀絶ちや塩絶ちの行を続ける聖が多くなった。やがて修験道が盛んになると、各地の修験の霊場には人々の崇敬を集める木食上人があらわれ、そのまわりに半僧半俗の木食行者たちが集まるようになった（大隅和雄「木食上人」一九九一年）。

入定にあたっては、五穀絶ち、十穀絶ちの厳しい修行をし、体を枯らす知識などが必要であった（佐野賢治「入定」二〇〇〇年）。空順が、いよいよ入定を実践しようとして、木食の行に入り、体を枯らしていく必要があったことが分かる。

〈解　説〉

空順法印は、いよいよ入定にあたり、五穀を断ち、十穀断ちの厳しい修行に入ることになる。体を乾燥させるために木食に入った空順の並々ならぬ覚悟が伝わってくる。

【83の段】高野山に自分の歯を

〈大　意〉

拙僧の歯は、桜島衆中の上山与七兵衛入道が持参し、四国遍路をして後、すぐに高野山に詣り、その歯を納めました。

【原　文】

拙僧歯〔註1〕桜島衆中上山与七兵衛入道自覚持参にて四国遍路〔註2〕、すぐに高野参詣、右歯納申候、

【註】

1　**拙僧歯**　空順は、自分の歯を高野山に納めることにより、空海のもとに行くことを願った。空海の入定伝説を信じ、弥勒(みろく)の下生(げしょう)（仏が世の人を救うためにこの世に出現すること）に会しようとして、木食行をしてミイラとなることを望んだことが考えられる。同時に、歯は齢(よわい)を表すと言われ、入定でこの世の齢を終わるということで、歯を高野山で供養してもらおうという願いもあったのではないか。

2　**四国遍路**　讃岐(さぬき)（現香川県）は空海の生誕地であるが、四国全土に霊場を広げたのは、大師信仰にもとづく後世のことである。八十八の数も三十五仏名礼賛文(らいさんもん)と五十三仏の合計とか、煩悩の見惑(けんわく)八十八使によるともいう（佐和隆研『密教辞典』）。薩摩藩でこの時代に四国遍路に行く衆中がいたということは、史実として貴重な記録である。

〔解　説〕

空順が、自分の歯を、人を通して高野山に奉納したということは、空海の入定が、高野山を将来の弥勒浄土(じょうど)とみたて、弥勒出生(しゅっしょう)を待機する思想であったことをしっかり認識し、自分も空海と同じように弥勒浄土の世界に生まれたいと希求していたことが分かる。高野山で受戒(じゅかい)した真言密教僧である空順の行動がよく理解できる。

【84の段】なくなった書状が出てきた

〈大　意〉

種子島織部殿の御書状を拙僧の弟子である正福院が鹿児島から夜八ツ（午前二時ごろ）帰ってきて、その書状と大きな紙包みを拙僧の入定室まで来て、手渡してくれた。受け取って次の朝、これを拝見しようと思い入定室の中に置いた。次の朝から五日の間、方々を探し、床の下まで見たのですが、見当たりません。これは難儀なことと思いました。そのため、種子島織部殿の書状を弟子に手渡した恵空（えくう）に、どうしても書状が見当たらないと申し上げるために鹿児島へ出立しようとしました。そうしたところ、その書状が濡れて、入定室の前座敷の内に少しも傷つかない状態でありました。これまた不思議千万なことと思い、書き記しておきます。

【原　文】

種子島織部殿御状、拙僧弟子正福院、鹿児島より夜八つ時分に罷帰り、右御状並大成紙包拙僧に定所に手渡に仕る、受取明朝拝見可申と存、定の内に置次朝より五日方々床の下まで見候得共無之難儀に存、鹿児島恵空（註1）、右の通申上筈にて打立処に、右御状ぬれて定の前座敷の内に少しもきすもつかす御座候、是又不思議千万と存書印置申候、

【註】

1　恵空　この人物については不明。城との取り次ぎをする大乗院の僧侶か。

〔解　説〕

失くなっていくら探しても見つからない種子島折部殿の書状が、明くる朝、入定室の前座敷にあった。少し濡れてはいたが少しも傷ついていなかったという。空順法印は誠に不思議千万のことだと驚いている。空順法印の、どうしても見つけたいという、祈願にも等しい気持ちが、効験を表したことを言いたいのだろう。

【85の段】空順法印が出会った不思議なこと

〈大　意〉

空順が、鹿児島城下の田の浦に、一時期、いるときのことでございます。潮音院堂を建立するための杉の材木を桜島から、用立てることをお願いされました。しかし、代銀がありませんので、兵庫様へ拝借をお願い申し上げるべき折、六十ほどの島の人々が加勢に田の浦の海辺にやってきました。加勢してもらっているうち、材木を揚げることがますます難しくなり、今は潮時も悪く、風が吹き出したら流されてしまうと考えていました。そこに拙僧の庵で、二、三人に食事をくださり、いただいていたとき、少し雨が降り、風が吹く、潮音院あたりで大きな貝を吹く音がしました。貝を吹いて危険を知らせていると思いました。

潮音院の材木が流れると思って、拙僧は袈裟衣を脱ぎ、三人ともに道を走って行き、百姓などに潮音院へ続け、続けと言いながら行きました。そうしたところ、潮音院では朝の飯時で何の変わった様子もなく、拙僧は気が触れた者のように思われ、物わらいになりました。

そうしたところに、金蔵院隠居の覚阿一人が、さても不思議なことだと言われました。先ず、今日はできるだけ杉の材木を揚げると言って、五十丁余りも揚げました。大きな枝材類六丁は残ってしまい、畠のきわまで押し上げておかれました。そうしたところに、次の朝六つ半（午前七時ごろ）、ことのほか風雨が強く六丁の材木が流されてしまいました。田の浦の兵庫様の屋敷に鳶口を借りに参りましたけれども、間に合いませんでした。

しかし、その材木は磯の前で、磯の衆が取り上げました。これは、拙僧が田の浦にいるうちの出来事であり、不思議なことでございました。

【原　文】

空順田の浦へ一節罷居申内、潮音院堂〔註1〕建立の杉材木、桜島より申請被成候得共、代銀無之兵庫様〔註2〕へ拝借被申上置候断〔註3〕六拾計嶋の人々加勢にて、田之浦の海辺へ参候、揚事急に成りかたく只今は潮時もあしく、風吹出し候はは流可申と念遣存候処に拙僧庵にて、二、三人食を被下申時少し雨ふり風ふき申時、潮音院当り大き成かひふき申故、潮音院の材木流と存、拙僧も衣けさをぬき、三人ともに走参道々百姓なとに潮音院へ続け続けと申て参候へは、朝のめし時にて何の様子も無御座、拙僧は気違のように物わらいにて御座候、然処に金蔵院〔註4〕隠居覚阿壱人さても不思議と被申候、まつ今日成次第揚申とて五十丁餘も揚り申候、大成しし〔註5〕類（「数」と読む説あり）六丁は相残り、畠の涯まて押揚被置候処に、次朝六つ半時に、殊外風雨にて六丁の材木流申候故、田之浦の兵庫様御屋敷にとび口〔註6〕かりに参候得共、間に不合、右材木は磯の前にて、磯の衆磯へ取揚申候、是は拙僧田の浦へ罷居申内、不思議、

【註】

1　**潮音院堂**　楞伽山（りょうかざん）潮音院のこと。鹿児島城下の坂元村田之浦にあった。鹿児島城下大乗院の末寺。本尊阿弥陀如来。開山覚因法印は都城の人で坊津（ぼうのつ）一条院の住持（じゅうじ）でもあった。寛永十五年（一六三八）にこの寺を創建した。当寺は後ろは山に沿い、前は海に臨んでいる（『三国名勝図会』巻之四）。

2　**島津兵庫**　加治木島津家三代領主、島津久季（ひさすえ）のこと。

3　**存置候断**　思っていた折。

4　**金蔵院**　金峯山観音寺金蔵院のこと。阿多郡田布施郷尾下村（現鹿児島県南さつま市金峰町尾下）にあった。蔵王社の別当。坊津真言宗一条院の末寺。本尊　十一面観音（『三国名勝図会』巻之二十九）。

5　**しし**　枝肢の意か。ここでは、大きな杉の大きな枝と解したい。

6　**とび口**　単にトビとも言い、材木の移動時に用いられる道具。

〔解　説〕

この段では、空順法印が一時期、鹿児島城下の田の浦にいるとき、経験した不思議な話について記されている。潮音院を建てるとき、桜島から杉材を運ぶとき、潮が荒く風も吹き出した。潮音院の方から法螺貝の大きな音が聞こえたので、空順は材木が流れたのだと思い、人々に潮音院へ続け続けと言いながら走り出した。しかし、潮音院へ行ったところ何事もなく、空順は気が触れたのではないかと物笑いの種になった。そうしたところ金蔵院の隠居である覚阿一人が、さても不思議なことである、取りあえず材木は揚げておこうということになり五十丁余りの材木を揚げた。次の朝見てみると風雨が強くて六丁ばかりが流された。しかし、それは磯の人たちが引き揚げていたということである。結局、材木は無事に引き揚げられたことになったのだが、空順法印の不思議な予感はあたったことになる。風雨が強くなるので材木は早めに揚げておくべきであるという予感を控えめではあるが訴えているのである。

【86の段】継豊公から扇子をいただく

〈大　意〉

豊前の人は志が深いので、宇佐八幡を一度は拝したくて参詣しました。ところが、ある夜の夢

宇佐八幡宮（大分県宇佐市）空順法印が参詣。

で、宇佐八幡の神が、我を拝したければ、薩摩へ下り、城主の松平大隅守を拝すべきであると言われました。そうしたところ夢から覚めました。

その後、薩摩へ下り、問屋に久しぶりにおりましたが、大隅守と会う御縁はありません。城へ上がりたいと思っているところに、ある人が言われるには、大隅守殿が、明日は新照院観音堂にお詣りになられますとのこと。その報告を聞き、明朝、水をかぶり、その観音堂の脇に、上下を着て待っておりました。それを大隅守殿が御覧になられ、どうしてここにいるのだとお尋ねになられました。ありのままに申し上げましたところ、扇子を一本くださいました。有り難く思っております。それを、すぐ持ち帰って、正八幡宮へ差し上げました。その扇子は、今にいたるまで宝物として、一年に一度ずつ虫干しをされているようです。

これより前のことは、兵庫様から書かせていただきました。

【原　文】

豊前〔註1〕の人志深く、宇佐八幡〔註2〕一度拝し度日参仕候処に、有夜の夢に我を拝し度候はは薩摩へ下り、城主松平大隅守殿〔註3〕を拝し可申由にて、夢覚、其後薩摩へ罷下り、問屋〔註4〕に久敷罷居候得共御縁無之、罷上り可申と存候処に、有人申は明日はしんしゅ院観音〔註5〕御参詣、可被遊由、ちうしん承、明朝水をかかり、右観音堂の脇に、上下を着して罷居申を御覧被遊、御尋被遊処有のままに申上候得は御扇子壱本被下候、難有奉存候、則持かへり八幡に差上け今に宝物として年に一度つつ御虫ほし御座候よし承申候、是より前は兵庫様より御かかせ被下候〔註6〕、

【註】

1 **豊前** 現在の福岡県東半分と大分県北部。

2 **宇佐八幡** 大分県宇佐市に鎮座。八幡宮、八幡大神宮、宇佐宮ともいう。旧官幣大社。誉田別尊（応神天皇）、比売大神、大帯姫尊（神功皇后）を祀る。《延喜式》神名帳に〈八幡大菩薩宇佐宮〉〈比売神社〉〈大帯姫廟神社〉とあり、平安時代から豊前国の一の宮でもあった（中野幡能「宇佐神宮」一九九一年）。宇佐八幡神は平安時代初期までに神宮寺、鎮守の社、放生会、菩薩号などの点において仏教化を率先代表した神であって、日本宗教史上神仏習合の先鞭をつけた（中野幡能「八幡神と仏教の習合」一九八四年）

3 **松平大隅守** 島津家二十二代継豊。二十一代吉貴の子。継豊は享保六年（一七二一）から家督を継いでいる。

4 **問屋** 問屋は、薩摩藩においては宿屋であるとともに仲買、御売もやっていたが、だんだん名前だけになり、中には旅館業や荷物預かり所になった所が多い（村田熙「問屋」一九八六年）。

5 **しんしゅ院観音** 新照院観音堂のこと。鹿児島城下西田村新照院（現鹿児島市新照院町）にあった。聖観音と十一面観音が安置されていた。東北側に上山寺があり、観音堂を守っていた（『三国名勝図会』巻之六）。

6 **御かかせ被下候** 意味不明。「大迫本」では、その後、「是より空順御筆起と存候」と記されている。そうすると、「せ」を使役でなく尊敬の助動詞とみて、「是より前（の方は）兵庫様を通して、書かせていただ

きました」と解したい。

〔解　説〕

この段では、空順法印が宇佐八幡に参詣したところ、夢想により宇佐八幡の神が現れて、自分を拝したければ、島津家二十二代継豊を拝むべきだと言われた。そこで継豊公が新照院参詣に来られたとき、待っていたら会うことができた。そのとき、扇子をいただいたが、それは今も鹿児島正宮の宝物となっていると聞いているということについて記されている。空順法印は、吉貴公とは、会う機会は多かったが、次の家督である継豊公には、なかなか会えなかった。やっと会えた喜びが、この文に現れ出ている。

この『空順法印日録』は、これまでのことは加治木家領主の島津兵庫を通して書かせていただいたことが分かる。島津家のことが詳細に記されているが、これは島津兵庫の教示があったからだと思われる。

【87の段】高野山参詣・暗闇の中に弘法大師

〈大　意〉

拙僧の観法(かんぽう)は、少し埒が明くようになってきた。そのお礼として、高野山に参詣いたしました

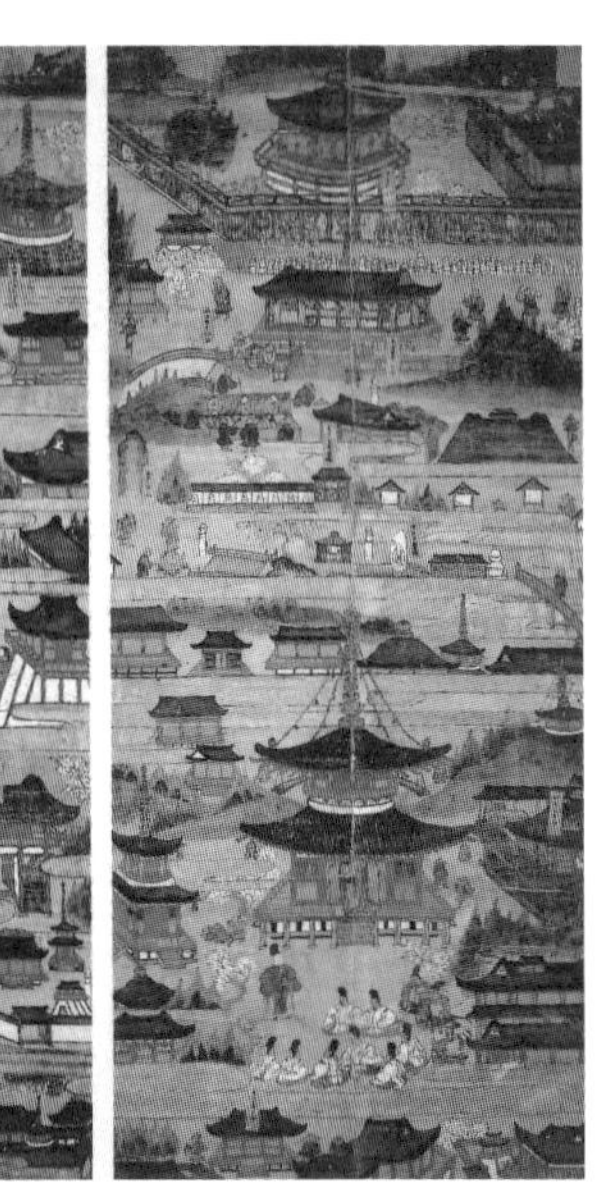

高野山曼荼羅図（江戸時代　花岳寺提供）
曼荼羅図＝諸尊や悟りの道場を描いた図

際に、島津吉貴公から金子を拝領いたしました。拙僧が六十八歳のとき、上京しました。そのとき四国に船で参りました。船から下り、その所から弘法大師の御誕生所は二里程（約八キロメートル）の所にあると聞いていました。

同行三人が、ここからどれほどあるのだろうかと話をしているのを、道を通る人が聞き、不向き、すなわち、あまり良い道でなく通るのに向いてはいないが、近道があると教えてくれました。それで、すぐ田の中に踏み入り十町（約一一〇〇メートル）ぐらい行った所で、先の道が二つに分かれているように思われました。左か右かと迷い、同行には話をしないうちに、そこから先に、五、六間はあると思われる、田圃の中から五、六歳の童子が「左、左」と指さしていました。（しかし）暮れ六つ過ぎ（午後六時過ぎ）のことなので姿・形が見えません。教えられたまま、また、十町ばかり参りました。

その先に松山があり、中に堂がありました。五月二十五日の夜五ツ（午後八時ごろ）のことなの

で、暗くて後先が見えません。近くに聞く人もいないし、この堂を拝んでから帰ろうと思っていました。そのとき、人が一人出てきて誕生所から迎えに参りましたと言い、その人の案内で、三、四町ばかり（三三〇〜四〇〇メートルぐらい）行ったところ、そこに大きな堂がありました。これが誕生所と言って、水をかけ手水を差し向けてくれました。それから拝み、庭に出て、平左衛門という同行にお礼をしなさいと拙僧が言ったので、小松の鼻紙に銀を包みました。

しかし、暗い夜で紙ばかり見え、手水鉢がどこにあるかも分かりません。その男の顔も見えず、年の頃も知れません。銀を是非とも受け取ってくださいと言っても受けとろうとしません。そこで、銀を渡すのを諦めました。（その後）元の迎えに来てもらった所まで、送ってくれました。その人の名前を三度尋ねましたけれども、名はないと言い、名乗りません。それから別れて、さても不思議なことよ、さて、その人は弘法大師であったのではなかろうかということに思いあたり、思わず感涙を流しました。

帰ってきた年の翌年、兵庫頭久季公のお取り次ぎで、また十年入定を延期せよと、吉貴公がおっしゃってください

現在の高野山　金剛峰寺

ました。たびたび延期せよとは御慈悲のあまりおっしゃってくださるのが君の常であります。
拙僧が申し上げるには、十九歳からの念願で、息を引き取る前に入定したいと申し上げました。そうしたところ、鹿児島へ御用があるときは、顔を出すかとのお気持ちのようです。それゆえ、そのときは、唐までも、どこまでも参りましょうと申し上げました。そのことがお耳に入り、ご機嫌が良いということで、拙僧は落ち着きました。お祝いとして饗応（きょうおう）を受けていたとき、吉貴公がお食事を一口召し上がったところ、御歯が抜け落ちてしまいました。拙僧は、すぐそれをもらい受け、入定の石室の中へ奉納いたしました。

【原　文】

拙僧観法（註1）少埒明き、右の御礼に高野に参詣仕時、吉貴公より金子拝領仕、拙僧六拾八歳の時、上京仕四国に船掛、其所より大師の誕生所（註2）弐里程と承、同行（註3）三人是より何程有かと咄申を通る者承、不向に（註4）近道有りと教へ申故、則、田の中へ踏入、十町計り参れは、先に道弐つに別れたるやうに相見得申故、左か、右かと心の内に存同行へ咄不申内に、五、六間、間有田の中より、五、六歳の童子（註5）、左々とゆびさし、暮六つ過の事なれは形も見得不申、教のまま又十町計り参れは、先に松山有り、其中に堂あり、五月廿五日の夜五つ時分の事なれは、跡先不見得、問人もなし、此堂を拝罷帰ると申処、人壱人出、誕生所より迎に為参と申、其人案内にて、三、四町参れは、大き成堂有り、是か誕生所と申て、水をかけ、手水をつかわせ申候、拝み仕、庭に出、平左衛門と申同行へ御礼を申せと拙僧申故、小松の鼻紙〔註6〕に銀を包申か、くらき夜にて紙計り見得手水鉢の有も見得不申、右の男も顔も見得す、年の比も知れ不申、遺銀を是非共と申せ共不請、本、迎に出たる所迄、又おくり、其人の名を三度尋候得共、名はなきと申、名乗不申。相別れて、道にて扨も不思儀〔議〕大師にてもあろふかと存あたり、かんるいを流し申候、罷下り候て翌年兵庫頭久季公〔註7〕御取次にて又十年と被仰下、度々延よとは御慈悲の餘り君の常也、拙僧申上候は、十九よりの念願死る前に入定申度と申上候得は、鹿児島へ御用の節は罷出申かと御意候故、其時は唐迄も参り可申と申上候、其段達貴聞、御機嫌能、拙僧落着仕、御祝に御相伴にて、御食一口被召上時、御歯落る、拙僧則申受、定中に奉納、

【註】

1　**観法**　全てのものの真実の姿を観ずること。密教の観法は、理念的に観ずるのではなく、具体的な事物をもって、その観念として、これを観想し思念することに特色がある（佐和隆研編『密教辞典』）。

2　**大師の御誕生所**　弘法大師は讃岐国多度郡弘田郷（現香川県善通寺市弘田町）に生まれた（和多秀乗「空海」一九九一年）。

3　**同行**　一般には信仰を同じくする仲間をさすが、山伏仲間をさすことが多い。しかし、近世以降末端の山伏を言うようになり、当山派では袈裟下同行修験と呼んだり、本山派では準年行事の下に位置づけられる一般の山伏の身分を示している（武見李子「同行」一九八六年）。

4　**不向に**　ここでは、歩いて行く道としては向いていないが、と解したい。

5　**五、六歳の童子**　四歳以上二十歳未満の、出家以前の者など仏道修行中の有髪の幼童をいう。仏菩薩の

童子には、文殊菩薩の八大童子、不動明王に八大童子、三十六童子などがある。修験道では、大峯八大童子が注目される。これらの童子は、修験者を守護する役割を持っていた。ここでは、空順法印が、童子信仰を持っていたことが分かる（『密教辞典』、『修験道辞典』）。

6　**小松の鼻紙**　ここでは小松の模様を刷りだした鼻紙、懐紙と解したい。

7　**兵庫頭久季公**　加治木島津家三代領主久季のこと。元禄元年（一六八八）十二月二十九日、兵庫と称した。享保十九年（一七三四）七月二十六日、七十四歳で死去（『加治木郷土誌』）。

〔解　説〕

この段では、第一に、空順法印の観法が、少し埒があいてきたので、そのお礼に高野山に参詣することにした。上京のとき、四国で弘法大師の誕生所を訪れることにした。道に迷っていたところ、五、六歳の童子が出てきて、道を教えてくれた。ところが、午後六時ごろなので暗くて後先がわからないようになっていた。そこに人一人が出てきて大きなお堂の所へ案内し、また、元の場所まで送ってくれた。名前を聞いても言わないし、お礼をしても受け取らない。そうこうしているうち、さてはこの人は弘法大師ではなかったのだろうかということが思い当たり、思いあまって感涙を流したことについて記されている。日本の真言密教の大成者であり、真言宗の開祖である弘法大師に暗闇の中で助けられた感動が伝わってくる。

第二に、吉貴公から入定をまた十年延ばせと言われ、いつものとおりの御慈悲に感謝している。お祝いの席で吉貴公の歯が落ちたので、それをいただき、定の中に納めておいた。殿の体の一部である歯をもらい、定中に納め、殿の武運長久を祈願できる空順法印の幸せと誇りが伝わってくる。

【88の段】観法の御本尊心月輪の像を拝領

〈大　意〉

入定室のある獅子尾へ帰り、鹿児島には出て行くまいと思っていたところ、吉貴公が、御法躰、すなわち仏門にお入りになられ、その御祝儀に参りました。その際、観法の本尊として心月輪の像を、中村喜多右衛門殿のお取り次ぎで拝領いたしました。それは、享保十七年（一七三二）子の十月二日のことでございました。家老の比志島隼人殿からお礼の証文をいただいて帰ってきました。

【原　文】

獅子尾へ罷帰、鹿児島へ罷出申間敷と存罷居処に吉貴公御法躰〔註1〕被遊御祝儀に罷出申、其節観法の本尊心月輪〔註2〕中村喜多右衛門殿、御取次にて拝領仕、享保拾七年子十月二日、比志島隼人殿〔註3〕御證文頂戴仕罷帰、

【註】

1　**法躰**（「ほうたい」とも）　仏門に入り僧体となること。

2　**心月輪**　菩提心をいう。また真言密教の金剛界では、衆生の心を月輪と観じてその欠・満によって凡・

聖を分ける（石田瑞麿『仏教語大辞典』）。

3　比志島隼人殿　島津家家老。比志島隼人範房。

〔解　説〕

この段では、吉貴公が仏門に入られ、その祝儀に呼ばれた。そのとき、観法の御本尊としての心月輪を拝領したということについて記されている。こうして空順法印は菩提心を観じたのである。

【89の段】名目上の入定御免（ごめん）

〈大　意〉

享保十九年（一七三四）四月二十四日に入定をしようと打ち立ちましたところ、隼人殿からの書状を弥勒院が持参して参られました。それには随分、気をつけておくようにと、国府　曖（あつかい）宮内の与頭（くみがしら）だけでなく、拙僧の弟子にまでおっしゃいましたということが書いてありました。それゆえ、先ず、一時節は吉貴公のお気持ちに従いましょう。それ以後、先ずは、入定の名目上のお許しを下さるように申し上げましたところ、願いのとおり、お許しくださり、有り難く思っています。

【原　文】

享保十九年寅四月廿四日入定可申と打立申処に隼人殿御状、弥勒院持参にて、随分気を付可申通、国府噯宮内與頭、拙僧弟子迄、被仰渡、夫故先一節随御意申候。其以後先者入定之名計り御免可被下通申上候得者、願之通御免被遊難有奉存候。

〈解　説〉

この段では、入定しましょうと打ち立っているところに、家老の比志島隼人の書状が届いた。それには、まだ早い、空順法印が入定しないように国府・宮内の與頭（くみがしら）や空順の弟子にまでおっしゃったことが書いてあった。殿の気持ちが分かった空順は名目だけのお許しをくださるように頼んだところ、許されたということが書かれている。殿は空順が勝手に入定することについて周囲に気をつけておくようにとの気持ちであるが、空順の有り難いと思う気持ちが伝わってくる。

【90の段】思い出し思い出し書いた

〈大　意〉

この一巻の前後はどのような順序、内容になっているかどうかは知りませんが、思い出し、思い出しありのままを書き記しておきます。これより前は最勝寺（さいしょうじ）の庄右衛門殿の筆であります。

【原　文】

此一巻前後不相知候得共、思ひ出し思ひ出し有尽の事を書記置申候、是より前は〔註1〕最勝寺〔註2〕庄右衛門殿〔註3〕筆也、

【註】

1　**前は**　これまで書かれていたものは、の意味。

2　**最勝寺**　国分正八幡宮の四至（しいし）（「しし」とも読む）すなわち、国分宮内の中の東西南北の東の境界にある寺。薬師の霊験所である。新堂には阿弥陀仏像が鎮座している。国分正八幡宮の「正宮宿直之人数之事」には、二番に「最勝寺　永延」、三番に「最勝寺　俊延」と記されている。宿直、すなわち、宿泊して境内で勤務・警戒をする役を他の坊の僧侶たちと交替で行っていたことが分かる（「正宮文書写」（『隼人郷土誌』）。

3　**庄右衛門**　最勝寺の僧侶で、祐筆（ゆうひつ）だったのではないか。

〈解　説〉

この『空順法印日録』は、毎日几帳面に記録してあるのではなく、思い出し思い出し書いたものであることが記されている。したがって、過去のことは記憶があいまいで史実にそぐわない箇所もある。しかし、修験道理論は一目に値するところが大きい。この段までが最勝寺の庄右衛門の筆であったことが書かれている。次の段からは空順の直筆ということになる。

第十節　身は滅びても――空順の思想

【91の段】身は滅びても名は残す

〈大　意〉

身鏡、おのれの模範となるもの

君に忠孝、親に孝行を尽くしてこそ、人は良いというものだ。全て、堪忍の心を持つことである。家業を成功させ、堪忍の心を有する人は品格豊かな人が多いと、よく知りなさい。まだ開かないでこれから開こうとする花を見に帰ろうとする想像力と堪忍の心を持て。誰であっても心の月を照らさなければ極楽は見えないで地獄に入ってしまう。

身近な喩えを取ると、それを仁の道という。今、言っている地獄とは、無首尾、すなわち、考え方や態度などが一貫していないこと。無礼なこと。約束を守らないこと。慮外、すなわち無礼な振る舞いをすること。過言、すなわち口が多すぎること。不義理なこと。不埒、すなわち道にそむいていること。高慢なこと。自慢すること。我慢、すなわち、自分を偉く思い、他人を軽んずること。盗みをすること。謀計、すなわち謀をすること。すた事、すなわち奇妙なことを言うこと。借事、すなわち自分で調達しないで物を借りてばかりいること。人ごと、すなわち人の立てる噂や評判が悪いこと、あるいは自分には関係ないという態度をとること。ねち事、すなわちひねくれ、しつこいこと。すね事、すなわちねじけて偏屈なこと。ふて事、すなわち不満を持ちすねて人の言うことを聞かないこと。口車事、すなわち口先だけでうまく言い回しをすること。宛て事、すなわち人に当たるような、傷つけるようなことを言うこと。あやうき事、すなわちあてにならないこと。じゃれ事、すなわちふざけたことを言うこと。族気、俗気のことで、世間の名誉や利欲にこだわること。狂徒物、すなわち凶徒、悪人ごときことをすること。好み、すなわち好色であること。大酒を飲むこと。博奕をすること。すり切、すなわち銭などをすっかり使い果たすこと。火付けをすること。がんどう、すなわち強盗をすること。語り、すなわちうまいことを言って人を騙して金品を巻き上げること。もがり、すなわち人をゆすること。

どれを見ても聞いても、心が汚れる嫌なことである。全て不作法千万、言語道断である。あるときは千駄の薪でせっかく涌かし立てた湯も水となるようなもの。目出度い宝の山に入りながら、空しくそれに気づかないで帰るだけでなく、心の玉を取り落とすようなものである。

五戒五常を思い出せ。人の恩を知らない者は、鳥獣にも劣る。人形の形をしたものに、恥じる心を持て。人は、心掛ければ、神仏のような心にもなるものだ。心を直そうとすると直るのが世のならいである。直れば家宝ものである。何事も油断するなよ。油断すると今の世も、あの世に行ってからも徒、すなわちはかないものになってしまう。子を思う心の闇が晴れなければ、たから池のある極楽ではなく地獄に落ちるようなものだ。たからとは、言うに言われないぐらい久しいことをいう。父の恩の高いこと、母の恩の深いことは、何に喩えようもない。この道理を寝ても覚めても忘れないでいることである。

　用事があって外に出るときは、長居しないで早く暇乞いをして帰りなさい。寄り道をしないで、用事がすめば早く帰り、親の心を案じてやりなさい。もし案ずることなく、今かもしれない死出の山に立ち入って行けば、親を二度と見ることはない。親の思いを、子は素直に受け、忠孝を尽くしなさい。

　諸々の人が、愛嬌、息災、延命、子孫繁昌を願うのであれば、大酒はもったいない。仏も酒は三十五の戒めとしている。まだそのような時ではないと説かれている。孔子も、その心である。親の菩提に仏を立て、すなわち、仏像や仏堂を建てたり、石塔を建てたりするが、石塔は五輪の形をしたものを建てなさい。真の五輪はわが身である。我が一代で首尾良く終始一貫した心を持って立ち回れば親の心に叶うものだ。

　良くも悪くも、人の意見には誠意を持って耳を傾け、腹を立てるようなことはするな。人が自分を悪く言うときは、そのことは、自分のためだよ、と思いなさい。誉れあることには油断大敵。あだ（徒）となる。自分に向かって笑って明るくするのと変わらないように、敵にも笑って接すれば、心は和らぐものである。人が良いことをするときは良く見て羨ましく思い、悪いときは、さらに悪く見ようとする。そのたびに、前に言ったことを思い出しなさい。善も悪もわが師である。

人の芸能、すなわち、芸と技は学ぶべきである。そうすれば遠い国まで、名、すなわちその人の名声は聞こえていくものだ。自分の住んでいる国での評判さえ誠が一つにならなければ、末の頼みはない、すなわちこの世で良いことはないし、あの世に行ってからも極楽往生はできない。

人が頼みごとをしてくるのはお互いのことと思って、頼みごとを聞いてやりなさい。忠孝に背くは受け合い、すなわち君臣の間を保証して面倒を見てくれている君に奉公する身として許されないことである。

良くないことにかかわったり、人を笑うようなことをすれば、わが身にふりかかってくるから、早くその場を立ち去れ。それが自然、すなわちあるがままの心の忠孝を尽くすためになる。

末の世、すなわち後の世に行ってから名を残しておく人の心も自分の心と変わらないものだ。君親や、先祖との親しい関係に、あだ(徒)をなしたようなことをしたら、いつまでも忘れるな、いつかは忠孝を尽くすことを心がけておけ。それこそ誠の忠孝の道。善悪、すなわち善くなるも悪くなるも友次第。麻(あさ)の中の蓬はあちらこちらに良いように生えている。

つい、しらばくれるようなことは言わないこと。しかし、品の良い慈悲から出た方便(ほうべん)、すなわち誠の道に導くために行う巧みな手段は、皆が許してくれる。

この世の境である死出(しにで)の山には閻魔(えんま)が帳簿を持っているものだ。すなわち、心は晴れた鏡葉(かがみは)、秤(はかり)を備えおいて、十王(じゅうおう)が衣冠(いかん)を正し、行儀良く並んで座っている。牛頭(ぎゅうとう)、馬頭(ばとう)、阿傍羅刹(あぼうらせつ)どもが、思い思いに責め道具を持ち、汝(なんじ)良く聞け、食ったりしたのは、のうふの油であり、着る物はきりふの泪である。その他薪、水、塩は、刹那でも離れると、身命は延びがたい。このようなことであるゆえに、右の品々は神・仏・魔の本地、すなわち、本来の姿である。このような大事を受けようとしているときに、ものの命を取ったりすることや生類ものの命を惜しむのは汝に代わらないことである。その上、手を変え、ある様子に姿を変えて、人をたぶらかし、天道、神仏、人間、牛馬、生類ものの難儀を顧みないで、自分ばかりの楽を追うことは、それは人の道ではない、地獄ともいえない、すなわち六道をも外れることだ。汝が、自ら作る八大地獄に落とそうとして責めるのは身の毛がよだつばかりである。このような所で、素直な者は、わけなくできる。そのような人に対しては、閻魔大王は頭を地につけて極楽へ直ぐに、直ぐに行きなさいと礼をし姿勢を正す。この世の牢獄の責めも、多くの人の志を直すための鏡であると、皆の人が悉く言う。稀にある形は、人心は獣でそのような人には何を教えても益はない。この世、後世、すなわちあの世も衆生を救う方便は変わらない。このような大事なことを思い、諸事何事も慎むべきである。

道を通るときは端を通れ、中を通るのは無礼なことである。前世での人間、牛馬、鳥獣、魚類、土、火、水、木、草であったことを皆大切にした人は（ここでは、六道輪廻に置かれた自分の前世を大切に思い、迷いの世界から脱しようとしている人は、と解したい）、主要な親のような人になったものでは、有意義な善根があって、その報いとして、今はこのような貴人になったり、高家に生を得た人がいるのである。

皆、自分がなしたことによる因果応報であると思い知れ。それは実に道理というものである。

仏神、孔子も一字の阿字の名代わり、すなわち生まれ変わりである。ただ世の中は、本来あるべき法に背いてはいけない。一足引くも、捨てる野原も君の土である。寝ても覚めてもそのことを忘れるな。

一騎当千の能ある人は国家のためには宝の上の宝である。親の名を上げ、亡くなった後までも孝行の道を行えば、その名は末代まで残る。日本の武士は名を惜しむ。唐土（唐。わが国で昔、中国を読んだ名称）の虎は実用的な毛を惜しむ。それはそれ、不忠不孝の邪な心を持つ人は、智・仁・勇の三徳があるように、うわべは見えるけれども、積もる悪業が現れて、ついには天の責めを受け、身を滅ぼす。それだけでなく、そのようなことは、夢とも知らない妻子や眷属、すなわち家来まで責めを負い、それは、哀れなものである。三界は広いと言っても、一足も止まる所はない。見ても聞いても、善し悪しは名だけは残ってありのままを映し出す鏡である。

【原 文】

身　鏡

君に忠、親に孝行人よかれ、万堪忍、家業を成せかんにんは品も多しと、能も知れ、あかん花見〔註1〕に帰る、堪忍誰とても心の月を照さぬは極楽見得す、地獄にそ入る、

近くたとへを取るを仁の道とゆふ、今申地獄は無首尾、無礼、無約束、慮外〔註2〕、過言、不儀理〔註3〕、不埒、高まん、自まん、我まん、盗、謀計、すた事〔註4〕、借事、人ごと〔註5〕、ねち事、

すね事、ふて事、口車事、宛事、あやうき事、じやれ事、族気、狂徒物、好み、大酒、ばくち、すり切、火つけ、がんどう、語り〔註6〕、もがり、見ても、きいても、心穢るはいやな事、惣而、不作法千万、言語道断、有時は千駄の薪にてわかし立る湯も水に成、目出度宝の山に入ながら、空く帰るのみならす、心の玉を取落す、

五戒五常〔註7〕を思ひ出せ、人の恩を知らざる輩は、鳥獣にもおとりたり、形人形にはぢる心持て、神仏にも心こそなる、心又直せば直るよの習ひ、直せれば我宝なり、何事も油断するなよ、今生後生のあたと成り、子を思う心のやみのはれされは、たから〔註8〕地獄に落といふ、たからとは、いふにいわれぬ久しき事を申なり、父の恩の高き事、母の恩の深き事、何にたとえん方もなし、此ことわりねても、覚ても忘れすに用有て外に出なば暇せよ〔註9〕、辺寄せす〔註10〕事済ば早く帰り親の心をあんせす、今もやしれぬ死出の山立越行ば、二度と見す、親の思ひは此子は心すなをに忠孝諸人、

あひぎやう〔註11〕、息災、延命、子孫繁昌と願ふ処に、大酒はもつたいなし、仏も酒は三拾五〔註12〕のいましめ又しもあらし〔註13〕ととききたまう、孔子も此御心なり、親の菩提に仏を立て、いわひ〔註14〕建立は五輪の形なり、真の五輪は我身なり、我一代首尾能仕廻り、親の心に叶ふなり、よしあしともに人のいけんは心さしかまひて〔註15〕腹立事なかれ、人のそしりは我為よ、誉は油断大敵あたと成、我に替らじ、敵も人笑て向ば心やわらぐ、人のよきは能悪敷は悪敷見聞たびこと思ひ出す、善も悪も我師なり、

人は芸能志習よ、遠き国まで名をも聞えし、国の外聞、夫とても、誠一つにならざれば末の頼わ更になし、人の頼わたがい事、忠孝にそむかば受合な君に奉公する身にて、よしなき事にかかわる人は、わらふと其のままに我身の上にかかるとも、早々其場を立されよ、自然の時の忠の為、末の世に名を残し置人心もこころ我にかわらじ、君親の、先祖の念比〔註16〕、又あたをなしたる、末ならば千代は経とも忘るるな、是そ誠の忠孝の道、善悪は友による、麻の中なるよもぎを見よ、多くはあちらこちらと能き様に、ついしら事はいわん事、去なから品にこそよる慈悲の方便ならば皆人免す、此世の境死出の山にわえんまの帳性〔註17〕晴の鏡葉はかりをそなえ置き、十王いくわん〔註18〕のただしくぎやうぎを揃え列つ座〔註19〕せり、牛頭馬頭あふうらせつ〔註20〕ども、思ひ思ひに責道具を持つれ〔註21〕、汝能聞食はのうふ〔註22〕の油、着るものはきりふ〔註23〕の泪なり、其外、薪水、塩、せつなもはなれ、身命延がたくかかるがゆへに、右の品々、神仏魔の本地なり、かかる大事を受けながら、ものの命を取、生類ものの命をおしむは汝に替らし、其上手をかへ、さまをかへ人をたふらかし、天道、神仏、人間、牛馬、生類ものの難儀をかえりみす、己ばかりの楽、夫は人の道ならす、地獄ぢごくにあらす、汝が作る八大地獄〔註24〕におとさんと責るを見れば、身の毛のよだつばかりなり、かかる所にすなを成もの、何の様子もなく出来、えんま大王頭を地につけ極楽へ直へすぐえと礼をなす、此世の獄屋の責も多の人の志をなおさんための鏡と、皆人毎に申なり、稀にあるかたちは、人心は獣にて何の教も益はなし、此世、後世、衆生、済度の方便替らし、かかる大事を観念し、諸事何事も慎むへし、道を通らばはしを通れ、中を通るは無礼なり、まへの世に人間、牛馬、鳥獣、魚類・土、火、水、木、草、皆大切に、主親のやうにも被成たり、有為の善根〔註25〕の報にて、今かくのごとく貴人、高家に生を得たり、皆我なす業と思ひ知れ、げにや〔註26〕ことわり〔註27〕仏神、孔子も一字の阿字の名替り、只世の中はあるべきやうにも少しも法様背なよ、一足ひくも捨る野原も君の土、ねても覚ても忘るるな、一騎当千〔註28〕、能き人は国家の為には宝の上のたからなり、親の名をあけ、なき跡までの孝の道、其名は末に残るなり、日本の武士は名をおしむ、唐土の虎は毛を惜む〔註29〕、夫はそれ、不忠不幸〔註30〕のねひかん〔註31〕は、智、仁、勇の三徳さふに上むき者見ゆれども、つもる悪業あらわれて、終には天の責を受、身をほろぼすのみならす、努〔註32〕にも知らぬ妻子、眷属あわれなり、三界広しと申せ共、一足留る所なし、見てもきいてもよしあし共に名のみ残りて身の鏡、

【註】

1 **あかん花見** 意味不明。まだ開いていない花を見ることか。または、やっていない花見のことか。
2 **慮外** 無礼。
3 **不儀理** 不義理ではないか。
4 **すた事** 奇妙なことを言うこと。鹿児島県の始良や曽於、肝付地方の方言。
5 **人ごと** 人言、すなわち、世間の評判。ここでは評判が悪いと解したい。
6 **語り** うまいことを言って人をだましたり金品を巻き上げたりする者。
7 **五戒五常** 五戒とは在家のための五種の戒のことで、不殺生（ふせっしょう）・不偸盗（ふちゅうとう）、すなわち他人の物を盗まないこ

と・不邪淫、すなわち、道にはずれた性的行為をしないこと・不妄語、すなわち嘘を言わないこと・不飲酒の五つをいう。五常とは儒教で説く人の行いとしての五種の道である仁・義・礼・智・信を五戒にあてる、すなわち、仁は不殺生・義は不偸盗・礼は不邪淫・智は不妄語・信は不飲酒とするもの（石田瑞麿『仏教語大辞典』）。

8 **たから** 意味不明。たから池というのは極楽にある宝の池であるが、これを地獄にあるたから池と皮肉って言ったものだろうか。

9 **暇せよ** 早く暇して帰りなさい。

10 **辺寄せず** 周辺の者に近づかないで、すなわち寄り道しないで。

11 **あいぎやう** 慈しみ敬うこと。

12 **三拾五** 三十五の過失を生むという戒め（石田瑞麿『仏教語大辞典』）。

13 **又しもあらし** 未だしもあらじ、すなわち、まだそのような時期でない、と解したい。

14 **いわひ** 岩碑のこと。

15 **心さしかまひて** 心がけてと解したい。

16 **先祖の念比** 意味不明。先祖をねんごろ、すなわち、大事にすることか。

17 **えんまの帳性** えんま帳のならいとして。

18 **いくわん** 衣冠のこと。

19 **列つ座** 座に並びすわること。

20 **あふうらせつ** 「あふる」はあぶみのことで、牛馬のわき腹を蹴って急がせること。

21 **持つれ** 持ち連れ、と解したい。

22 **のうふ** 意味不明。納付か。

23 **きりふの泪** 意味不明。霧がかかって見えなくなるような涙のことか。

24　**八大地獄**　熱や炎などで苦しめられる八種の地獄。等活・黒縄・衆合・叫喚・大叫喚・焦熱・大焦熱・無間の八大地獄（石田瑞磨『仏教語大辞典』）

25　**善根**　無貪・無瞋・無痴のことを三善根という（石田瑞磨『仏教語大辞典』）。

26　**げにや**　実に。

27　**ことわり**　道理。

28　**一騎当千**　一騎で千人の敵を相手にできるほどの勇者。

29　**唐土の虎は毛を惜しむ**　毛皮が珍重されるので毛を残す。

30　**不幸**　不孝か。

31　**ねひかん**　佞奸（佞姦）。表面は柔軟に見せかけて内心はねじけて邪なこと、また、その人。

32　**努**　「ゆめ」と読む。

〔解　説〕

この段では、空順法印が、おのれや後世の人々の模範となる学ぶべき道について書いたものである。君や親への忠孝、堪忍が大切なこと、無首尾、無礼、無約束、慮外などの行為をすると八大地獄へ落ちるような振る舞い、油断大敵、法に背くなど多くの仏道の道、人倫の道を守るべきことを説いている。最後に、智・仁・勇の三徳を守れば身は滅びても名が残ることを強く訴えている。空順法印は、真言密教者あるいは真言山伏であるが、仏教の教えだけではなく、孔子の説く儒教思想にも深く通じていることが分かる。ここに空順の入定を前にしての、深遠な思想や哲学を垣間見ることができる。

【92の段】夢に出てくる子の亡霊を阿弥陀如来が鎮める

〈大　意〉

曽於郡のうち、小鹿野という所から、児玉氏という足軽の母が、拙僧のことを方々にたずね、しばらくしてやって来ました。その母親が言うには、わが子が、江戸で侍衆を討ち果たし、その責めを負って切腹しました。そのうち夢うつつの中に化けて姿を表して参るようになりました。そこで、空順法印に頼んで廻向、すなわち読経や祈禱によって極楽浄土に送ってくださいといわれ、廻向の依頼に参りましたとのことでした。それ故、その廻向には南無阿弥陀仏の六字の名号を二万枚書き整え、方々の墓に納めました。そうしたところ、子の母親の家の内が騒がしくなくなり、（母親の）夢うつつの中に化けて出ることがなくなりました。

【原　文】

曽於郡の内、小鹿野と申所より、児玉氏足軽の母、拙僧事を方々に尋、漸参候、我等子、江戸にて侍衆打果し切腹仕候、此内努うつつの様にけしやう〔註1〕して参申候は、空順頼廻向せよ〔註2〕と御座候故、頼に申候、右の廻向には六字の名号〔註3〕、弐万枚書調、方々の墓抔へ納、夫故家の裏のさわかしき事止み申候、

【註】

1　けしやう　化生(けしょう)　化けて姿を表すこと。

2　空順頼廻向せよ　空順に廻向してもらえ。廻向とは読経や祈禱により極楽浄土に向かわせること。

3　六字の名号　南無阿弥陀仏の六字のこと。名号というのは仏菩薩の名。

〔解　説〕

この段では、夜な夜な出てくる息子の亡霊に悩まされる母親の依頼を受け、空順が廻向してやった。南無阿弥陀仏の六字の名号を二万枚書き、あちこちの墓に納めたという。六字の名号を、唱えるだけでなく札をあちこちの墓に納めて亡霊が鎮まったということは、阿弥陀如来が、極楽往生を助けるだけでなく、現世の除悪霊とか除災にも効験(こうげん)を示したということである。

【93の段】仏の名号で武運長久や鎮魂

〈大　意〉

そのとき思い出し、於須磨(おすま)様に上紙八束を下さいますようにと申し上げました。その紙には、隅州様(ぐうしゅう)、すなわち島津家二十二代継豊(つぐとよ)公の御武運長久のために、摩利支天(まりしてん)の名号を三千枚書き整え、人々に差し上げました。また右の紙は於須磨様の御菩提(ごぼだい)と思い、六字の名号を千枚書き整え、諸方に差し上げました。於岩(おいわ)様の御祈念に地蔵の名号を一千枚、これも同じように書き整え諸方に納めました。ならびに、お子様の御疱瘡除けの祈念に薬師の名号も同じようにしました。

【原　文】

其時存し出、於須磨様に上紙八束可被下と申上、右の紙には隅州様〈註1〉御武運長久の御為に、摩利支天〈註2〉の名号三千枚書調、人々へ遣申候、亦右の紙於須磨様御菩提と存、六字の名号千枚諸方へ遣申候、於岩様御祈念に地蔵〈註3〉の名号一千枚是も同前並御子様御疱瘡の御祈念、薬師〈註4〉の名号右同前、

【註】

1　**隅州様**　島津家第二十二代継豊のこと。大隅守。

2　**摩利支天**　陽炎の神格化で、身を隠して障碍を除き、常に日に仕えるとして民間で信仰され、わが国では中世に武人の守護神として信仰された（石田瑞麿『仏教語辞典』、佐和隆研編『密教辞典』）。

3　**地蔵**　地蔵菩薩の略。釈尊滅後、弥勒菩薩出生までの間、仏のない世にあって、六道の一切衆生の苦を除き、福利を与えることを願いとする菩薩。また、特に地獄の衆生を教化し、代受苦、すなわち、身代わりとなって苦しみを引き受ける菩薩とされる（石田瑞麿『仏教語辞典』）。

4　**薬師**　薬師如来の略。薬師如来は薬師瑠璃光如来の略。東方の浄瑠璃世界の教主。十二の大願を発して衆生の病苦などを救い、身体的欠陥を除き、悟りに至らせようとする仏（石田瑞麿『仏教語辞典』）。

〈解　説〉

この段では、島津家二十二代継豊公のために武運長久を祈るために摩利支天の名号を、於須磨

様の御菩提をお願いして阿弥陀如来の六字の名号、於岩様のために地蔵の名号、そのお子様のために薬師の名号を書き整えて、諸方、諸人に配ったということについて記されている。それぞれの病や災厄に応じて仏の名号を変えて祈願していることが分かる。

【94の段】聖霊の灯りが信者を照らす

〈大　意〉

下町の與平衛という人が油を寄進しましたので、仏神三宝（さんぽう）と法界（ほっかい）、聖霊（せいれい）へ毎晩、燈明を灯（とも）していました。そうしていたところ、享保二十年（一七三五）八月二十五日の夜に野口村の喜右衛門という人が油の火、すなわち、燈火を見て拝んでいたら、家に帰るまで、七、八町（七七〇～八八〇メートル）の間は、明るかったということです。そのお礼に親子三人で、小豆飯（あずきめし）を持って参りました。

【原　文】

下町の與兵衛と申人、油寄進申故、仏神三宝〈註1〉、法界〈註2〉、聖霊〈註3〉へ毎晩燈明をとぼし申処、享保廿年八月廿五日の夜、野口村の喜（『空順法印一代記』では「善」と記す）右衛門と申人、火を見て拝み候得は、内に帰るまて、七、八町明らかに御座候、右の礼に親子三人小豆飯持参申候、

【註】

1　三宝　仏と仏の教えを説いた経典とその教えを広める僧侶のこと（石田瑞麿『仏教語大辞典』）。

2　法界　密教では、地・水・火・風・空・色の六大（ろくだい）を法界の体性（たいせい）とし、これを法身（ほっしん）大日如来の象徴、すなわち、三摩耶身（さんまやしん）とする（佐和隆研編『密教辞典』）。

3　聖霊　たましいのこと。精神や身体に働きかけて、これに生命と特殊な力を与えるもの（泉治典「聖霊」一九九一年）。ただ、ここでは特に先祖霊、守護霊と考えたほうがよいのではないか。

〈解　説〉

この段では、油を寄進してもらったので仏神三宝、法界精霊に毎晩灯明をとぼしていた。そこへ野口村の善右衛門という人が、火を拝んだ後、帰るときに、七、八町は明るかったと言ったということについて記されている。信仰の光が信者を明るく照らすということを教えている。

【95の段】甘露雨（かんろあめ）は聖人の御代（みよ）に降る

〈大　意〉

内山田村（現鹿児島県霧島市隼人町内山田）の次郎左衛門もこれまた、油火を見ると、加治木の真福（しんぷく）寺（じ）に参られ、そこで庭から兵庫（ひょうご）様が、伝言したとおり拙僧に話して聞かせよと申されました。その際の話に、加治木（かじき）の御仮屋（おかりや）の所に二度、甘露が降ったということであった。拙僧が申すには、甘露は聖人の御代に降るという、兵庫様は聖人なのであろう。その甘露を舐めたいと申しましたところ、今、降っていると言って、桜の枝に降っているものを枝を折って見せてくださいました。その甘さは氷砂糖を溶いたように甘いものでした。その日は加治木にもまた甘露が降ったということでございます。それは享保十七年（一七三二）四月のことでした。

【原　文】

内山田村、次郎左衛門、是も油火を見ると加治木の真福寺〈註1〉被参庭より兵庫様御伝言の通、拙僧へ申聞せ其節の咄に、加治木御仮屋処に両度かんろ〈註2〉ふり為申由咄仕候、拙僧申候は、かんろは聖人の御代に降ると云、兵庫様は聖人にてあろふ、其かんろなめたひ事と申候得は、今降ると申て、桜の枝にふりたるを枝を折て見せ申候、其あまさは氷砂糖をときたる様にあまきものにて御座候、其日、加治木にも又降りたると申事に候、享保十七年四月、

【註】

1　**真福寺**　真言宗大乗院の末寺で加治木郷萩原にあったが、その後、高井田若宮神社の東脇に移転し、文化年間に壊れたので、日木山の蘭桂庵寺跡へ移された。そして文化十二年（一八一五）十二月、改宗して寿国寺の末寺となった（『加治木郷土志』）

2　**かんろ**　古代のインド、中国の霊薬、インドではもとサンスクリットのアムリタamrtaで〈死なない〉ことを意味する言葉であるが、インドで最古の古典《リグ・ベーダ》では転じて不死なること、神を意味

し、そこから神々の食料を意味するようになった。本来どのようなものであったかは明らかでないが、古代インドの伝承では、しばしばソーマ酒（ソーマという植物から作った酒で神に供えられる）と同一視され、密のように甘く、万病の薬とされている。なお、密教経典では阿弥陀仏の阿弥陀はamrataの俗語系であると解釈し阿弥陀仏と甘露とを同一視している。中国では、《老子》に〈天地相い合して甘露を降らす〉とあるように、天地陰陽の二気が調和して降らせる甘美な露と考えられた。後世では、太平の世に出現する祥瑞の一つとみなされた（八木充「甘露」一九九一年）。古来の伝説で、王が仁政を行えば天からその祥瑞として降ってくる甘い液。仏教では法味にたとえて「甘露の法雨」「甘露の浄法」などから涅槃、仏智のことをいう。ここでは、天から降る甘い不老不死の霊雨で、加治木島津家が善政をしく前兆として甘露の雨が降った、と解したい。実際は甘露水で、水に砂糖を混ぜて煮て冷ましたものではなかっただろうか。

〔解　説〕

この段では、油火の不思議と聖人の御代には甘露雨が降るということを語っている。加治木の真福寺に甘露雨が降ったという話を聞き、自分も甘露雨の降り積もった枝をもらい、なめてみたら氷砂糖を溶いたように甘かったということが記されている。そして、甘露雨は聖人の御代に降るもので島津兵庫様が聖人であるから降るのだと空順法印が説明している。兵庫様への尊敬の念を甘露雨が降ったことに因んで、記録しておきたいという空順の気持ちがよく表れている。

【96の段】入定を延期して継豊公の大病を治す

〈大　意〉

享保二十年（一七三五）九月二十八日から入定しようと思い、食事を止めていました。ところが、太守（たいしゅ）の継豊公が、御大病になられたので不動の真言を十万遍、稲荷（いなり）の神名を十万遍お唱えして、護摩札（ごまふだ）を差し上げました。次の年の正月二十八日を入定と思い、食事を止めていましたけれども、継豊公の御快気がありません。何よりも江戸への御発駕（ごはつが）を大切にしなければいけないと思いました。そのため、正月十一日から鹿児島正八幡（しょうはちまん）、霧島権現、二之宮大明神、花尾権現、新田神社、稲荷大明神へ般若心経（はんにゃしんきょう）を三万三千三百三十三巻読誦（どくしょう）し、御祈禱（ごきとう）をいたし、三月六日に成就（じょうじゅ）いたしました。その結果、継豊公は、三日前からお顔の様子も良く、祈禱の湯立（ゆた）ての湯が立つのも多いようになりました。

庭にある三尺廻りの丸輪があった跡に二朝おり、また二晩おりましたが、そのとき「うう」とうなされるような夢を見ましたし足音もありました。拙僧は心の中で、神に祈っていました。その結果、それをお受けしたということを告げられましたが、それは、眷属神（けんぞくしん）のわざかと思いました。その神名を書いた札を相添えて御下屋敷までお届けして差し上げました。祈禱をしてくれとおっしゃったのではないが、御札、すなわち護摩札を差し上げるはずではありませんでした。しかし、継豊公が祈禱してもらったことをご存知でなければ、御祈禱にはならないと思いました。その子細は、風が吹くのに戸を開けなければ、風が入らないのと同じように、分かってはもらえないので、その御札を鹿児島本丸の御座の間へ納めますと申し上げました。

ところが、すぐ江戸に発つので、江戸屋敷の御座の間へ納めなさいとおっしゃってくださいました。太守様は、二月二日にお城をお発ちになりました。横井の御仮屋からは、顔色が日に日に良くなり、御快気なさいましたということです。享保二十一年（一七三六）のことであります。

【原　文】

享保廿年九月廿八日より入定と存、食をとめ候得共、太守継豊公御大病に付、不動の真言十万遍、稲荷の神名十万遍、奉唱、御札差上候、次年正月廿八日に入定と存、食をとめ候得とも御快気無之、御発駕大切に奉存、正月十一日より正八幡、霧島、一之宮大明神（註1）、花尾（註2）、新田、稲荷大明神へ心経三万三千三百三十三巻、為御祈禱三月六日に成就仕、三日前よりめめよし（註3）、ゆたち（註4）多く御座候、庭に三尺廻の丸輪の跡（註5）一朝有、又二夜ううと申夢足音も有、拙僧心の内に奉祈神に御納受の告げけんぞく（註6）のわざかと存候、右の御神名札相そへ御下屋敷迄差上申候、不被仰付御祈禱に御札差上申筈に無御座候得共御存知無之候得は御祈禱には成間敷と存、其子細は風の吹に戸を開けざれは風の不入がごとし、右札鹿児島御本丸御座の間へ御納可申と申上候得は、則江戸御座の間に御納可被遊と被仰下候、太守様も二月二日に御城御立よこひ御仮屋より御気色日に増御快気被遊候、享保廿一年、

【註】

1　**一之宮大明神**　奈毛木神叢が霧島市内村にあるが、そこにある神祠を一之宮大明神という。貫明公（島

津家十六代義久）が、国分におられるときに崇敬された（『三国名勝図会』巻之三十二）。

2 **花尾** 花尾大権現社のこと。日置郡郡山郷東俣村厚地（現鹿児島市花尾町東俣）の花尾山の南麓にある。祭神は三坐。正位は、鎌倉右大将源公。諱は頼朝。右位は丹後局、左位は永金阿闍梨。別当本坊は平等王院。城下の大乗院がこの院を兼ねている。本尊愛染明王。開山は永金阿闍梨といわれる（『三国名勝図会』巻之十）。

3 **めめよし** 「メメ」は顔の様子。ここでは顔の色合いが良い、と解す。

4 **ゆたち** ここでは湯立てと解したい。神前で湯を沸かし、熱湯に笹の葉を浸して自分や信者に振りかけるもので祈禱の一つ。その湯の立ち方、涌き方が良いという意味。

5 **丸輪の跡** 三尺廻りの水輪の跡。五輪塔のうち水輪だけが残っていた跡。

6 **けんぞく** 眷属で元来は家族や従僕の類で眷愛〈目をかけて可愛がること〉し、隷属するものの意。仏・菩薩に特定して従属する使者をいう。ただし、三尊仏の脇侍はいわない（佐和隆研編『密教辞典』）。

〈解　説〉

この段では、享保二十年（一七三五）九月二十八日に入定しようと思って食を止めていたら、太守の継豊公が大病になられたので不動の真言などを唱えた。ところが、なかなか快気されないので、鹿児島正八幡などに参り般若心経を三万三千三十三巻読誦し、祈禱をした。そしてその札を鹿児島本丸の御座の間へ納めた。そのため、継豊公が快気された、ということについて記されている。

入定を延期してでも太守のために祈禱して差し上げたという、空順の島津家への忠信の念が伝わってくる。

【97の段】島津兵庫頭久季観音参詣の歌

〈大　意〉

島津兵庫頭久季公が観音堂に参詣され、その時お作りになった御歌

・何となく心すみにけりありがたき、仏の御顔けふはおがみて

（何となく、心が澄んでいるよ、有り難いことだ。（それは）今日、仏のお顔を拝んだからであろう）

右の御歌を自筆でお書きになりましたので、表具仕立てをいたしました。

【原　文】

島津兵庫頭久季観音〈註1〉参詣其時の御歌

何となく心すみけりありがたき

仏の御顔けふはおがみて

右の御歌自筆に御書被遊候故、ひやうぐ仕置申候。

【註】

1 **観音**　空順が住する獅子尾山正福院観音寺（ししおさんしょうふくいんかんのんじ）のこと。

【98の段】仏の教えを乞い、無念無想の定に

〈大　意〉

五首の、末期すなわち死ぬ間際、入定するにあたって残す御歌

・有かたや　かみそりおろし　すみ衣　またいくたひも　願ふ法りの道
（有り難いことよ、髪を剃り落として僧衣を着ることは。しかしまた、幾たびも願うことだろうよ、仏の教えを）

・常々に　心の梶を　よくとれは　みのりの船は　のり安きもの
（常々、心の梶をよく取っておれば御法を説いた船は乗りやすいものよ）

・曇りなく　心有明　さわやかに　わか月なれは　独り詠（詠は古訓で「ながむ」と読む）むる
（曇りなき心は有明のようだ、わが心の月であるので、独り眺めることだよ）

・廻向には　虚空法界　へたてなし　我か一念の　阿字のつるきを
（廻向には、天地間の広大な空間は、隔てがない、わが一念により、一切の執着を断ち切る剣よ）

・おのづから　無念無想の　定にいる　ああかんまん　南無阿弥陀仏
（自ら無念無想の定め静まる境地に入ることよ、ああかんまん　南無阿弥陀仏を唱えれば）

元文元（一七三六）丙辰天八月上旬にこれを作る。

【原　文】

五首末期遺歌

有かたやかみそりおろしすみ衣〔註1〕
またいくたひも願ふ法りの道〔註2〕
常々に心の梶をよくとれは
みのりの船〔註3〕はのり安きもの
曇なく心有明〔註4〕さわやかに
わか月なれは独り詠むる〔詠は眺に同じ、「ながむる」と読む＝筆者〕
廻向には虚空法界〔註5〕へたてなし
我か一念〔註6〕の阿字のつるき〔註7〕を
おのづから無念無想の定〔註8〕にいる
ああかんまん南無阿弥陀仏〔註9〕
元文元丙辰天八月上旬作之。

【註】

1 **すみ衣**(ごろも) 墨衣のこと。黒く染めた衣で僧衣または喪服。
2 **法りの道** 仏の教えを説いた道。
3 **みのりの船** 御法を説いた船。
4 **有明** 月がまだ残りながら夜が明けてくるころ、またはその月。

5　**虚空法界**　天地間の広大な空間。転じて際限のない広大な悟りの時間・空間（石田瑞麿『仏教語大辞典』）。

6　**我か一念**　自分の心に一度念じた思い。

7　**つるぎ**　阿字を剣になぞらえて、一切の執着を断ち切る働き。阿字は密教では宇宙万物は元来不生にして不滅であるという真理、すなわち空を象徴するもの（石田瑞麿『仏教語大辞典』）。

8　**定**　心が散乱動揺を離れて安定した不動の状態にあること。仏道の修行方の一つとして、ある対象に向かって心を集中して乱れないこと。また、その状態。またそれによって得られる精神状態（石田瑞麿『仏教語大辞典』）。この歌では末期の歌なので入定するにあたって、心が集中して乱れない、無念無想の状態にあることを示している。

9　**かんまん南無阿弥陀仏**　かんまんは不動明王の真言、南無阿弥陀仏の六字は阿弥陀仏への帰依の言葉。不動明王は、大日如来が一切の悪魔や煩悩を降伏させるために現れた教令輪身で、修験道の本尊とされている。これを称えることにより、己の煩悩を打ち砕こうとしているのである。同時に、南無阿弥陀仏の六字の名号を称え、浄土往生を祈願している。これは大日如来の教令輪身である不動明王と阿弥陀如来が一体であるという秘密念仏の教えである。

〔解　説〕

入定するにあたって残しておきたい歌がうたわれている。髪を剃り落とし僧衣を着ることは有り難いことだ、しかし、迷いから完全に抜け出したわけではなく、また、幾度も仏の教えを乞うことだとうたっているが、最後まで迷いの心から抜け出せない空順法印の苦悩が滲み出ている。そして曇りない有明の月を眺める境地にもなったりする。やはり阿字の剣で断ち切るしかない。そして、最後に悟ったのが無念無想の定に入ることである。この五首の歌をみて、空順が悩み、迷いながらも無念無想の定に入っていったことが分かる。

【99の段】天孫降臨と空順法印の霧島山四門観

〈大　意〉

日州、すなわち日向の国の由来について言い表すと次のようである。

天地が開けて数万年の間、国ということが、さらさら無い（頃）、恐れ多くも、ここに伊弉諾尊と伊弉冉尊が梵天、すなわち世界の想像主とされた神が住む世界から海原に天の矛を差し下ろし、その滴り落ちる水が凍って一つの島となった。名付けておのころ島と申しますのは、この山のことかなあ。また、言われるには、我が生まれる所の国は、近くに、朝霧だけあって、かをり、すなわち、霧などがほのかにたちこめているのかなあ。これ故、霧島ということなのかなあ。誠に日本の始めの山であれば、最初の峯

高千穂峰山頂

都城市吉之元町から空順法印は絶頂に参籠し、祈禱をしている。

と名付けたのである。天の上まで聞こえたくしふる嶽や高千穂の峯の神風は絶えもしない。ここに天の御孫、すなわち天照大神の孫であられるににぎの尊（瓊瓊杵尊）と申しますのは、下界を救うために天の八重雲、すなわち幾つにも重なっている雲を押し分けて、今、その峯（空順は高千穂の峯と考えている）に天下り、絶頂の火口に跡を落とし、すなわち神となって下りて来られました。底の深いことは、神でなくては誰が知ろうか。燃え昇る火煙は、自然と一切衆生、すなわち、この世の全ての生ある者の煩悩や罪苦を焼き尽くす。今の地神三代、すなわち天照大神から三代目である、ににぎの尊は、可愛陵、薩摩の新田山に祀られています。

　この霧島の勅條院の社壇の前にある胡有谷で、伊弉諾尊が迦具土を一寸、一寸と三段に切った遺跡と伝わっている割烈神石が残っている。迦具土、すなわち火をつかさどる

御　池（霧島山48池の一つ。宮崎県高原町）

大浪池（霧島山48池の一つ。霧島市）
遠くに見えるのは韓国岳。宮崎県小林市、えびの市、鹿児島県霧島市にかかる。

神も、今は、変わって誉れが幾たびも重なるような神石となったことを物語っている。

池の数は四十八もあります。金剛界・胎蔵界の両部、すなわち両界を表す御池の水際には、五色の花、すなわち、極楽浄土の荘厳さと美しさをあらわす花も常葉、すなわち常緑の木の葉のように一年中枯れもしないで咲き乱れています。神変不思議、すなわち人知では、はかり知ることができないように優れて心打たれる御池であります。

さて、名所は千里が谷の上から覆うようになっている崖、畳のような岩の平たい所、お経、すなわち仏の教えを説いたように涌き出す神聖な泉の水が出る護摩壇、雛守権現、そして飯盛山・甑嶽・韓国嶽の三つの山、天の岩戸、高天原は、八百万の神の浄土であります。

人王である最初の天皇を神武帝と名付けた。神武帝が十四歳の春の頃に煙とともに立ち昇り、帝釈天に対面し、日本の主としての印文、すなわち、日本の主を認める護符に、五穀の種子をいただいて、今、この峯に播き始められました。その御田の始まった所は田口村の狭名田です。神武帝が四十二歳の時、お生まれになった日向国から、出航したお供の船は数百艘です。追っての神風が吹き始めましたので早く進み、筑紫の国を遙か後ろに見ることさえもできなくなりました。四国、中国、難波の浦を余所に見ながら、予定していた湊に乗り付けになられました。ここは、熊野の新宮です。神の威信が強いので、数万の悪党を退治して、大和の国、橘の花が香る京を作られました。これこそ都の始めであります。内裏が最初に作られた所は畝傍山です。

さて、霧島の開山性空上人は恐れ多くも、村上天皇の勅令を受け、鳥の鳴き声も聞こえない奥山に、柴の庵の中で、黒衣を着た僧侶としての修行を、一時も怠ることはございませんでした。修行をした後、六根の穢れがなくなったところ、不思議なことがさまざまある中で、乙と若という二童子が、今、この庵に現れ出てきました。まことにもって飛行自在の神童であるので、極めて短い時間のうちに三千界を行き廻ることができます。

性空上人は、彼ら二人を供に峰々や谷々を、お巡りなさって、四方門というものを建てられました。先ず、霧島東方の発心門の御池には、観音菩薩の御船が浮いています。南方の修行門には悪魔が吹き荒れるので、それを防ぐために、不動明王をお立たせになりました。それで、そこを不動堂と言います。この門の所では、神の技でありましょうか、お神楽が絶えません。

西方は菩提門の両度門です、年に二度水が出る。御手洗川や志和池の流れは、末の方、すなわち下流に行っても、流れは澄んでいます。国土が豊かになるようにと、大慈大悲の御香の火を焚き伝えてきました。今、この門にはその火が消えもしません。

北方の涅槃の山には形も見えない鳥の鳴き声が聞こえます。ここは、闇の長い夜の夢が覚めるような中央荒嶽、天のぬ矛、すなわち天の逆矛の立つ大火口です。古歌にも「一切衆生の罪に、替りて、もえのぼるけむりぞ、神のすがたなりけり（訳・一切衆生の罪を除け払うために、燃え昇る煙、それは、神の姿であることよ）」とあります。この御影歌を一度耳にした輩は、過去より作ってきた罪科も水の泡や露のようになり、仏の前に一切を投げ打ったようにして、不思議に消えてしまいます。懺悔、懺悔、六根懺悔すると、霧島大権現で諸願が成就します。

【原　文】

日州霧島山の由来は天地開けて数万歳の間、国と云事更になし、忝も爰にいさなぎいさなみの尊、梵天〔註1〕よりも海原にさしおろす、天のとほこ〔註2〕のしだり水、氷りかたまりて一つの島となる、名付て、おのころ島〔註3〕と申は此御山の事とかや、又のたまわく、我かむめる（むまる、すなわち「生まれる」）所の国は只朝霧のみ有て、かをり〔註4〕みてるかなと、此故に霧島といふとかや、誠に日本始の山なれは、最初の峯とそ名付たり、天の上迄聞へたるくしふる嶽〔註5〕や高智穂の峯〔註6〕の神風絶えもせす、爰に天の御孫ににきの尊と申せしは、下界済度の其ために天の八重雲押分けて、今其峯にあまくたり絶頂の火坑に跡をたれ〔註7〕、底の深き事神ならすして誰かしらぬや、燃のほる火煙は自然と一切衆生のぼんのう罪苦を焼尽す、今の地神三代、ににきのみことは江のみささき薩摩の新田山是なり、

此霧島の勅條院〔註8〕の社壇の前なるいやか谷〔註9〕にて、一寸、一寸、三きだに〔註10〕きりたる神の御子のかぐつち〔註11〕も今はへんして、あひ誉幾たひの神石池の其数四拾八〔註12〕、金剛界、胎蔵界両部の御池〔註13〕のみぎわは五色の花も常葉に咲乱れ、神変不思儀（議）、殊勝の御池也、扨名所は千里か谷〔註14〕おひかけ〔註15〕、たたみ〔註16〕、経から泉水護摩の檀、ひなもり〔註17〕、飯もり〔註18〕、こしきだけ〔註19〕、からくに〔韓国岳〕三つの山、天の岩戸、たかまか原には八百万の神の浄土なり、人王始のすべらぎを神武帝とそ名付たり、十四歳の春の比、けむりと共に立登

り、帝釈天〔註20〕に対面し、日本あるしのいんもん〔註21〕に、五穀の種子〔註22〕を賜りて、今此峯に、まき初し、御田の始の田口村〔註23〕、今の神武帝四拾弐歳の御時、生国日向より御供の船は数百艘、おひての神風吹立て、つくしはるかに跡に見得す、四国、中国、なに波の浦を余所に見て思ふ湊に乗付る、爰は熊野の新宮よ威神力の強ければ、数万の悪党たひぢして、大和の国、橘の京〔註24〕、是そ都の始なり、内裏の始はうねひ山〔註25〕、

扨、霧島開山性空上人はかたしけなくも村上天王の勅を受、鳥も声なき奥山に、柴の庵り〔註26〕を墨染に修行〔註27〕、暫時も怠らす、六根じやう〔註28〕を得たまへは不思儀（議）様々ある中に乙と若との二童子〔註29〕は今此のいほりに出現し、寔に飛行自在の神童なれは、せつなか内に三千界〔註30〕を行まわる、彼等二人を供として、峯々谷々をめぐり見て四方門〔註31〕とて立らるる、先霧島東方発心門の御池には観音菩薩の御船浮く、南方修行門には悪魔がふぶく〔註32〕不動明王立せたまへは不動堂とそ申なり、此の門に神のわさかよ御神楽たえもせす、西方菩提門の両度川〔註33〕、年に二度水出る、御手洗し〔註34〕や、しわち川〔註35〕流の末も澄けれは国土ゆたかのためとして、大慈大悲の御香の火をも伝え来て、今此門に消もせす、北方、涅槃の山には形も見得ぬ鳥の声無明ぢやうや〔註36〕の夢覚る中央荒嶽天のとほこ大火坑、古歌にも一切衆生の罪に替りてもえのぼるけむりぞ、神のすかたなりけり、此御影歌〔註37〕を一度耳にふるる輩は過古より作りし罪科も水の泡、朝の露のことくにぞ帰命〔註38〕不思議と消にけり、さんげさんげ、六根さんげ〔註39〕、霧島大権現諸願成就、

【註】

1 **梵天**　インドの古代宗教で、世界の創造主とされた神。古代インド思想で宇宙の根源とされるブラーフマンを神格化したもの。仏教に入って色界（欲界の上、無色界の下にあり、欲界のような諸欲から離れてはいるが、まだ色としての物質から解放されていない世界）の忉利天に住む仏教を守る神となった。仏教では、十二天、八方天の一つで帝釈天と対をなしていることが多い。十二天のうち天界の主神として一尊に数えられる。ここでは梵天の住む世界をいう（石田瑞麿『仏教語大辞典』）。

2 **とほこ**　「ぬほこ」の間違いか（『空順法印御一代記』では「ぬほこか」と左横に註がある）。

3 **おのころ島**　日本神話で伊弉諾と伊弉冉の二尊が天の浮橋に立ってあまの瓊矛で滄海を探って引き上げたとき、矛先からしたたり落ちた潮が固まってできたという島。転じて日本の国をさす。

4 **かをり**　薫り。霧や煙が立ち登る。

5 **くしふる嶽**　『日本書紀』では「竺紫の日向の高千穂の久士布流多気に天降り坐しき」となっている。邇々芸命が天下った山で、所在は不明。多気は嶽の意。「久士布流」はク（奇）＋シ（石）＋フル（旧）で、霊妙な石が年月を経てなった山のことか。現実の山ではない可能性がある（山口佳紀　神野志隆光校注・訳者『古事記』）。『日本書紀』では「筑紫の日向の高千穂の槵触峰」に到ります、と記されている（『小島憲之　直木孝次郎校注・訳者『日本書紀1』）。

6 **高智穂の峯**　空順法印は、霧島連山の高千穂峰のことを「くしふるたけ」と思っていたことが考えられる。

7 **火坑に跡をたれ**　ににぎの尊がこの世を救うため、絶頂の火の穴に神となって降りて来られた。ここに本地垂迹説の思想がみられる

8 **勅條院**　都城市高城町にあった東霧島山金剛仏作寺勅詔院のこととも思われる。平部嶠南の『日向地誌』（一九二九年）には「勅掟院」とある。勅詔院は鹿児島城下大乗院末寺で真言宗。本尊は千手観音である。

元々、錫杖院であったのを元禄年中に勅詔院と改めた（『三国名勝図会』巻之五十七）。

9　**いやか谷**　東霧島神社境内にある胡有谷（ゆやだに）と呼ばれる小池のこと（『三国名勝図会』巻之五十七）。

10　**一寸、一寸、三きだに**　一寸ずつ、三つの断片に切り離したということ。東霧島神社境内の胡有谷と呼ばれる池には、割裂神石という人々に害を与える石があった。そこで、伊弉諾尊が、十握（とつか）の剣を取り、それを切り裂いて三つの断片となした。その一断片は、雷となって飛び去り、二断片はここに残って、神石となったという（『三国名勝図会』巻之五十七）。現在、東霧島神社境内社十社の一つ「神石魔石」として祀られている。一つは、雷神として飛び去って宮崎にあり、後の二つは、大山祇神、高霊龍神として、ここに残り、鎮座している。

11　**かくつち**　迦具土神（かぐつちのかみ）のことで、記紀神話で伊弉諾、伊弉冉二尊の子で、火をつかさどる神。誕生の際、母を焼死させたために父に三段片に切られ、殺される。この迦具土神の神と習合した、東霧島神社本殿の脇にある愛宕（あたご）神社は、前述したように霧島火山の神火を鎮める神として人々に尊崇されている。

12　**幾たひの神池の其数四拾八**　霧島山や山麓にできた四十八の池で、御池や大浪（おおなみ）の池、六観音池（ろくかんのんいけ）などのことである。

13　**御池**　ここでは四十八の池の様子を言っているが、特に、宮崎県西諸県郡高原町と都城市にまたがる位置にある御池のことを具体的に表現していると思われる。その理由は、『三国名勝図会』巻之五十六に「此池霧島四十八池の第一なり」とあるからである。

14　**千里が谷**　千里が滝のことか。あるいは、『三国名勝図会』巻之三十四の「千里瀑（せんりばく）」の項に「霧島山中にあり、對瀑の下流にて、其水、北より南に流れ、此瀑に至て三十町許なるべし、此瀑高さ三十二尋、濶さ一丈許」とあるように長い幽谷となっているので千里瀑を千里が谷という表現にしたことも考えられる。千里瀑は、霧島市霧島の、霧島川上流にある、高さ七五メートル、幅一〇メートルの滝。かつては修験者の修練の場であった。同『図会』巻之三十四に「瀑勢虹の如し、又其左右上下、層巌懸崖、参差として削り立が如く、樹木鬱然として、白日を掩蔽し、土人も恐怖して到る者少し（略）又、此瀑の近辺、假谷には、山神の仙区ありて、往々神異の事跡ありとぞ」とある。現在、階段をつけてあるが、滝まで降りて登ってくるのはかなりの時間がかかるが、降りて行って、下から滝を眺めれば、異境の地にいるような感じがする。

15　**おひかけ**　不明。武官の巻纓（けんえい）の冠の左右にかけ、両耳の上につけた菊の花が開いたような形の老懸（おいかけ）のことか。あるいは覆い崖か。高さ五、六間の絶崖上に二つの筵ほどの平地があるが、上部の岩が張り出して覆い、屋根のようになっている。それをおひかけと言ったのではないか。

16　**たたみ**　『三国名勝図会』巻之五十六に「護摩壇は、池の西岸、高さ五、六間の絶崖上に、二筵許（ふたむしろばかり）の平処あり」（仮名は筆者）とあるから、「筵」のことを「畳」と表現したものと思われる。

17　**ひなもり**　宮崎県小林市の南西部を占める雛守嶽（ひなもりだけ）のこと。『三国名勝図会』巻之五十四に「細野村（宮崎県小林市細野）にあり、霧島連山の内、最北にありて、邑治の方に近し、一峯特起して、形勢佳勝なり、世人称して真崎（「往古は、飯野、小林、加久藤、馬関田の地を真崎院といふ、一説、吉松を加ふとある（『三国名勝図会』巻之五十三）の名嶽とす。古来雛守の文字を用しに、何れの時より雛守の字に改めしにや詳ならず」とある。

18　**飯もり**　宮崎県えびの市の飯盛山。

19　**こしきだけ**　甑岳。えびの高原北部にある山。

20　**帝釈天**　梵天とならび称される仏教の守護神。十二天の一つで、また、八方天の一つとして東方を守る（石田瑞麿『仏教語大辞典』）。

21　**いんもん**　印文のこと。ここでは、護符や経文のことか。

22　**五穀の種子**　五種類の主要な穀物。『和漢三才図会』には「……今云ふ五穀は米・麦・黍・粟・豆」とある（『角川　古語大辞典』第二巻）。

23　**田口村**　現在の霧島市霧島田口。狭名田という集落がある。ここには、日本最古の水田の跡と伝えられている狭名田の跡がある。付近一帯を狭名田の長田（おさだ）という。神代の昔、ここに初めて稲をまき彦火火出見命がお生まれになったとき、その新穀をとり祝ったといわれる。また、母乳が足りなかったので甘酒を造って育てられたともいわれている。

狭名田の長田は、瓊々杵尊(ににぎのみこと)がはじめて水稲を作られた田であると言い伝えられ、日本最古の水田であるといわれている。木花咲耶姫(このはなさくやひめ)が彦火火出見尊(ひこほほでみのみこと)をお生みになった時に狭名田と名づけたといわれる。狭名田という地名に関しては次の出典から伺い知ることができる。

「時に神吾田鹿葦津姫(木花開耶姫命)卜定田(うらへだ)を以て、号(なず)けて狭名田と曰ふ、其の田の稲を以て、天甜酒(あめのたむざけ)を醸みて嘗す」(『日本書紀』神代下)

島津家第二十八代斉彬(なりあきら)のころ、この地に田の神が建立されたが、大正四年(一九一五)、村人たちによって、「狭名田跡」という石碑が建てられた。昭和四年、霧島神宮の神田として永く保存されることになった。昭和二十一年の農地解放によって一時は民有地となっていた。しかし、平成八年(一九九六)に神宮の神田として再び保存されるようになった。現在、鹿児島神宮の御田植祭(旧五月五日〈現在は、六月の第一日曜日〉)では、ここでお田植えがあり、狭名田集落の人々がそれに携わっている。

24 **橘の京** 橘の花が香る京のこと。平安時代、内裏の紫宸殿(ししんでん)の南の庭に、左近(さこん)の桜と並び右近(うこん)の橘が植えられていた。三月の雛祭りの雛壇に飾られるのも、桃色は桜で白は橘である(北原保有編『全訳古語例解辞典』)。

25 **うねひ山** 畝傍山。大和三山の一つ。奈良盆地南部の古地名を言う。畝傍山はそこにある山。現在奈良県橿原市畝傍町。畝傍の橿原宮は、記紀に神武天皇の皇居と伝える宮のこと。『日本書紀』によると畝傍山の東南の地で、橿原神宮はその付近を有力な伝承地として明治二十三年(一八九〇)に建てられた(『国史大辞典』14、『角川　日本史辞典』)。

26 **柴の庵** 柴で作られた庵。

27 **墨染に修行** 墨染は黒く染めた衣の意で僧衣のこと。ここでは僧侶の心がけを持ち、発心して修行したことを表す。

28　**六根じやう**　六根浄のこと。眼など六根の穢れが払われて清浄であること（石田瑞麿『仏教語大辞典』）。

29　**二童子**　童子あるいは王子信仰は、神が尊い児童の姿で現れるという信仰である。多くは古来の大社の内部に神が分出し、親子または主人と眷属との関係に見立てられるため、若宮信仰と共通する点も多い（萩原龍夫「王子信仰」一九九一年）。若宮の成立する背後には神を祀る巫女と母子神信仰と深い関係がある（西垣晴次「若宮」一九九一年）。ここでの「若」は、平安時代末期にみられる五所王子の一つ「若王子」のことで、「乙」はその弟あるいは妹の若王子のことと解したい。『三国名勝図会』巻之五十四に「昔し性空上人、霧島山中に来り、草廬を結んで行道し乙若の二神童と共に霧島山の五方に霧島神社並に梵刹を建て、（以下略）」（仮名は筆者）とあり、乙若については「乙若二神童の事は、元亨釈書、本朝高僧伝等、性空伝に見ゆ」とある。

30　**三千界**　三千大千世界の略である。仏教思想において巨大な宇宙空間を示す熟語である。須弥山を中心とし、地獄界や兜率天、梵天界などを含み、一個の太陽と一個の月を従えた空間を一世界と呼ぶ（現代の太陽系に相当しよう）。宇宙にはこのような世界が無数にある。それらが一〇〇〇個まとまった世界を小千世界と呼ぶ（現代の銀河系に相当しよう）。同様に小千世界が一〇〇〇個まとまったものを中千世界と呼ぶ。中千世界が一〇〇〇個まとまったものを大千世界という。大千世界は小中大の三種の千が重なったものであるから三千大千世界ともいう。これだけの空間が一人の仏の教化の対象となる範囲である（定方晟「三千大千世界」一九九一年）。

31　**四方門**　『三国名勝図会』の「瀬戸尾寺旧記」でも、「四方門」という語が使われているが、ここでは四門のことを示している。四門というのは、密教で修行の階程を東西南北に配して説くもので、真言曼荼羅の方位に配した四つの門。東を発心門、南を修行門、西を菩提門、北を涅槃門という（石田瑞麿『仏教語大辞典』）。

32　**ふぶく**　激しく吹き荒れる。

33　**両度川**　霧島神宮の西方三〇〇メートルの所の華林寺跡東端に流れる。水は清涼で、華林寺の東北胡桃坂より流れてくる。毎年、五月の初めごろより流れ出し、六月頃から小川となり、八、九月ごろ涸れる。はじめ十日も流れたかと思うと、全く乾いてしまう。数日たつとまた流れ出す（『霧島町郷土誌』）。『三国名勝図会』巻之三十三では「山中七奇」の一つとされている。

34　**御手洗し**　御手洗川のこと。水源は、霧島西御在所権現の西、二五〇メートルほど行った所の下の岩穴から湧き出す小川。十一月から四月ごろまでは殆ど涸れているが、五月ごろから非常な勢いで大量の水が湧き出る。このときは、魚も一緒にわいてくるといわれる。水の質は清明で、ニニギの尊が天孫降臨の際、高天原から持ってきた聖井である真名井の水が入っているといわれる。川の中に水天社がある。『麑藩名勝考』には「川中に水神丹生祠あり、水其側より出つ」とある。丹生というと高野山の丹生明神との関連が考えられるが、松田寿男の「丹生考」などによると、その土地の古代における水銀鉱脈の発掘や、その聖山に携わった氏族と深い関係にあるという。もともとは、その土地の守護神として祀られてきた土俗神であったという（五来重『高野山と真言密教の研究』一九七六年）。

35　**しわち川**　霧島川が国分に出て天降川となる。この川の総名を志和池という。霧島山にある四十八池の末流である。

36　**じやうや**　常夜または常世のこと。ここでは常世と解したい。

37　**御影歌**　御詠歌の間違いか。神仏の徳を讃える歌。

38　**帰命**　身命を投げ打って心からの誠を表すこと、あるいは仏の命令を敬い従うことをいう（石田瑞麿『仏教語大辞典』）。ここでは、仏の前に一切を投げ打って、と解したい。

39　**六根ざんげ**　六根によって犯した罪のさわりを懺悔すること。目・耳・鼻・舌・身・意、すなわち知覚器官が、生まれ落ちる時から種々の垢に汚れている。その罪を除くために懺悔すること。懺悔とは、過去の罪悪を悔いて神仏や人々に告げわびることである（石田瑞麿『仏教語大辞典』。佐和隆研編『密教辞典』）。

〈参考　空順法印の四門について〉

空順法印の四門説を『三国名勝図会』巻之三十三と比較していきたい。

『図会』には「霧島山の四方に、神社寺院ありて、四方門と号す、四方門とは、東門高原東御在所権現、別当東光坊、南門都城荒嶽権現、別当明観寺、西門曽於郡西御在所権現、別当華林寺、北門小林雛守権現、別当宝光院、中央霧島中央瀬多尾権現、別当瀬多尾寺と見ゆ、都城荒嶽権現坐主明観寺の旧記にも、霧島山四方門の説あり、大要瀬戸尾寺旧記と同し、其所異は、北門瀬多尾行者坊錫丈院とありて、中央の名を立てず、只四方四寺のみなり、また、高城東霧島権現社を東方発心門なりと云、其社の由来記に見ゆ、また財部邑、澤田神社は、南門の説、社伝あり」と記されている。

空順の四門説は、東方発心門は、御池が出てくるので『三国名勝図会』に同じ。南門は、不動明王が出てくるので、荒嶽権現の別当寺不動堂名観寺と一致する。これも『三国名勝図会』と同じ。西門についいては、「御手洗」とあるので、御手洗川のある西御在所権現のことである。北門は、「形も見得ぬ鳥の声」とあることから『三国名勝図会』巻之五十四の拝鷹（はいよう）大明神社の項に、景行天皇が熊襲（くまそ）を征伐するとき調練した鷹が「虚空より飛来て（中略）長鳴すると数声」とあるので雛守権現のことである。中央は瀬多尾寺のことである。しかし、小林の細野村に移る以前の瀬多尾寺の様子が、『空順法印日録』に見える。これについては、『三国名勝図会』巻之五十四

東門　霧島東御在所両所権現社
（現霧島東神社　高原町）

西門　西御在所霧島六所権現社
（現霧島神宮　霧島市）

に「上古当社は霧島山絶頂矛峯と、火常峰との中間の地、東西三町、南北二町許は、地形凹にして、平処あり、此を背門丘と呼ぶ、また此処を天河原とも称ず」とある。そのことから、大火口がある背門丘にあった時代の瀬多尾寺のことを記してある。しかし、その後噴火のたびに火災に遭い、享保元年（一七一六）九月の噴火により細野村に移った。空順がこの記事を書いた元文元年（一七三六）のころは、霧島山系の中央の背門丘にあったことになる。非常に興味深く、貴重な記録である。

第十一節　久しき世を願って――入定

【100の段】君と民との世が久しく
――いざ白波をのり渡り、そこが極楽南無阿弥陀仏――

〈大　意〉

宝永元年（一七〇四）のころ、霧島山絶頂に登り、二夜二泊参籠して、これを作る。それ以後、大燃え、すなわち大噴火して両部の池はなくなった。その噴火では、砂が日向国の宇都（鵜戸）まで降った。中国からも火が見えたという。

仏に帰依し頭を地につけて拝みます。有難いことよ。御法の船、すなわち仏の教えを乗せた船こそ、目出度いことよ。信心が堅固のみ柁で、真直ぐにした丸めの帆柱に、六字の名号、すなわち、南無阿弥陀仏の字を御帆にかけ、十万億土西方の弥陀の浄土に向かい、今の嵐に、すなわち、この世の嵐に、いざ、白波を乗り渡って行けば、そこが、極楽浄土か。南無阿弥陀仏。さても目出度いことよ。

宝永元年甲申の君の御代こそ、あらたまの高砂の松の常葉の鐘が響く。えびす、大黒、祇園などの神仏を呼び寄せて東風(こちかぜ)が吹けば、この秋からは数万作余りに稲の穂が出る、民の竈(かまど)は賑わい潤っている、戸じまりをしないで、御代(みよ)とはこれであろうか。上下(じょうげ)万民(ばんみん)おしなべて、舞うより外のことはないよ。君と民との世が久しいことを願って。

【原　文】

宝永元年の比、絶頂〈註1〉に二夜三日参籠して作之、其以後、大もへ〈註2〉して、両部の池〈註3〉は無なる、其もえはすなふる事は日州宇戸〈註4〉迄、火の見ゆる事は中国まで、

鵜戸神宮（宮崎県日南市　鵜戸神宮提供）
霧島山の噴火による火山灰は、風向きによっては現在でも鵜戸の上空を覆い降ってくる。

帰命頂礼〈註5〉有かたや、御法りの船〈註6〉こそ目出度けれ、信心堅固のみかちにて、すくき丸目のほばしらに六字の名号〈註7〉みほにかけ、十万億土〈註8〉西方の弥陀の浄土に今の嵐に、いさ白波をのり渡、そこか極楽南無阿弥陀仏、扨も目出たや、宝永元年甲申、君の御代こそ、あら玉〈註9〉の高砂の松〈註10〉は常葉の鐘〈註11〉ひひく、えびす、大黒、祇園、東風か吹は〈註12〉、此秋よりは数万作餘に穂か出る、民のかまと〈註13〉はにぎおふた、戸ざさん御代は是〈註14〉とかや、上下万民おしなめて舞より外の事はなし、君とたみとの

よわひさ、

【註】

1　**絶頂**　霧島山高千穂峰（たかちほのみね）のことで、峰には二上峰（ふたかみのみね）があった。東を矛峰（ほこみね）といい絶頂に矛が建てられている。標高一五七四メートル。西を火常峯（『三国名勝図会』では「ヒトコミネ」、『麑藩名勝考』では「ヒチウノミネ」と仮名をつけてある）といい、後に陥没し今はその火口が御鉢といわれている。

2　**大もえ**　『三州御治世要覧』には、霧島山噴火に関して次のような記録がある。

・正徳六年八月十一日　霧島山大燃、朝七ツ半より五ツ比迄、硫黄瀬泥ニ而、高原・狭野原・蒲牟田・櫟原壱尺余降埋候、

・同九月廿六日　霧島山大燃、世人神火と申候、此夜瀬戸尾権現へ福山之者六人参詣、内四人石ニ当り打殺、一人ハ神子行衛不相知、残一人ハ少々疵負候得共（中略）鹿児島迄茂聞し、同廿七日ニ茂神火終日ニ時々幾度といふ事なし。同十月廿一日より同廿三日迄、時々大神火有之。

・十二月廿八日、霧島大神火、高原花堂衆中不残焼失、都城片添村焼、同月廿九日晩大燃、高崎宇賀大明神・海蔵寺・在郷一ケ所消失、

・享保二年丁酉

・正月元日雪、同三日霧島大燃（以下略）

・正月七日雪、今日より同廿一日迄、霧島時々大燃。（以上、仮名は筆者）

これらの記事によると正徳六年（一七一六）から享保二年（一七一七）までの間、霧島山の大噴火が続いたことが分かる。

3　**両部の池**　『三国名勝図会』巻之五十四には「（霧島山中央六所権現宮の跡は）享保元年甲申九月、復霧島山上金剛胎蔵両池の辺より（此両池は、火常峰（ひうちみね）火坑（かこう）の処にありしならんといふ）、火大に発し寺社悉く焼亡し、此処砂石

の為に六尺許埋没す」とある。そうすると両部池（岳）は、今の御鉢にあった池ということになる。なお、霧島山中央六所権現宮は、雛守嶽東面に移ったが、その前は、霧島山絶頂矛峯と火常峰（現在の御鉢の旧名）との中間の地にあった。ここを背門丘と呼ぶが、また天の河原ともいう。

4 **日州宇戸**　宮崎県日南市の鵜戸神宮のある所と解したい。

5 **帰命頂礼**　仏に帰依し頭を地につけて拝すること。仏に対して心からのまことを示すこと。「帰命稽首」ともいう（石田瑞麿『仏教語大辞典』）。

6 **御法りの船**　仏の教えを乗せた船のこと（石田瑞麿『仏教語大辞典』）。これは、西諸県郡高原町祓川の霧島東神社の社家の年中行事として催される「祓川神舞」の歌にもみえる。「極楽のミのりの船ハ今出ル、乗りおくれてハ誰か渡らん」。そしてまた、宮崎県都城市下水流町の「カヤカベ類似の宗教地帯」にも「……ミドリ（稔り）ノ舟ニ、早、乗セテ、浄土ニ参ルゾ、ナンマイダ」という経文もある。六斎念仏の影響を受けたものと思われる。

7 **六字の名号**　南無阿弥陀仏の六字。

8 **十万億土**　この世から極楽に行くまでの無数の仏土、すなわち、仏の国。

9 **あら玉**　年・月・日・夜・春にかかる枕ことば。ここでは高砂の松にかかるから新年の意と解したい。

10 **高砂の松**　播磨国加古郡（現兵庫県高砂市）、加古川の河口にある。歌枕。尾上松で名高く、また桜の名所ともされた（『角川　古語大辞典』第四巻）。また、高砂神社境内にある黒松と赤松が自然に合着した相生の松をさすこともある。

11 **常葉の鐘**　常葉は常緑の木のことであるが、ここでは高砂の松をさす。高砂神社で鳴り響く鐘と解したい。

12 **東風か吹は**　「コチカゼ（東風）」が吹くと花が咲くという意味で、ここでは稲の苗を植える時期のことと解したい。

13 **民のかまと**　人々が飯を炊くかまど。ここでは、人々の暮らしのこと。

14 是 「これ」と読み、帰命頂礼から以後の文章をさす。

〔解　説〕

さて、空順法印は、「其以後、大もへして、両部の池は無なる、其もえはすなふる事は日州宇戸迄、火の見ゆる事は中国まで」と記しているが、大もへに対してどのように思ったのだろうか。空順は、その後の歌でも分かるように、神火を神の怒りと感じ、天下泰平、君と民の平穏のために鎮火の祈願をしたことが推測される。

【101の段】観音の加護を願う歌

〈大　意〉

この歌は、吉貴(よしたか)公御家督の始めのお祝いと思い、百日無言のうちに作り、心の内を歌いました。定室の石戸入定沙門の銘書は、島津兵庫頭久季殿の御筆で、享保年中に御書きくださいました。

拙僧は、天下泰平、御家長久、御領安全、女人泰産（安産）、疱瘡軽く、すべての人びとの病を悉(ことごと)く除く、火難、水難、風難、雷難、刃難、すなわち刀で殺生される難、中央災難、諸難消滅、一切の人びとの二世安楽(にせあんらく)、すなわち、この世もあの世の安楽、牛馬禽獣など一切有情(いっさいうじょう)、すなわち感情などの心を持つものの善根(ぜんこん)。善根とは、すなわち、いちの善を生み出す根本となるもの、無(む)

貪、すなわち貪りの心がないこと、無瞋、すなわち、怒らないこと、無痴、すなわち愚かさのないこと、結縁、すなわち、仏・菩薩が世の人びとを救うために手をさしのべて縁を結ぶこと、尊六親、眷属、七世父母、有縁無縁を敬う。そして頓證、すなわち、たちどころに悟りに達すること、菩提、すなわち、生滅を超越した悟りの境地、これが法界平等に至り、利益を得ることなどを敬ってお願い申し上げます。

観音堂は東向きですが、愚僧の定も観音の左脇にあり、これも東向きです。観音の左の金剛神が泪をこぼして、右の手に棒を持って頭を叩き、左の御手で拙僧をおつかみになられた。そのとき、爪が立って痛かったけれども、心のうちには、有り難く思うところがあり、これ以後は守護するとおっしゃって、いなくなられました。そのあと、観音堂が大きくみえ、中に高座にある僧たちが外に向いて、東向きに座り、左右に七百人の大衆が三行列を作って座っていました。拙僧も右の方にいました。そうすると、高座の右後ろの角から若い僧が鏡を持ってきて高座の僧へ差し上げました。右の鏡を二つ打ったところ、なるほど美音でございました。お前を善導することは八百度、善導とはお前がことよ、と思ったとき夢から覚めました。

同夜に正福院現住盛性の親である原口親七、綾（「後の」と読む説あり）朝臣助政が観音へ参詣してまいられました。そうしたら、観音の左の金剛神がいなくなられました。さても、不思議なことよと思っていたら、金剛神がお帰りになられ、もとのように立っておられました。両人の夢、割符を合せたようでありますことは、自分の気ままであります。

願書を納めましたのは、霜月朔日でした。その夜の夢であれば、この願書の札の裏に書き記しておくものです。願書のうちには衆病悉除とあります。これに叶ったと思われる様子は、向田町の久保嘉兵衛という者がやってきて、病人があるときは、拙僧（空順）へ願を立てれば、その夜は、拙僧の夢を見るという。拙僧を夢に見ないときは、病人は快気しません。それゆえ、人のために願を致すことがあります。そのお礼に参りましたと言う。それは元文二年（一七三七）のことでございます。

【原　文】

此歌　吉貴公御家督始の御祝と存、百日無言の内に作り、心の内うたひ申候、定の石戸入定沙門の銘書は兵庫頭久季（註1）の御筆、享保年中に御書被下候、天下泰平、御家長久、御領安全、女人泰産、疱瘡軽、全衆病悉除、火難水難風難雷難刃難中央災難諸難消滅、一切衆生（註2）、二世安楽（註3）、牛馬禽獣一切有情（註4）、善根（註5）、無貪など（註6）結縁（註7）、尊六親（註8）眷属（註9）七世父母（註10）有縁無縁（註11）頓證（註12）菩提（註13）の至法界平等（註14）利益（註15）敬白（註16）、観音堂東向、愚僧定も観音の左脇に有是も東向、然処に観音の左の金剛神泪をこほし来て、右の手に棒を持、頭をたたき、左の御手にてつかみたもふ、爪のたつ事いたく御座候得共、心の内有難存る処に、此已後汝を守護すると被仰うせたまふ、其跡、観音堂大きに見得、中に高座（註17）有、員僧外に向て、東向に座せり、左右に七百人の大衆三行に座せり、拙僧も右の方に有、高座の右後ろの角より若き僧、鏡を持来り、高座の僧へ奉る、右の鏡を二つ打、成程美音にて、汝を善導する事、八百度、善導とは汝か事と存る時夢覚る、同夜に正福院現住盛性親、原口親七、後（「綾」とも読む説あり）朝臣助政、観音へ参詣被申候得は、観音の左の金剛神うせたまふ、扨もふしきと被存候処に金剛神御帰り、本のことく立給ふ。両人の夢、割符（註18）を合せたる様に有之事、気随（註19）に候、此表に願書を納為申は、霜月朔日、其夜の夢なれは札の裏に書置くものなり、願書の内に衆病悉除（註20）と御座候、是に叶ひたると奉存様子は、向田町（註21）の久保嘉兵衛と申す者参り、病人有時、拙僧へ願を立つれは、其夜、拙僧を夢に見ると申、拙僧を夢に見さる時は病人快気不申、夫故人の願を申事有、其礼に為参と申候、元文弐年、

【註】

1　**兵庫頭久季**　三代加治木領主。十九代島津光久の孫。元禄元年兵庫頭。はじめ久住で享保四年（一七一九）に久季に改名。寛文九年（一六六九）生まれ、享保十九年七月二十六日死。島津久薫養子（『石碑に刻まれた町の歴史』）。

2　**一切衆生**（いっさいしゅじょう）　この世の全ての生のあるもの。主として人間を中心にしていう場合が多い（石田瑞麿『仏教語大辞典』）。

3　**二世安楽**　今世（現世）と後世（来世）に身心の安楽が得られること。現世の安穏と来世の極楽往生（田瑞麿『仏教語大辞典』）。

4　**一切有情**　感情などの心の働きを持っている一切のもの、人や鳥禽などの生き物（石田瑞麿『仏教語大辞典』）。

5　**善根**　いろいろな善を生み出す根本となるもの。

6　**無貪**（「無貪」は『空順法印日録』にはなし）。無貪（貪りの心がないこと）・無瞋（怒らないこと）・無痴（愚かさのないこと）をいう。これを三善根の一つという（石田瑞麿『仏教語大辞典』）。

7　**結縁**　仏・菩薩が世の人を救うために手をさしのべて縁を結ぶこと（石田瑞麿『仏教語大辞典』）。

8　**六親**　六種の親族。父・兄弟・妻・子、また父・子・兄・弟・夫・婦をさすなど、さまざまな組み合わせがあり、また広く親族全体をさして用いる。六戚ともいう（石田瑞麿『仏教語大辞典』）。

9　**眷属**　親類、師弟の関係にあって互いに相随順する出家、在家の者。狭くは仏の親族、広くは仏の教えを受ける者すべてをいう（石田瑞麿『仏教語大辞典』）。

10　**七世父母**　自分に至るまでの七代にわたる父母（〈石田瑞麿『仏教語大辞典』〉）。

11　**有縁無縁**　仏・菩薩と広い因縁のあることとないこと。また、その人（石田瑞麿『仏教語大辞典』）。

12　**頓證**　たちどころに悟りに達すること。修行の階梯を経ないで、ただちに悟ること〈石田瑞麿『仏教語大辞典』〉。

13　**菩提**　世俗の煩悩を絶って得られた悟りの知恵。悟りを開いて涅槃（全ての煩悩の火が吹き消されて、不生不滅〈生じも滅しもしないこと〉、生滅を超越した常住不変の悟りの境地をいう）の悟りの知恵を完成した境地に至ること（石田瑞麿『仏教語大辞典』）。

14　**法界平等**　いっさい万有は本来、無差別平等であること。または、一切の衆生は差別なく仏の慈悲の功徳を与えられること（石田瑞麿『仏教語大辞典』）。

15　**利益**　仏・菩薩などが他に対して恵みを与えること。恵みを与える種々の好意。またその恵みと仕合わせ（石田瑞麿『仏教語大辞典』）。

16　**敬白**（けいびゃく）（「けいはく」とも）　うやまって申し上げること。

17　**高座**　法会・読経など、諸法講説の際、読経の僧が座る、一般聴聞者の席より一段高く設けられた座席のこと（石田瑞麿『仏教語大辞典』）。

18 割符　木片や竹片、紙片などに文を記し、証印を中央に押し、これを二つにわったもの。

19 気随（きずい）　自分の思いのままに。

20 衆病悉除　もろもろの病気は悉く除いてほしいという祈願文。

21 向田町（むこうだまち）　薩摩国薩摩郡隈之城郷東手村（くまのじょうごうひがしてむら）向田町（現鹿児島県薩摩川内市向田町）。向田は、もともと浦町であった。したがって、久保嘉兵衛は、向田町川内川の渡唐口（ととんぐち）から船に乗り、川内川河口から東シナ海に出て、薩摩半島を廻り、錦江湾（きんこうわん）に入り、隼人（はやと）の浜之市（はまのいち）に着いた。そこから、徒歩ないし駕籠で隼人内山田にある獅子尾山正福院観音寺の空順入定室まで訪ねて来たことが推測される。

〔解　説〕

この段では、第一に、前段で示した歌は、吉貴公が御家督始めのお祝いとして作ったこと、および、石室の戸に彫られた「沙門（しゃもん）」の銘書は、島津兵庫守久季殿の御筆であり、享保年中に書いてもらったことについて記されている。

第二に、空順法印がこれまで祈願したのは天下泰平、御家長久など島津家のこと、人々のことなど、多くにわたっていること。

第三に、夢に観音が空順を守護すること、および観音の横の高座に座っていたら、若い僧から鏡を貰い、それを打ったら美音がして観音から善導していただいたという夢を見た。善導してあげるのはお前のことよ、と言われたところで夢から覚めたこと。

第四に、正福院現住盛性の親が観音へ参詣したら観音の左に鎮座している金剛神が消え失せたと思ったら、また元のとおりに立っておられた。それも夢で拙僧と盛性の親、両人の夢が割符を合わせたようにつながりがあったこと。

第五に、薩摩郡隈之城郷東手村向田町の久保嘉兵衛は病人があったときは拙僧（空順）へ願を立てれば、空順の夢を見て病人が快気するということ、

以上のことについて記されている。観音の加護により空順の験力がますます強力になり、遠くまで及んでいっていることを強調しておきたかったのであろう。

【102の段】入定の願書奉納——地獄をさまよう夢にうなされた女を救う——

〈大　意〉

入定の願書奉納は、元文元年（一七三六）辰年霜月朔日（十一月一日）、裏書きは翌年巳（一七三七）二月二十八日にしました。

元文二年（一七三七）五月三日、三日月を拝み、食を取るのをやめ、入定の決行をしようと思いました。身を浄めようと、行水に打ち立ったところに妙徳院のお取り次ぎで、殿様が白米をくださいました。拙僧は、それはどうしたものかと苦々しく思っておりますと申し上げました。五千石とか一万五千石くださるような人は珍しくなく（珍しいという意味の反意か）、南泉院僧正にもこのようなことはなさらない。殿様のお手渡しの御心でございますので有り難く思い、白米を頂戴し

て入定を延ばし申し上げました。

また、宮内社家大津権兵衛の母が大病につき、守護のための護符をさし上げたところ、恐ろしいことは止んだと申しました。そこで、拙僧はかの地に行き、話をした。そのとき母が言われるには、大きな黒金の門があり、赤や黒色の異類がいる、すさまじいものがいる。死霊の出る春日の谷底の水を汲ませたが、入れ物がない（海上の幽霊が、船が沈むとき、水夫が水をくみ出そうとするとき、底のない柄杓が幽霊から与えられる。ここでも、そのような底のない入れ物で水を汲んだことが考えられる）。水は、やっと手に入れましたが、ひと口も飲むことができなかった。そこから抜け出ようとして、岩崖などを登ることが難儀であった。春日神社の参道は、山も大川も多いと言われますのでそこは地獄と思うような所でした。

（空順が大津権兵衛の母に向かって）それは夢ですかと尋ねたが、答えてくれず、そのような病なので、なるほど痛々しく思っていましたところ、ただいまは次第に快気なされている。それは元文二年巳十月のころのことでありました。

【原　文】

願書奉納は元文元年辰霜月朔日、裏書（註1）は翌年巳二月廿八日。

元文二年五月三日に三ケ月を拝み（註2）、食を留め入定と存、行水に打立処に妙徳院（註3）御取次にて、殿様より白米被下、拙僧扱々にかにか敷と申上候得共、五千石、一万被下人は不珍、南泉院〔註4〕僧正にもけ様の事は不被成、御手渡の御心と御座候故、頂戴仕、入定相延申候、又、宮内社家大津権兵衛母、大病に御符を遣申候得は、おそろしき事やみたりと申故、彼地に参咄承候得は、大きなる黒金の門〔註5〕有、赤黒のいるひいませ〔註6〕のすさましき物とも、かすかのたにそこ〔註7〕に水をくませ、入れ物はなし、水を手に入、いわかけ抔をのほる事、難儀に及、一口も呑事不成、其所に参道は山も、大川も多くと被申候故〔註8〕、夫はゆめかと尋申候得共、夢にては無之〔註9〕、其病にて、是なと成程いたく候得共、只今漸々快気仕候、元文二年巳十月の比、

【註】

1 **裏書** 願書の料紙になされる記載。その由緒や承認、添え書き・証明・保証などが書かれるが、ここでは承認の意味と解したい（『全訳古語例解辞典』一九八七年 小学館）。

2 **三ケ月を拝み** 三か月は、陰暦の月の第三夜過ぎごろに出る月。人は三日月を見て、二日前が新月だったことを知る。これが月の一日を朔日と書く理由である。空順法印は、三日月を拝むことによって、月の何日であるかを確認し、入定の覚悟をしたことが推測される。

3 **妙徳院** 不明。空順が入定した獅子尾山正福院観音寺の僧か。あるいは、空順が六十七歳で吉貴公から預けられた弥勒院の僧か。

4 **南泉院** 大雄山仏日寺南泉院のこと。鹿児島城下坂本村（現鹿児島市照国町）にあり、江都東叡山（こうとうえいざん）の末で天台宗。本尊は薬師如来（『三国名勝図会』巻之四）。

5 **黒金の門** いちき串木野市荒川・羽島地区の「ダンナドン信仰」地帯の経文「彼岸経」には「彼ノ木

（彼岸木　筆者註）ノ元ニハ・閻魔大王・四天王・薬大王トウテ、王ガ、三人オラシマス、ソノ時ハ、悪人と善人トヲ、召サレケル。悪人ハ我ガムネ（胸）ダニヲ、悪シケレバ、クロガネ（黒金）ノチョウ（蝶か）ニツキ、クロガネノ箱ニ入レテ、メイ（銘）ヲシキイ（敷き）、カイホウ（戒法）道ニト、送ラルル。（以下略。善人は黄金の箱に入れて天竺に送られるという。）」（森田清美『ダンナドン信仰』）と記された口伝経文がある。そうすると、ここでは、大津権兵衛の母は、地獄に送られるという夢を見たのだと解したい。

6　**いるひいませ**　異類のいるところと思われる。

7　**かすかの谷**　春日山の神社と結びつけられるが、以前から神の鎮座する水分（みずくまり）の山として信仰されていた。春日山から地獄谷石窟仏一帯は、魂の赴く他界と観念されていた（宮本袈裟雄「春日山」一九九一年）。ここに春日の他界観と山岳信仰の思想が見られる。

8　**大川も多くと被申候**　大川の多い所で、水も飲まないで谷底から崖をよじ登ってきた、ということで、ここでは地獄に落ちてはい上がってきた、と解したい。

9　**夢にては無之**　大病で夢を見ていたのであるが、それは、とても夢とは思われなかったと、母は、現世と来世をさまよった恐怖心にかられているのであろう。

〔解　説〕

この段では、第一に、入定願書の奉納をし、裏書により承認されたことについて記されている。第二に、元文二年五月三日に、三日月を拝み入定の決行をしようと思って行水を始めた。ところが、殿様が白米を下さったので、その心を気遣って入定を延期したこと。第三に、宮内社家大津権兵衛の母が大病になったので護符を差し上げた。その理由は、その母が、地獄のような所に落ち、そこには黒金の門があり、赤や黒色の異類がすさまじいものがいた。春日の谷の水を汲んで飲もうとしたが、飲むことはできなかった。そこから這い上がろうとして岩崖を登ったが難儀であった旨の話をした。それは母にとっては夢といえるようなものではなく、実体験として感じるような痛々しい大病であった。このような大病も空順法印の護符によって快気したことについて記されている。

ちょっと一休み《入定を止めようとした阿久根町の人々》

空順法印が、入定の準備に取りかかったのは、阿久根町(あくねまち)で火難消除(かなんしょうじょ)のため御日待(おひまち)(祈願のため夜を徹して日が昇るまで寝ないですごす行事)を行うように遺言した頃である。心配した阿久根町の人々は、入定を止めさせようとして代表に中村嘉右衛門と東郷助五郎を派遣した。しかし、空順の入定の決意は固く、二人を始め、阿久根町の人々は非常に悲しんだ。空順法印がこの世からいなくなるのである。その時、空順法印は、入定室から身を乗り出して、「南無阿弥陀仏」の名号を書いて渡したという。中村嘉右衛門の子孫の家には、その貴重な書幅が大切に保存されている。

【103の段】伊呂波愚像雑歌（いろはぐぞうぞうか）――無情の風は時はきらわし――

い　古えも、今もかわらし、世の中は、あるへきように、洩る事なし
（古も今も変わらない、世の中は、あるがままに（自然のままに）しておけば、仏の救いから漏れることはないよ）

ろ　ろくろくに、道を背（そむ）かす、つとめなは、外を祈るに、及はさりけり
（満足に、道に背かないで、勤めておれば、（信じている神仏や僧などの）外の神仏を祈るにはおよばないよ）

は　腹を立事をやふるな、誰とても、すこしかんにん、後は首尾よし
（腹を立て、他人の心に反するようなことはするな。誰でも少しのことは堪忍してくれる、その後は、首尾よくいくものよ）

に　似もよらす、丸きものには、角のふた、たとへあわすと、しあんかんにん
（たとえ（丸く）似ているように見えても、丸いものには、角のある蓋もある。たとえ、合わないでも、よく考えて堪忍せよ）

ほ　法様（法要のことか）を、露ちり程も、背きなは、この世先（よさき）の世（よ）、おそろしき事
（法要することを、塵ほども（少しでも）背いたならば、この世、先の世は恐ろしいことになりますよ）

へ　平生に、欲を離れて、義を守れ、人は一代、名こそまつたひ
（平生には欲を離れて、義を守れ、人の命は一代限りだが、人の名は末代まで残るものよ）

と　途中をは、人の通らは、我よけよ、事のおこるは、無礼ゆへなり
（途中で人が通るときは、自分から除けてやれ。事件が起こるのは、自分の無礼なるがゆえだよ）

ち　知恵能も、生れ付たる、人はまれ、身をつくしても、油断有まし
（知恵や能力も生まれつきの人はまれなものよ。（どのような場合にも）身を尽くしても、油断したらいけないよ）

り　理ありとて、あまりつよくも、いわんもの、ちからころひは、あるぞ尋常
（（自分に）理があるからといって、強くは言わないものよ、力転び（勢いがよすぎて転ぶのが）世の常だよ）

ぬ　主あらは、草葉ひとつも、とるな人、もらひてとれは、罪科もなし
（主がある（人が所有する）草葉は一つも取るな。（ことわってもらってから）取れば、罪や科もないものよ）

る　留主ならは、かまひて行な、我ひとり、世のうたかひの、有るとしれひと
（留主（家主がいない）の家には、努めて行くな、世の中の人の疑いがあると知れよ）

を　及はさる、事をたくむな。夫々の、身に相応を、知るかかんにやう
（（自分の力の）及ばないことをたくらむな。それぞれの身に、相応があると思うことが肝要だよ）

わ　我かままに、私なを、しついふな、知恵ある人の、口につくへし
（わがままに私ごとなどを、しつこく言うな。知恵のある人の言うことに従うべきである）

か　書読を、心にかけて、習ひしれ、自由さんまひ、用を達する
（書き読みを（いつも）心にかけて習い知れ。（そうすると心は）自由三昧で、（何事も）用を達するものよ）

よ　余所にのみ、忠孝ありと、聞しかは、それをはけ見て、能もつとめよ
（よそにだけは忠孝があると聞いたら、それを励みにして、よくも努めよ）

た　誰とても、わか身のうへは、見得ぬもの、人にたつねて、よくもしるへし
（誰でも自分の身のうえは、見えないものよ、人に尋ねて、よくよく知るべきである）

れ　れきれきと、世にもゆるさる、人とても、ときの仕合、不覚とるなり
（堂々と世に許される人であっても、時の（その時だけの）幸せで、油断すると不覚をとるものよ）

そ　夫夫の、勤仕業を、かく時は、天も是非なく、人も見捨る
（それぞれの勤めや仕事を欠く時は、天も是非なく、（やむをえなく）人は身捨てるものよ）

つ　作りたる、我かなす業の、報ひ来る、よきも悪きも、我となす業
（わざとつくった自分のなす謀の報いは、いつか来るものよ。良くも悪くも、自からがなした祟りよ）

ね　寝覚にも、子ともをそたつる、ものならは、まつ忠孝の、むかしかたれや
（寝ても覚めても、子どもを育てる者であれば、先ず、（自分が）主君や親に忠孝を尽くした昔を語ってやれよ）

な　何よりも、慈悲一まひか、勝れたり、無理ひか事は、いふなおもふな
（何よりも慈悲の一枚が、優れているよ。無理やひがごとを言ったり、思ったりするな）

ら　楽楽と、追ての風に、まかすなよ、さきの湊は、見た事もなし
（楽々と追っての風、すなわち順風の風にまかすものではないよ。先の湊は（先々のことは、誰も）見たことはないものだよ）

む　むかしより、名を残しおく、人も聞、行儀身持の、天地かくへつ
（昔から名を残しておく人もいると聞いている。そういう人は、行儀や身持ちが格別に良いものだよ）

う　うらうらと、人に逢ては、えかうかほ、差別無きこそ、夫そよき人
（のどかな気持ちで、人に逢ったら廻向顔（えこうがお）、すなわち、他人に益をめぐらしている顔をしなさい。差別をしない人こそ良い人というものよ）

い　一々の、道にあたれる、ことならは、げすのいふとも、口につくへし
（一つ一つの道にかなったことであれば、げす（身分の低い人）の言うことも受け付けるようにしたい。すなわち、よく学んで（そのようなことが）言えるようにせよ）

の　のがれさる、所をきらひ、何やかと、へつらひたれと、自然天然〔註1〕
（逃れられない所を嫌い、何やかと、へつらうことなく、自然天然のままにしておきなさい）

お　おのつから、身にうき事は、誰もある、心の外に、知れねはのこと
（自ら、身につらいことは、誰にもある。心の外には知られないだけのことよ）

く　九分こそ、何もかんにん、寸分は、月も満れは、十六夜（いざよい）〔註2〕の空
（九分であることこそ、何でも堪忍せよ。少しでも月も満ちれば、（満月の次の夜にためらいがちに出てくる）十六夜の月の空のように、心がけよ）

や　やさ方に、慈悲のこころを、持人は、敵もなつきて、つかわれそする
（やさしく、慈悲の心を持つ人は、敵もなついてきて、使われてくれるものよ）

ま　曲りたる、木の有山も、賑ひの、人のあしきを、捨る事なし
（曲がった木のある山も、賑わうものだ。悪い（と思った）人を捨てるものではないよ）

け　家来には、心をつけて、たたつかへ、人の人より（註3）、わが人かまし
（家来には、気心を配り、真っ直ぐな気持ちで使えよ。人の家来より、自分の家来がましなものだよ）

ふ　深深と、まことをつくす、その時は、天も見捨す、祈りかなゆる
（深々と、誠を尽くす。その時は、天も見捨てないでくれて、祈りがかなうものだよ）

こ　国恩を、皆人ことに、わするなよ、すつる野原も、国の内なり
（国の恩を、皆の人は、忘れるなよ。捨てる野原も国の内であるものだよ）

え　えり分て、悪を捨て、善をとれ、まつ大切は、家業まてなり
（選り分けて悪を捨てて善を取れ。先ず大切なのは家業で、家業こそ大切にしなくてはいけないのだよ）

て　敵と成人は、我師よ、夫ゆへに、身をもたしなみ、万目出たし
（敵となる人は、わが師であるよ。それゆえに、（敵に対して）心を落ち着けて謙虚にしておけ。それこそ、何事も目出度し目出度しということよ）

あ　あほうけに、身持するなと、人は只、神妙成るに、しくはなきもの
（阿呆のような身の持ち方、所業をするなよ。人は、素直な心でおとなしくしていることには及ばないのだよ）

さ　酒あらは、気根相応、呑てたて、長居するこそ、事をまつなり
（酒があれば、自分の能力に応じて呑め。呑み出して長居することこそ、事が起こるのを待つようなものだよ）

き　聞事も、又見る事も、わるからは、見猿(みざる)聞かさる、ふりそよき人

（聞くこともまた見ることも悪いのだったら、見ざる聞かざるふりをする人が良い人だよ）

ゆ　ゆるゆると、油断するなよ、後は又、油断大敵、あたとこそなる

（のんびりとゆったりとして、油断するなよ。その後はまた油断大敵、何事もあだとなってしまうものだよ）

め　目の前に、天のとかめの、ある人は、咎の次第は、さまさまにある

（目の前に天の咎(とが)めのある人は、咎めのいきさつは、さまざまにあるものだよ）

み　見聞事、人のうへとて、そしるなよ、我か身のうへも、よき事はなし

（見たり聞いたりすることで、人のことだからといって誹ったりするな。わが身の上にもよいことはないよ）

し　しらん事、物ひひ立を、する人は、人はほめすに、にくみこそすれ

（知らないことを、知ったかぶりをして言い立てる人は、人は褒めないで、憎みこそするものだよ）

ゑ　ゑこひいき、つゆちり程も、するな人、見ても聞ても、心穢れる

（えこひいきは、人として露やちりほどもするものではない。見ても聞いても、心は穢(けが)れるばかりだよ）

ひ　ひるの世に、ふかくかくすと、おもへとも、天地われ知る、さてもおそろし

（昼の明るいときに、深く隠すと思っても、天地はおのずから知っているものだ。さても恐ろしいことよ）

も　もろもろの、人は本より、天の子よ、わか兄弟と、能もつきあへ

（諸々の人は、もとより、天の子だよ。わが兄弟として、よくよく付き合えよ）

せ　せりあひ、物をあらそふ、人あらは、負てみたれは、波風もなし
（競り合って争う人があれば、負けて見たら、波風も立たなくなるものだよ）

す　すきすきと、此世を仕舞、一方に、西にむかひて、南無阿弥陀仏
（自分の好きなように風流に生き、そうして、この世を仕舞うことになった。その一方で、西に向かって、南無阿弥陀仏を唱えるわが心よ）

ん　今日はかり、明日の命を、頼むなよ、無常の風は、時はきらわし
（今日ばかり（と言って）、（さらに）明日の命を頼むものではないよ。無情の風は、時を嫌わないで吹いてくるものだよ）

【註】

1　**自然天然**（じねんてんねん）　本来がそうである、という仏教そのものの真理をあらわすこと。ここに空順の他力本願の思想も窺えるのである。

2　**十六夜**　十五夜よりも遅く、ためらいがちに出てくる。謙虚になり人を許す気持にさせる月を待て、と解したい。

3　**人の人より**　不明。人が使っている人よりという意味か。

〔解　説〕

この段では、愚像、すなわち愚かにも（謙遜してる表現）空順法印が思い描いた理想の姿についての伊呂波雑歌について、「い」から「ん」までを頭文字にして歌を作り、後々の人への教えと

している。

老荘・儒教・因果応報思想、勤勉の精神、武士道の精神などを織り交ぜた歌である。あくまで謙虚にして、ことは起こさないようにして、忍耐強く、また油断することなく、公平に人を愛して生きていくことを勧める歌である。ここに空順の密教僧あるいは修験者としての幅広い人生観と泉のようにわき出る道徳・哲学思想が滲み出ていて、その奥深さと普遍性に驚かされる。現在の倫理観としても学ぶべきものが多い。

【104の段】阿久根町の人々が、火の神空順法印石像建立

――火事を防いでくれた空順法印への感謝――

〈大　意〉

阿久根町（現在の鹿児島県阿久根市の中心街）は、十二年間に五度の火事があり、人びとが迷惑がっている。拙僧が祈念いたしたら四十年ばかり、火事はなかった。そのために、阿久根町の人々が拙僧の石像を建てたいと、望んでいると言われますので、拙僧の名を空順と書き付けて差し上げました。それは元文三年（一七三八）午正月のことでございます。

【原　文】

阿久根町拾弐年に五度の火事迷惑申故、拙僧祈念仕候得は、四拾年計り、火事無之、夫故、阿久根町（註1）に、拙僧石を立度望み、被申故、拙僧名を空順と書付遣し申候、元文三年午正月、

（ここで、空順法印の筆が終わっている。）

【註】

1　**阿久根町**　薩摩国阿久根郷阿久根村の町。浦町が後に町になり、阿久根町といわれるようになった。

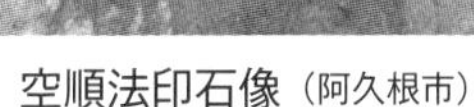

空順法印石像（阿久根市）

「空順号」　阿久根市の消防自動車名

〈解　説〉

この段では、阿久根町に火事が続くので祈念したら四〇年ばかりは火事がなかったということについて記されている。そして人々が、感謝のために石像を建てたいと望んできたので、「空順」と書いて渡したということである。この石像が、阿久根市中央公園にある空順法印像である。人々は、この像を火の神様と呼んでいる。

なお、阿久根市では、火除け祈禱をした空順法印に因んで名づけられ、入魂（にゅうこん）した消防自動車「空順号」「空順二号」が、昭和三十七年（一九六二）以降活躍している。

【参考文献】（順不同）

・石田瑞麿『仏教語大辞典』一九九七年　小学館
・宮家準編『修験道辞典』一九八六年　東京堂出版
・石田瑞麿『仏教語大辞典』一九九七年　小学館
・『密教大辞典』密教辞典編纂会　一九三一年　法蔵館
・佐和隆研編『密教辞典』一九七五年　法蔵館
・山折哲雄監修『世界宗教大事典』一九九一年　平凡社
・今泉淑夫編『日本仏教史辞典』一九九九年　吉川弘文館
・『国史大辞典』1　国史大辞典編集委員会　一九七九年　吉川弘　文館
・『国史大辞典』5　一九八四年　吉川弘文館
・『国史大辞典』13　一九九一年　吉川弘文館
・『国史大辞典』14　一九九三年　吉川弘文館
・下中弘編『日本史大事典』4　平凡社
・中村幸彦・岡見正雄・阪倉篤義編『角川　古語大辞典』第二巻　角川書店
・山口佳紀など校注・訳『古事記』一九九七年　小学館
・小島憲史など校注・訳『日本書紀』1　一九九四年　小学館
・五来重『葬と供養』一九九二年　東方出版
・五来重編『高野山と真言密教の研究』一九七六年　名著出版

・宮家準『修験道思想の研究』一九八五年　春秋社
・高取正男『仏教土着』一九七三年　日本放送出版協会
・中野幡能『八幡信仰』一九八三年　雄山閣出版株式会社
・根井浄『補陀落渡海史』二〇〇一年　法蔵館
・徳山暉純『梵字手帖』一九七六年　木耳社
・『鹿児島大百科事典』一九八一年　南日本新聞社
・『鹿児島県史料　旧記雑録前編二』一九八〇年　鹿児島県
・『鹿児島県史料　旧記雑録追録三』一九七三年　鹿児島県
・『三国名勝図会』一九六六年　南日本出版文化協会
・『薩藩名勝志』（その三）二〇〇五年　鹿児島県立図書館
・『本藩人物誌』一九七三年　鹿児島県立図書館
・鹿児島県史料(25)『三州御治世要覧』一九八四年　鹿児島県　立図書館（註　鹿児島県立図書館所蔵・鹿児島大学付属図書館玉里文庫所蔵の十二巻本と旧島津家編輯所所蔵（東京大学史料編纂所所蔵）の十二巻本と、旧島津家編纂所所蔵（現東京大学史料編纂所所蔵）の四十巻本の二種類がある。いずれも城下士清水盛富の編著。十二巻本は宝暦五年（一七五五）に編纂されたもので、その後、追筆増補されたものが安永七年（一七七八）の四十巻本である）
・『新薩藩叢書』第二巻　一九七一年　歴史図書社
・『神社誌』一九三五年　鹿児島県神職会（註　原本は、明和四年（一七六四）～五年にわたり本田親盈が編輯筆写したもの）
・『薩陽武鑑』一九九六年　尚古集成館

・平部嶠南『日向地誌』一九二九年（一九七六年　復刻　青潮社）
・『鹿児島県史』第一巻　一九三九年　鹿児島県
・『鹿児島県史』第二巻　一九四〇年　鹿児島県
・『鹿児島県史　年表』一九四四年　鹿児島県
・福島正人編補『鹿児島県火山志とその補遺』一九八五年　自家版
・『隼人郷土誌』一九八五年　隼人町
・『姶良町郷土誌』一九九五年　姶良町
・『加治木郷土誌』一九六六年　加治木町
・『川内市誌』上巻　一九七六年　川内市
・小倉一夫・高井熊次郎編『向田史』一九九三年　向田史刊行会
・『宮之城町史』一九九〇年　宮之城町
・『志布志町誌』一九七二年　志布志町
・原口虎雄『鹿児島県の歴史』一九七三年　山川出版社
・『高原町史』一九八四年　高原町
・『高城町史』一九八九年　高原町
・『新納武蔵守忠元公小伝』二〇一〇年　伊佐市郷土誌編さん委員会
・森田清美『ダンナドン信仰』二〇〇一年　岩田書院
・森田清美『霧島山麓の隠れ念仏と修験』二〇〇八年　岩田書院

おわりに

近世、戦勝のために祈禱に奔走していた薩摩山伏の姿は、島津義久の戦勝を祈願して入定した日秀上人を最後にほぼ消え去った。後に登場する霧島修験空順法印は、江戸幕府に気配りしながら薩摩藩政を運営・拡充していかなければならない時代の藩主、島津家二十二代吉貴の帰依僧であった。比較的平和な近世前期から中期のころの薩摩山伏像が鮮明に浮かび上がってくる。

高野山学侶派理観房の厳しい教えを受けて阿字観を習得し、その成果を発揮した。藩主のための祈禱ばかりではなく、庶民の求めに応じて呪術を行い、病を治したり、稲の虫除けや火災除去の祈願をして人々を助けていた。そのため、『空順法印日録』には、誇張と思えるような自分の験力の偉大さを書き記している。その中で阿久根町の貿易商人たちから依頼された火災除去の祈願は、阿久根の人々の心に染み渡り、火災予防にも貢献した。そのことが後世まで語り継がれ、空順講などが催されたりした。

島津家ばかりでなく庶民の御利益を祈りながら入定した空順法印は、戦乱の世を抜けて平和な時代にさしかかったときの山伏の姿であった。空順法印の己を棄て人々の心を思いやる理想的な姿が後世の人々の心にいつまでも脈打っているのである。現代社会に生きる私たちに高遠な倫理観や哲学思想、宗教思想を教えてくれる。そして、私たちの心をよみがえらせてくれるのである。近世霧島修験空順法印の実践や思想は、高野山はじめ日本の聖地での苦行の成果である。また、同時に、江戸時代前・中期の日本修験道の動静を探る上でも重要である。

本書は『鹿児島民俗』112号から145号まで連載したものを、さらに資料の収集を重ね、原文古文書の解読も正確さを追求し、論証を深めて編集したものである。

この著を著すにあたり、日本山岳修験学会名誉会長の宮家準先生、同会長の鈴木正崇先生、同副会長の根井浄先生、同理事の西海賢二先生、元日本民俗学会会長の徳丸亜起先生など多くの先生方に御教示を戴きました。また、綿密な文章の解釈・校正・指導は上園正人先生にたいへんお世話になりました。さらに、原文の解釈では元南九州石塔研究会会長藤浪三千尋先生に教示を受けました。難解な古文書解読では、鹿児島県歴史資料センター黎明館資料編纂委員の塩満郁夫先生の教えを受けました。また、難解な古文書を正確に再解読していただいた元鹿児島県黎明館歴史資料センター黎明館勤務の徳重涼子先生には感謝申し上げます。さらに筆者も所属している串木野古文書研究会（会長　所崎平先生）の会員の方々にも古文書解読のお世話になりました。

最後になりましたが、前三作に引き続き、現在の困難な出版事情にもかかわらず快く出版に踏み切ってくださった、鉱脈社の川口敦巳社長はじめ、資料点検や校閲をいただき、細かい点まで気配りして制作してくださった同社社員の皆様には深く感謝申し上げます。

令和三年七月

著者

［著者略歴］

森田　清美（もりた　きよみ）

1939 年　鹿児島県薩摩川内市生まれ
1964 年　鹿児島県立高等学校教諭となる
1973 年　鹿児島県育英財団の派遣留学生、東京教育大学（現筑波大学）文学部の研究生として１年間留学
1975 年　鹿児島県明治百年記念館建設調査室（現鹿児島県歴史資料センター黎明館）学芸主査、資料収集・展示設計に８年間従事
2000 年　川島学園鹿児島実業高等学校教諭となる
2000 年　鹿児島大学大学院修士課程　人文社会科学科（人間環境文化論）修了
2004 年　九州大学大学院後期博士課程（比較社会文化学府日本社会文化史）単位取得のうえ退学
2006 年　博士（比較社会文化）〔九州大学〕
現　在　志學館大学人間関係学部 非常勤講師（鹿児島大学法文学部元非常勤講師）
2002 年　第 28 回南日本出版文化賞受賞（『ダンナドン信仰』）
2014 年　鹿児島県文化財功労者賞受賞（鹿児島県教育委員会）、日本山岳修験学会員（理事）、日本民俗学会員（評議員）、日本民具学会員（評議員）、鹿児島民俗学会員（副代表幹事）、鹿児島民具学会員（会長）

【主要著】

『牧崩壊過程における入会の研究 ── 種子島の入会 ── 』
（文部省科学研究費補助金報告書　自家版　非売品　1974 年）
「薩摩大隅の山岳伝承」（五来重編『修験道の伝承文化』名著出版　1981年）
「薩摩金峰山縁起由来記　解題」（五来重編『修験道史料集 Ⅱ』　同）
『薩摩やまぶし ── 山と湖の民俗と歴史 ── 』（鹿児島文庫35　春苑堂出版　1996年）
『串木野まぐろ漁業史 ── 大海の腕と肝の男たち ── 』
（森田清美監修・著　串木野船主組合発行　1996年）
『ダンナドン信仰 ── 薩摩修験と隠れ念仏の地域民俗学的研究 ── 』
（第28回南日本出版文化賞受賞）（岩田書院　2001年）
『霧島山麓の隠れ念仏と修験 ── 念仏信仰の歴史民俗学的研究 ── 』
（日本学術振興会科学研究院補助金）（岩田書院　2008年）
『隠れ念仏と救い ─ ノノサンの不思議・霧島山麓の民俗と修験』（鉱脈社 2008年）
「霧島山」など南九州の霊山（西海賢二・時枝務・久野俊彦編『日本の霊山読み解き事典』2014年　柏書房　所収）
「霧島山の山岳信仰」（『霧島山の山岳霊場遺跡資料集』2015年
九州山岳霊場遺跡研究会発行所収）
『神々のやどる霧島山 ── 霊山霧島における山岳信仰 ── 』（鉱脈社　2017年）
『島津氏と霧島修験 ── 霊山霧島の山岳信仰・その歴史と民俗 ── 』
（鉱脈社　2020年）

現住所　〒899-2703　鹿児島市上谷口町806-6

みやざき文庫 145

入定する霧島修験

── 島津氏帰依僧の『日録』に見る 近世修験道の変容

2021年7月27日 初版印刷
2021年8月5日 初版発行

編 著 森田 清美

発行者 川口 敦己

発行所 鉱脈社
宮崎市田代町263番地 郵便番号880-8551
電話0985-25-1758

印 刷
製 本 有限会社 鉱脈社

みやざき文庫

著者既刊本

隠れ念仏と救い

ノノサンの不思議・霧島山麓の民俗と修験

森田　清美　著

霧島山麓一帯に今も灯される三つの民俗宗教のひとつ、都城盆地のノノサン信仰。成立の背景や歴史をひもとき、南方シャーマニズムや修験文化とのかかわりのなかに、民俗宗教における「救い」の心を読み解く。

本体1800円＋税

神々のやどる霧島山

霊山霧島における山岳信仰

森田　清美　著

天の逆鉾の謎。鎮火と水神への祈り。性空上人と浄土信仰。そして霧島六社の現在。藩の記録や登山日記などの古文献や民俗伝承を猟渉し、霧島神の歴史・民俗から山岳宗教の実態解明に迫る。

本体2000円＋税

島津氏と霧島修験

霊山霧島の山岳信仰・その歴史と民俗

森田　清美　著

中世から近世にかけて島津氏と深く関わった霧島修験。その活動を多面的に掘り起こし、修験の歴史に光をあてる。霧島山の稲霊と水神信仰、それに伴う霧島講の起源と存続およびその性格等について検討する労作。

本体2000円＋税

みやざき文庫

関　連　本

近世日向の修験道

日向各藩における修験と藩政

前田　博仁　著

かつて日本社会に溶けこんで暮らしを支えてきた修験文化。日向諸藩の宗教政策をひもとき、藩政における修験道の位置を解明する。修験道の歴史に新たな光をあてる。

本体1500円＋税

隠れ念仏四百年

薩摩と日向・諸県における一向宗禁制と信仰の諸相

前田　博仁　著

一向宗禁制と弾圧。守り抜いた信仰――。諸県の隠れ念仏・日向寺院の支援に着目する。薩摩の一向宗禁圧の背景や実態から、「二重鎖国」の内実を描いた前著を再編集し、改定増補した名著決定版。

本体2400円＋税

都城の世界・「島津」の世界

都城島津家戦国領主から〈私領〉領主への道

山下　真一　著

南北朝時代から六百年以上、都城盆地を治めつづけてきた都城島津家の特異な権力の成立と継続の基盤はどのように形成されてきたのか。そこに暮らす人々の歴史として、気鋭の研究家が描く待望の労作。

本体1600円＋税